AF549880

Rudolf Szabo
mit Nicolai Franz

KNALLHART DURCHGEZOGEN

Mein Leben zwischen Bankraub, Knast und der Suche nach Frieden

SCM

Stiftung Christliche Medien

SCM Hänssler ist ein Imprint der SCM Verlagsgruppe, die zur Stiftung Christliche Medien gehört, einer gemeinnützigen Stiftung, die sich für die Förderung und Verbreitung christlicher Bücher, Zeitschriften, Filme und Musik einsetzt.

Dieses Buch beruht auf Tatsachen. Dennoch wurden zum Schutz der Persönlichkeitsrechte einige Namen und Umstände geändert. Der vorliegende Text gibt ausschließlich die persönliche Meinung des Autors wieder.

Max-Eyth-Straße 41 · 71088 Holzgerlingen
Internet: www.scm-haenssler.de; E-Mail: info@scm-haenssler.de

Lektorat: Christiane Kathmann, www.lektorat-kathmann.de
Umschlaggestaltung: Stephan Schulze, Holzgerlingen
Titelbild: Ruben Ung, Liebefeld (CH), www.rubenung.ch
Autorenfoto Rudolf Szabo: © Ruben Ung, Liebefeld (CH), www.rubenung.ch
Autorenfoto Nicolai Franz: © Christliche Medieniniitiative, 2020
Bildteil: © Rudolf Szabo, außer S. 8: © Désirée Good, www.desireegood.ch
Satz: typoscript GmbH, Walddorfhäslach
Druck und Bindung: GGP Media GmbH, Pößneck
Gedruckt in Deutschland
ISBN 978-3-7751-6001-8
Bestell-Nr. 396.001

INHALT

1 – SCHMERZ

Kanton St. Gallen, Schweiz, November 1995

Wut? Hass? Trauer? Ich weiß nicht mehr, welches Gefühl überwog. Aber als ich das Formular las, begann alles in mir zu rasen. Es fühlte sich an wie ein Tritt ins Gesicht, ehrabschneidend und demütigend. Dieser miese Fetzen Papier hatte das Zeug, mein Leben in ein Zwangskorsett zu stecken und mich über Jahrzehnte nicht loszulassen.

Ich las wieder und wieder den Betrag, der in schwarzen Lettern auf das Blatt gedruckt war. Das konnte unmöglich wahr sein!

»Alimente monatlich: 6200 Franken.«

Das sollte ich also zahlen, um meine fünf geliebten Kinder, mein eigen Fleisch und Blut, ein paar Stündchen sehen zu können – einmal im Monat. Es war Geld, das ich nicht hatte. Und Geld, das ich so schnell nicht verdienen würde. Geld, das sich mehr wie Lösegeld anfühlte denn wie eine Unterhaltszahlung.

Der Grund für den verflixten Zettel war einer der größten Fehler meines Lebens: Beim letzten Streit mit meiner Frau war ich gewalttätig geworden. Ich hatte sie ins Gesicht geschlagen, was dazu geführt hatte, dass sie sich verteidigte und revanchierte. Wir hatten einander angebrüllt und so heftig gestritten wie noch nie. Vor den Augen der

Kinder. Ich schämte mich dafür zutiefst, und das tue ich bis heute. Als ich auf der Arbeit war, packte sie die Koffer und zog mit den Kindern ins Frauenhaus.

Wir hatten probiert, miteinander zu reden, doch wir stritten wie die Kesselflicker. Wir hatten es mit einer Ehetherapie versucht, aber schon nach zwei Sitzungen war klar, dass uns die Offenheit dafür fehlte. Wir beleidigten uns gegenseitig, wir unterstellten und verdächtigten. Wir hatten uns so weit auseinandergelebt, dass es nicht die Untreue meiner Frau allein war, die dieses Erdbeben in unserer Beziehung ausgelöst hatte. Die vielen kleinen Schwingungen vorher hatten wir ignoriert, sie nicht ernst genommen, gedacht, wir würden das alles schon schaffen.

Nun hatte ich die Quittung.

Die Ehe war endgültig zerbrochen, und zu allem Überfluss sollte ich nun 6200 Franken Alimente zahlen. Wenn ich das nicht tat, sollte ich die Kinder, die ich über alles liebte, nicht mehr sehen. Wie diese irrwitzige Summe berechnet worden war, erschloss sich mir in keiner Weise. Ich arbeitete als selbstständiger Bauunternehmer. Wahrscheinlich hielten mich die Verantwortlichen für einen erfolgreichen Geschäftsmann mit Segelboot in Monaco und Wochenendhaus in Italien, der die paar Tausend Kröten locker zahlen konnte. Tatsächlich stand ich jeden Tag mit den beiden Angestellten meines kleinen ökologisch orientierten Malerbetriebs auf der Baustelle und renovierte Häuser. Ehrliche, harte Arbeit. Aber zu wenig Ertrag.

Mit der Firma war es in den letzten Monaten steil bergab gegangen, weil ich den Überblick über die Zahlen verloren hatte. In Mathe war ich noch nie gut gewesen, und das hatte sich jetzt gerächt. War es am Anfang meiner Selbstständigkeit noch gut gelaufen, so lagen mir nun die Banken im Nacken. Mit 300000 Franken stand ich bereits in der Kreide, und in meinen Büchern klaffte ein Loch über weitere 100000 Franken, die ich brauchte, um über den Winter zu kommen.

Ich hatte zwar schon einen Großauftrag für das kommende Jahr an Land gezogen, doch die arroganten Banker hatten meinen Kreditantrag mit einem Schulterzucken abgelehnt. Banker! Gangster in Nadelstreifen waren sie, nichts anderes! Dass ich eine große Familie und außerdem zwei Angestellte zu versorgen hatte, hatte sie in keiner Weise beeindruckt. So stand ich also ohnehin schon vor dem finanziellen Ruin. Und nun hatte ich nicht nur meine Frau, sondern wegen der schwindelerregenden Unterhaltsforderung wahrscheinlich auch meine Kinder verloren!

Ich telefonierte mit Evelyn, doch sie meinte, sie habe das juristisch geklärt und ich müsse zahlen. Ich verstand die Welt nicht mehr. Es musste einen Ausweg geben!

Ich versuchte es mit fachlichem Rat. Zusammen mit Evelyn fuhr ich zu einem Friedensrichter, der zwischen uns vermitteln sollte. Für mich war das Gespräch eine einzige Enttäuschung: 6 200 Franken seien begründbar, erklärte uns der Mann, und das gelte auch, wenn ich kurz vor dem Konkurs stünde. Dazu dürfe ich meine Kinder einmal im Monat für ein Wochenende sehen und zwei Wochen Ferien jährlich mit ihnen verbringen. So seien die Gesetze nun mal.

Ich konnte es nicht fassen. Es waren doch genauso meine Kinder wie ihre!

Meine Erinnerung an dieses Gespräch sind total verschwommen, weil es mich völlig traumatisiert hatte. In einem Bericht stand später, dass ich emotional unreif reagiert hätte und wutentbrannt aus dem Zimmer gestürmt sei. Ich explodierte innerlich, fühlte mich völlig hilflos. Es schien, als könne meine Frau sich alles erlauben, während ich alles ausbaden musste. Wenn ich sie darauf ansprach, lächelte sie nur siegessicher. Nirgends fand ich Hilfe. 1 000 Franken pro Kind sei eben eine gewöhnliche Summe, hieß es. Dass ich das Sorgerecht nicht bekam, hielten alle für normal. »Wenn es eine Mutter gibt, warum sollten die Kinder dann zum Vater?«, hieß es. Ein weiterer Jurist, dessen Rat ich einholte, meinte: »Dann hätten Sie Ihren Schwanz eben nicht so oft reinhängen sollen.«

In mir baute sich ein Feindbild auf: Evelyn.

Unglaublicher Hass kochte in mir hoch, ich ballte beide Fäuste und schwor, dies nicht auf mir sitzen zu lassen. Ich liebte meine Kinder über alles und ich würde alles dafür tun, sie wiederzusehen. Wirklich alles.

Mord. Das war das Erste, an das ich dachte, als ich im Büro meines Malerbetriebs grübelte, was ich tun sollte. Ich malte mir aus, wie ich meine Ex-Frau abpassen, sie vielleicht unter einem Vorwand in ein Waldstück locken und dort erdrosseln würde. Rache.

Je mehr ich mir in meiner kranken Fantasie ausmalte, wie ich sie zu Tode bringen würde, desto mehr Genugtuung empfand ich. Meine Empathie und Vernunft waren völlig ausgeschaltet, und noch heute erschrecke ich darüber. Doch meine damaligen Gedanken passen durchaus zu dem, was in der Welt beinahe täglich geschieht, wenn gekränkte Ehemänner zuerst die Frau, anschließend die Kinder und zuletzt sich selbst erschießen.

Gott sei Dank entschied ich mich gegen den Mord – nicht aus Mitleid oder gar Barmherzigkeit, sondern weil meine Kinder sonst ins Heim gekommen wären. Ich als Verdächtiger mit klarem Tatmotiv wäre sicher sofort eingebuchtet worden und hätte meine Kinder erst recht nicht mehr sehen dürfen.

Nein, Mord war der falsche Weg. Also musste ich das Geld eben bezahlen. Und da ich es nicht hatte und nicht verdienen würde, entschied ich mich für den schnellsten Weg: Überfälle. Und zwar bei denen, die es verdient hatten. Zumindest meiner Meinung nach.

Immer noch wütend setzte ich mich ins Auto und fuhr ziellos durch die Gegend. Wenn ich in einer Ortschaft zu einer Bank gelangte, hielt ich an und schaute sie mir genau an. Welches Sicherheitskonzept gab es? Welche potenziellen Fluchtwege boten sich an? Ich stellte fest, dass die kleinen Filialen über einen sehr viel schlechteren Schutz verfügten als die größeren.

Je länger ich grübelte und die Szenarien durchdachte – meine Ausbildung zum Elitesoldaten der Schweizer Armee half mir dabei –, desto klarer wurde mir: Banküberfälle sind ein unsicheres Ding, zumindest für jetzt eine Nummer zu groß. Was also stattdessen?

Da fiel mir ein, dass meine Frau mir beinahe beiläufig von einer Affäre mit einem Unternehmer berichtet hatte. Wahrscheinlich wollte sie mich damit demütigen, denn ich kannte ihren Liebhaber gut. Deswegen wusste ich auch, dass er einen Tresor in seiner Wohnung hatte. Der Typ sollte mein erstes Opfer werden. Bestimmt würde ich hier an eine Menge Geld kommen! Und obendrein konnte ich mich dafür rächen, dass er etwas mit meiner Frau gehabt hatte. Zwei Fliegen mit einer Klappe!

Doch alleine würde ich das nicht schaffen, ich brauchte Hilfe. Sofort dachte ich an meine Mitarbeiter. Arian stammte aus Albanien, er war erst 19 oder 20, Andreas sogar erst 17 Jahre alt. Beide hatten keine Ausbildung, dafür eine schwierige Kindheit und keinen leichten Stand. Aber sie packten auf dem Bau vorbildlich mit an, auch kamen wir gut miteinander klar und sie schauten zu mir als Mittdreißiger und ihrem Chef auf. Ich bat sie ins Büro.

»Männer, wie ihr wisst, haben die Banken mich im Stich gelassen. Ich habe 300 000 Franken Schulden und jetzt haben sie mir sogar das Konto gekündigt, statt mir einen weiteren Kredit zu geben. Das sind wirklich Ganoven! Sie schwimmen im Geld und werden reich durchs Nichtstun, und wir Handwerker schuften jeden Tag im Schweiße unseres Angesichts, ohne dass sie uns helfen. Eine Ungerechtigkeit ist das!« Arian und Andreas nickten zustimmend.

»Jetzt hat mich auch noch Evelyn verlassen. Sie hat die Kinder mitgenommen und ich soll Tausende Franken Unterhalt zahlen. Wenn sich nicht etwas grundlegend ändert, werde ich eure Löhne nicht mehr zahlen können. Ihr habt immer gut und zuverlässig gearbeitet, auch unsere Kunden waren immer mit unserer Arbeit zufrieden. Uns trifft keine Schuld.«

Ich hielt einen Moment inne, bevor ich fortfuhr: »Deswegen ist jetzt die Zeit für uns, zu handeln.« Ich schaute die beiden beschwörend an. Ich wusste, dass ich sehr überzeugend wirken konnte, und probierte es mit einer Robin-Hood-Geschichte, dem Rächer der Enterbten und dem Beschützer der Witwen und Waisen. Leidenschaftlich warb ich für meine Pläne.

»Ihr habt gearbeitet, ich habe gearbeitet. Deswegen müssen wir uns das Geld holen, das uns zusteht.« Arian und Andreas hingen an meinen Lippen. Sie würden mir bestimmt folgen. Etwas Unsicherheit schwang dennoch mit, als ich anhob, die beiden zum Raub anzustiften: »Es gibt Menschen da draußen, die schwimmen im Geld, während wir unsere Rechnungen nicht bezahlen können. Bei denen holen wir uns die Kohle – und zwar mit List und Geschick! Wie ihr wisst, habe ich als Grenadier der Schweizer Armee gedient. Ich kenne mich aus mit Geheimoperationen, bei denen man nicht auffliegen darf. Ich bin erfahren in allen möglichen Missionen und bin mir sicher, dass uns niemand erwischen wird. Männer: Wir ziehen das durch – gemeinsam! Seid ihr dabei?«

Die beiden waren wie elektrisiert. »Natürlich, Chef! Wir sind ein Team, und wir werden dich unterstützen!«

Mit ihrem Treueschwur waren die Weichen für unsere kriminelle Karriere gelegt.

Unser erstes Opfer nahm ich mit Arian ins Visier. Hilfe von Andreas benötigten wir nicht, schließlich mussten wir nur einen einzelnen Mann überwältigen und ausrauben.

Es war dunkel, daher bemerkte niemand, dass wir schwarz vermummt, in Sturmhauben und schwarzen Handschuhen ins Haus schlichen. Kurz darauf standen wir im obersten Stock vor der Tür der

Penthouse-Wohnung des Unternehmers. Gleich würde es losgehen. Mein Herz pochte schneller. Ich drückte den Klingelknopf. In der Hand hielt ich einen Elektroschocker. Es musste schnell gehen, die Nachbarn durften auf keinen Fall Geschrei hören.

Wir horchten. Da – Schritte. Die Klinke wurde gedrückt und die Tür öffnete sich: Zack, da hatte der Mann meinen Elektroschocker an der Brust. Zu seinem Pech leistete er Widerstand und ich brutzelte ihn noch einmal mit dem Schocker. Er taumelte zurück, ruderte mit den Händen, fiel ins Badezimmer auf den Rücken. Angst in seinen Augen. Er war noch bei Bewusstsein! Ich warf meinen wuchtigen Körper auf ihn, er hatte keine Chance. Trotzdem wehrte der Typ sich und meine geballte Faust landete in seinem Gesicht. Ich drückte meine Knie auf seinen Oberkörper, jetzt konnte er sich nicht mehr wehren. Wieder fing er meine Faust.

»Sag mir den Code vom Tresor!«

»Nein!«

Ich schlug noch mal zu. Seine Lippe platzte auf und er schrie.

»Sag mir sofort den Code!« Noch ein Schlag.

Endlich wimmerte er mir die Zahlenkombination zu, kaum noch bei Sinnen. Ich nahm seine Autoschlüssel. Den Code für seine Bankkarte wollte er mir nicht geben. Pech für ihn. Ich boxte ihm eine nach der anderen ins Gesicht, es fühlte sich unglaublich befreiend an. Sein Wimmern wurde schwächer. Ich schlug mich in Rage, in einen regelrechten Blutrausch. Wieder. Und wieder. Und wieder. Mit einem Schlag brach ich dem Bewusstlosen den Kiefer, mit weiteren schlug ich ihm mehrere Zähne aus. Ich malträtierte sein Gesicht, bis keine Stelle mehr frei von Blut war. Ich prügelte meinen ganzen Frust und meine Wut über meine zerbrochene Ehe, mein Scheitern als Geschäftsmann, den Verlust meiner Kinder heraus. Er wurde zum Sündenbock für mein Versagen. Ich prügelte ihn krankenhausreif, um mich selbst besser zu fühlen. Eine abscheuliche Tat, für die ich mich heute schäme.

Als ich mit meinem Opfer fertig war, fesselte ich ihm die Hände mit Kabelbindern auf den Rücken. Den Mund klebte ich ihm mit dickem Betonklebeband zu, das ich von der Arbeit mitgenommen hatte. Dann brachte ich ihn in die stabile Seitenlage, wie ich es in meiner Sanitäterausbildung gelernt hatte, damit er nicht erstickte. Trotzdem hätte ich den Mann umbringen können, die Notfallärztin gab zu Protokoll: »Der Täter hat in Kauf genommen, dass das Opfer in seinem Blut hätte ersticken können.«

Nachdem der Unternehmer ruhiggestellt war, suchten wir den Tresor. Ich war schließlich nicht hier, um den Lover meiner Ex zu verkloppen, das war eher ein angenehmer Nebeneffekt. Wir wollten die Kohle. Und zwar schnell.

Es war nicht schwer, den Tresor zu finden. Wir gaben den Code ein, öffneten die Stahlklappe und erstarrten: Nur ein paar Kröten! Das durfte doch nicht wahr sein! Wir hatten einen angeblich reichen Geschäftsmann überfallen, um mit ein paar Hundert Franken nach Hause zu gehen!? Gut, dass wir noch die Schlüssel zu seinem schicken Audi Quattro Turbo hatten!

Außerdem stellten wir die ganze Wohnung auf den Kopf und suchten nach Wertgegenständen. Ohne Erfolg. Schließlich hauten wir ab. Mein Mitarbeiter setzte sich in meinen Firmenwagen, ich nahm den Audi des Opfers.

Als ich den Schlüssel umdrehte und losfuhr, wurde mir schlagartig bewusst, was für eine bescheuerte Idee das war. Sollte ich die Karre etwa verkaufen? An wen? Ohne Papiere hätte ich die Edelkarosse nach Osteuropa schaffen müssen, um einen Käufer zu finden.

Ohne einen Plan fuhr ich durch die Gegend, während Arian mir folgte. Irgendwie war es auch nett, zu wissen, dass ich dem Lover meiner Ex die Karre gestohlen hatte und nun damit herumfuhr. Überlegenheitsgefühle durchströmten mich. Irgendetwas musste ich mit dem Auto anstellen. Etwas Spektakuläres. Etwas Brachiales. Etwas, mit dem ich mir meine Männlichkeit und Souveränität beweisen konnte.

Da kam es mir: Feuer! Ich fuhr zu einer Tankstelle und zapfte einige Liter Benzin, allerdings nicht in den Tank, sondern auf den Rücksitz. Nachdem ich mich mit Arian abgesprochen hatte, fuhr ich hoch ins Appenzeller Land, wo es viele Schluchten gibt. Es stank fürchterlich nach Sprit, und ich hielt meine Nase aus dem Fenster. Eine der Schluchten schien als Kulisse besonders passend. Ich hielt an, stieg aus, und schaute in den gähnenden Abgrund. Perfekt!

Ich zückte die Streichhölzer, zündete eines an und warf es mit gehörigem Abstand in den Wagen. Bumm! Die Flammen schlugen aus den Fenstern. Ich gab der Karre einen Schubs, und schon ging es auf die letzte Reise. Ein leuchtender Feuerball stürzte den Berg herab und schlug unter lautem Knallen an das Felsgestein des Berges, bis er schließlich nach wunderbar langen Sekunden unten auf dem Boden aufprallte, wo er lichterloh weiterbrannte.

Was für eine Genugtuung! Es fühlte sich an, als hätte ich all meinen Schmerz, meine Demütigung und Probleme im Appenzeller Gestein zertrümmert und in die Luft gejagt.

So ist das mit der Gewalt. Sie ist trügerisch, gibt das Gefühl von Macht und Überlegenheit. In Wahrheit ist sie ein Zeichen von größtmöglicher Schwäche und Kontrollverlust, also das genaue Gegenteil.

Ich war in dieser Situation vollkommen empathielos. Mit Gewalt versuchte ich, meine Minderwertigkeitsprobleme zu bekämpfen, so wie viele Verbrecher. Ich hatte zwar ein hohes Gerechtigkeitsempfinden, wenn es um mich ging, aber in Bezug auf andere fällte ich äußerst harte Urteile.

Es sollte noch lange dauern, bis ich erkannte, welchen Irrweg ich eingeschlagen hatte. Jetzt blickte ich einfach voller Zufriedenheit und Glücksgefühle in den Abgrund und sah zu, wie das Auto ausbrannte.

Letztlich war diese Aktion gescheitert. Ich hatte meine Wut abreagieren können, aber die paar Hundert Franken würden nicht mal für einen Bruchteil der Alimentenzahlung reichen. Mein finanzielles Problem hatte ich kein bisschen gelöst. Es musste mehr Geld her. Viel mehr.

Ich brauchte eine andere Geldquelle. Eine bessere. Und ich wusste auch schon, welche.

Bei dem Gedanken daran lief es mir kalt den Rücken hinunter, denn ich fürchtete die Sicherheitsvorkehrungen. Doch nun war ein Schalter in mir umgelegt, ich war ein Krimineller. Und ich sah keine andere Möglichkeit, als mir die dringend benötigten Moneten dort gewaltsam zu besorgen, wo man die Geldscheine bündelweise einsacken kann: in einer Bank.

2 – HEIMAT

Österreich, 1961

Ich bin nackt. Mir ist kalt. Ich habe keine Windel an. Der Steinboden des Kellerraums, in den mich die Pflegetante gesteckt hat, ist von meinem Urin getränkt. Niemand kümmert sich um mich. Ich bin einsam.

Ich höre Schritte, lautes Schimpfen. Eine Männerstimme. Wer ist das? Die Tür geht auf, ein Mann stürmt herein und ruft entsetzt: »Ruedi, was haben sie mit dir gemacht?«

Papa hebt mich hoch und drückt mich an sich. Mit mir auf dem Arm eilt er die Treppe hoch und schimpft: »Und für so einen Scheiß bekommt ihr auch noch Geld! Schämt euch!« Mein Vater ist stinksauer auf die beiden Frauen, die auf mich aufpassen sollten.

Ein Jahr war mein Vater weg gewesen. Nun war er wieder da und er bereute sofort, dass er meine überforderte Mama mit mir allein gelassen hatte. Sie konnte sich ab meinem zehnten Lebensmonat tagsüber nicht mehr um mich kümmern, weil sie arbeiten musste. Also war ich bei den Pflegetanten untergekommen, die dafür bezahlt wurden, dass sie mich versorgten, doch das taten sie nur schlecht.

Später notierte ein Kinderpsychologe in einem Bericht: »Affektive Frühverwahrlosung«. Vom zehnten bis zum sechzehnten Lebensmonat war ich »in ungünstiger Privatpflege mit vier Kleinkindern« untergebracht. Jahrzehntelang tat ich diese Strapazen als etwas ungünstige Betreuungssituation ab. Erst mit den Recherchen für dieses Buch wurde mir bewusst, wie stark mich meine turbulenten ersten Lebensjahre geprägt haben. Bis dahin hatte ich vermutet, dass ich aus einem anderen Grund in die Kriminalität abgerutscht war: die Gewalt durch die Hand meines Vaters und Großvaters. Wer geprügelt wird, der holt selbst irgendwann zum Schlag aus, so dachte ich. Die Spirale der Gewalt.

Und tatsächlich ist da etwas dran, aber heute weiß man sehr viel darüber, wie stark die ersten Lebensjahre die Entwicklung eines Menschen beeinflussen, wenn nicht sogar ein Stück weit vorzeichnen. Dennoch will ich einen Eindruck gleich zu Anfang zerstreuen: Ich sehe mich nicht als Opfer der Umstände, das gar nicht anders konnte, als Banken und Geschäfte zu überfallen. Wer eine schwierige Kindheit hatte, gerät nicht automatisch auf die schiefe Bahn. Ich bin zutiefst davon überzeugt, dass jeder Mensch für seine Taten verantwortlich ist. Auch ich. Wir haben immer eine Wahl. Für das Gute oder für das Böse.

Meine Familie kommt aus Wien, wo ich auch geboren wurde. Meine Omama und mein Opapa konnten nach dem Zweiten Weltkrieg nicht heiraten, weil er als Ungar dazumal staatenlos war. Trotzdem hatten die beiden acht gemeinsame Kinder und vier aus vorhergehenden Beziehungen. Sie lebten jedoch nicht zusammen. Meine Omama wohnte in der Wiener Innenstadt und fuhr manchmal zum Opapa aufs Land, um bei der Ernte zu helfen.

Meine frühe Kindheit verbrachte ich vor allem an drei Orten: in Wien in der Castellezgasse, auf dem Hof meiner Urgroßmutter in Obersiebenbrunn und bei meinem Großvater väterlicherseits.

Die Castellezgasse liegt in einem jüdisch geprägten Viertel. In direkter Nachbarschaft probten die weltbekannten Wiener Sängerknaben. Doch das war weit weg von meiner Welt. Ich wusste nicht einmal, dass es sie gab. Die Häuser in unserem Viertel waren ursprünglich von Juden erbaut worden. Im Dritten Reich wurden die Besitzer enteignet, nach dem Krieg erhielten sie einen Teil der Siedlungen zurück. Zu Fuß waren es 200 Meter bis zu der sehr bekannten jüdischen »Zwi-Perez-Chajes-Schule«. Mit den jüdischen Jungs spielte ich gerne Fußball, was alles andere als selbstverständlich war. Eigentlich hätten sie sich gar nicht mit einem »Goj«, also einem Heiden wie mir, abgeben dürfen. Aber Kinder sind eben Kinder und denken nicht in diesen Kategorien.

Eine meiner schönsten Kindheitserinnerungen stammt aus dem »Opapa-Garten«. Das war das Gebiet rund um den Hof, den mein Großvater bewirtschaftete. Er hielt sich Hühner, außerdem hatte er viele Obstbäume, an denen köstliche Früchte reiften: Aprikosen, Kirschen, Marillen und Zwetschgen. Die Früchte, die Eier und das Hühnerfleisch verkaufte er, aus den Zwetschgen brannte er »Sliwowitz«.

Der Opapa-Garten lag etwa dreißig Autominuten von Wien entfernt in Niederösterreich, in der Nähe von Schwechat. Das Gebiet war schon immer die Kornkammer des Landes gewesen. Unzählige Getreidefelder prägen die relativ flache Landschaft bis heute und versprechen reiche Erträge. Die Bauern brachten damals ihre Ernte zu drei großen Silos an der Donau, um sie den Zwischenhändlern zu verkaufen. Neben den Silos war ein Rangierbahnhof, etwa 80 Meter breit, mit sieben Gleisen, auf denen die Eisenbahn die Ernten von den weiter entlegenen Höfen brachte. Von dort wurden die Erzeugnisse auf Donauschiffen weitertransportiert. Manchmal, wenn die Verladearbeiten abgeschlossen waren, ging Opapa mit mir von dem nur 200 Meter entfernten Opapa-Garten zu den Silos und wischte die Körner auf, die beim Umheben heruntergefallen waren. Später verfütterte er diese an die Hühner. Ich durfte mit meinen fünf Jahren den Futtersack aufhalten, Opapa füllte ihn und ich war mächtig stolz, in dieser Erwachsenenwelt eine wichtige Aufgabe zu haben.

Am schönsten fand ich es aber, den schweren Maschinen bei der Arbeit zuzuschauen. Oft kraxelte ich den etwa fünf Meter hohen Damm hoch, der das Land vor dem gelegentlich auftretenden Donauhochwasser schützen sollte. Von dort oben hatte ich einen hervorragenden Ausblick: hinter mir der Hof meines Opapas, vor mir die Donau und das geschäftige Treiben der Verladearbeiter. Ich konnte stundenlang dort sitzen und beobachten. Vor allem faszinierten mich die Eisenbahnen. Damals, im Jahr 1964, waren es noch dampfbetriebene Lokomotiven, die die Güterwaggons mit der wertvollen Fracht über die Gleise an die Donau schleppten. Weißer Dampf schoss aus den Druckkesseln der schwarzen Stahlkolosse und ich konnte den Rauch der verbrannten Kohle riechen. Nach Feierabend, wenn keiner mehr dort war, schlich ich zu den Silos und turnte todesmutig auf den hohen Verladekränen herum.

Eines Tages, als ich mal wieder auf dem Donaudamm saß und die Aussicht genoss, schaute ein Lokführer aus dem Führerstand heraus und rief mir zu: »Wie heißt du?«

» Ruedi.«

» Ruedi«, fragte der Lokführer, »willst du mal eine Runde mitfahren?«

Mein Herz pumperte vor Freude, ich konnte kaum fassen, dass ein erwachsener Mann, noch dazu im Dienst, einen Knirps wie mich überhaupt wahrgenommen hatte. Natürlich wollte ich mitfahren! Voll Ehrfurcht näherte ich mich dem eisernen Ungetüm, das gefühlt zehnmal so hoch war wie ich, zog mich die Leiter hinauf und schon war ich drin.

Nun sah ich ganz aus der Nähe, wie die Männer die Kohlen in den Bauch der Güterlok schaufelten, die vom Feuer eifrig verzehrt wurden. Dann setzte sich die schwere Lok in Bewegung. Von außen hatte ich sie schon hundertmal beobachtet, doch hier drin wirkte alles so fremd und faszinierend, dass ich mich wie in einer anderen Welt fühlte. Wir fuhren zwei Kilometer weit, es zischte und es fauchte, es war warm und einfach wunderschön. Alles, was geschah, sog ich regelrecht in mich auf, so kostbar empfand ich diese kurze Fahrt. Ein gigantisches Erlebnis für mich kleinen Kerl!

Ich hatte Opapa viel zu berichten. Und auch er erzählte mir viel aus einem Leben, manchmal aus der Zeit des Ersten Weltkrieges, in der er als Soldat gedient hatte. Ursprünglich stammte er aus der Nähe von Budapest. Zu dieser Zeit gab es noch die kaiserliche und königliche Monarchie Österreich-Ungarn. Opapa wurde gegen Ende des Krieges als 17-Jähriger eingezogen. Mit seiner Einheit wurde er nach Südtirol in den Alpenkrieg gegen Italien geschickt. Dort erlitt er einen Bauchschuss, von dem er sich nur schwer erholte. Die Kriegsverletzung machte ihm auch später immer wieder zu schaffen.

Damals schwor er sich, nie wieder eine Waffe in die Hand zu nehmen. Nach dem Krieg kam er nach Wien und begann, regelmäßig in der Bibel zu lesen. Dennoch war er ein gefürchteter Mann, denn er hatte ein cholerisches Temperament, war jähzornig und verprügelte seine zahlreichen Kinder oft, wenn sie nicht spurten.

Ich selbst hatte noch keine Schläge von ihm bekommen. Umso eindrücklicher war es für mich, als ich das erste Mal seine Wut am eigenen Leib erlebte.

Jeden Freitag nahm mein Opapa alles, was sich im Laufe der Woche an Abfall auf dem Hof angesammelt hatte, schichtete es auf einen großen Haufen und verbrannte es. Natürlich gab es für einen kleinen Bub wie mich kaum etwas Faszinierenderes, als ein prasselndes Feuer zu beobachten. Ich freute mich jede Woche auf die lodernden Flammen, die nach und nach die Zweige, die Blätter und den sonstigen Unrat Stück für Stück verzehrten, bis am Ende nur noch Asche übrig blieb. Diese verstreute der Opapa unter den Obstbäumen, denn sie war ein hervorragender Dünger.

An einem Freitag machte Opapa kein Feuer. Als ich ihn enttäuscht nach dem Grund fragte, antwortete er barsch: »Nächste Woche.«

Ich wollte aber unbedingt das Feuer sehen, daher kümmerte ich mich selbst darum. Irgendwo stahl ich Streichhölzer, schichtete vor dem Heuschober allerhand Brennbares zusammen und zündete es an. Ich muss nicht erwähnen, dass ein Feuer in der Nähe eines Heuschobers keine besonders gute Idee ist, aber als Fünfjähriger macht man sich solche Gedanken nicht. Im Gegensatz zu meinem Opapa. Als er die Flammen sah, eilte er herbei und löschte sie auf der Stelle, bevor sie Unheil anrichten konnten.

Dann kümmerte er sich um mich. In seiner Rage griff er sich einen Stecken und prügelte mich damit windelweich. Er schlug mich auf den Hintern, auf die Beine, den Rücken, auf meinen ganzen Körper. Er wütete und wütete. »Der zündet mir noch das Haus an, das darf noch nicht wahr sein!«, brüllte er.

Omama war gerade zur Ernte auf dem Hof. Als sie sah, wie heftig er mich schlug, mischte sie sich ein und Opapa ließ von mir ab. Ich weinte, wie ich selten geweint hatte, und war völlig verstört. Opapa war kein zärtlicher Mensch, aber eigentlich hatte ich großes Vertrauen zu ihm gehabt. So hatte ich ihn noch nie erlebt und es war eine traumatische Erfahrung für mich.

Trotzdem war ich weiterhin sehr gerne im Opapa-Garten. Bei den Silos gab es eine Fischerhütte mit einem Restaurant, und wenn Opapa guter Laune war, aßen wir dort gemeinsam. Es gab duftenden Fisch und knuspriges Brathendl, sogar Almdudler durfte ich trinken. Mein Großvater hieß mit Nachnamen Szabo, die Großmutter Schmid. Er arbeitete draußen auf dem Hof, sie in der Stadt. Während der Ernte half Omama im Opapa-Garten oder auf dem Hof bei ihrer Mutter in Obersiebenbrunn. Manchmal fuhr Opapa mit dem Bus nach Wien in die Castellezgasse, blieb über Nacht und fuhr am nächsten Morgen wieder aufs Land. Damals war mir nicht bewusst, wie seltsam diese Beziehung war.

Ich war der Lieblingsenkel meiner Omama und sie verwöhnte mich mit allerlei Köstlichkeiten. Noch heute staune ich darüber, was sie auf ihrem schon für damalige Verhältnisse altmodischen Holzherd zubereiten konnte. Mit ihrer Buttercremetorte habe ich mich regelmäßig vollgefressen. Bat ich um eine Buttersemmel, gab sie mir eine, verlangte ich nach Krakauersemmel, erfüllte sie mir auch diesen Wunsch. Ich liebe bis zum heutigen Tag Hühnerfleisch, insbesondere »Backhenderl«, wie es in Österreich heißt. Das sind Hähnchenteile, die in Ei und Semmelbröseln gewälzt und anschließend in einer Pfanne mit viel Öl goldbraun gebacken werden. Meine Omama konnte sie besonders schmackhaft zubereiten. Ob Bein oder Brust, ich bekam immer die besten Stücke.

Meine Mutter war eine bildhübsche Frau. Schlank, zarte Haut, dunkelbraune lange Locken, die Männer lagen ihr zu Füßen. Umgekehrt galt das auch für meinen Vater. »Rotschopf« nannte meine Mutter ihn. Er war Rock-'n'-Roll-Fan, sang die Hits von Bill Haley und Elvis Presley und ließ sich eine Tolle wachsen, die er mit reichlich Pomade zu stabilisieren wusste. Ich selbst war die Folge eines Unfalls. Es war wohl der Sturm der Leidenschaften zweier Liebender, der dafür sorgte, dass ich am 12. Juli 1959 auf die Welt kam. Meine Eltern waren beide erst 19 Jahre alt und auf unterschiedliche Weise mit der Situation überfordert. Meine Mutter musste ihre Ausbildung zur Krankenschwester wegen der Schwangerschaft abbrechen. Mein Vater war eigentlich Mechaniker für Motorräder und Autos. Doch in Österreich waren die Nachkriegsjahre wirtschaftlich schwierige Zeiten, mit Gelegenheitsjobs und branchenfremder Arbeit konnte er sich knapp über Wasser halten. Deshalb nahm meine Großmutter die beiden bei sich in der Castellezgasse auf.

Dass wir zu dritt bei meiner Omama wohnen durften, könnte man für eine liebevolle Geste halten, und das war es wahrscheinlich zum Teil auch. Gleichzeitig wollte Omama einen Keil zwischen meine Eltern treiben, was ihr auch gelang. Mich verwöhnte sie nach Strich und Faden, im Hintergrund strickte sie jedoch ständig Intrigen gegen meine Mutter. Sie wollte erreichen, dass mein Vater sich von ihr trennte. Omama beschuldigte sie, sie habe ihren geliebten Sohn, meinen Vater, mit Absicht verführt, um schwanger zu werden. Außerdem gebe meine Mutter mir zu wenig Essen, deshalb sei ich auch so ein »Sprenzel«, also ein schmächtiger Junge. Immer wieder stritten sie sich. Meinen Vater belasteten die Intrigen und Zänkereien sehr. Er liebte meine Mutter über alles, und gerade deshalb war er mit seinen noch nicht einmal 20 Jahren hoffnungslos überfordert: Zu wem sollte er halten? Zu seiner geliebten Frau oder zu seiner Mutter? Mein Vater entschied sich für eine dritte, noch schlechtere Möglichkeit: Er verließ uns.

Als ich zehn Monate alt war, eskalierte ein Streit zwischen meiner Mutter und Omama dermaßen, dass mein Vater in einer Kurzschlussreaktion die Koffer packte und durchbrannte. War meine Mama vorher schon überlastet gewesen, so wuchs der Druck nun noch mehr. Jetzt musste sie sich alleine mit ihrer giftigen Schwiegermutter auseinandersetzen und zusehen, wie sie das nötige Geld für den Lebensunterhalt bekommen konnte. Sie fand eine Stelle bei einem jüdischen Anwalt, für den sie Büroarbeiten und Botengänge erledigte, und gab mich zu »Pflegetanten«, die sich tagsüber um mich kümmerten und dafür von meiner Mutter Hütegeld erhielten.

Bei meinem Vater siegte irgendwann die Liebe zu meiner Mutter. Andere Frauen interessierten ihn nicht. Deshalb entschloss er sich, nach Hause zurückzukehren. Er vermisste seine Frau, die er ja nicht im Streit, sondern in verzweifelter Liebe verlassen hatte.

Als mein Vater mich so verwahrlost fand, stieg ein unglaublicher Zorn in ihm auf. Er war kurz davor, die Pflegetanten zu verprügeln. Als er mich aus der prekären Situation gerettet hatte, brachte er mich zu meiner Omama, damit sie sich um mich kümmerte. Diese war durchtrieben genug, die Situation in ihrem Sinne zu deuten – gegen meine Mutter: »Sieh, so schlecht behandelt deine Frau deinen Sohn!« Meine Mama erwiderte, sie habe keine andere Wahl gehabt, als mich abzugeben, sonst hätte sie nicht das Geld verdienen können, um mich zu ernähren.

Was dann folgte, war ein beispielloser Wutausbruch meiner Großmutter, eine Salve von Anschuldigungen und Beleidigungen, die endgültig zur Eskalation führten. Wieder traf mein Vater aus dem Affekt eine Entscheidung, diesmal aber eine bessere: »Wir ziehen in eine eigene Wohnung, auch wenn wir uns nur ein Mäuseloch leisten können!« Das taten sie und das war gut so, denn meine Mutter hätte die ständigen Konflikte wohl nicht länger ausgehalten.

Die Wochenenden verbrachte ich oft bei meiner Urgroßmutter in Obersiebenbrunn. Das Bauerndörfchen hatte einst historische Bekanntheit erlangt, weil Napoleon dort sein Heer sammelte, um in den Russland-Feldzug zu ziehen.

Ich genoss die Landidylle und die Fürsorge meiner Urgroßmutter, die mich zu verwöhnen wusste: mit Schokoladenkuchen, allerhand Süßem und anderen Köstlichkeiten. Bei ihrem Haus stand eine große Scheune, in der sie das Stroh lagerte. Für mich aber war diese vor allem ein toller Spielplatz. Ich kletterte auf das bestimmt zehn Meter hohe Gebälk hinauf und ließ mich todesmutig ins Heu fallen. Null Angst! Wenn ich heute dort hinaufschaue, wird mir schummerig. Was hätte mir mit meinen fünf, sechs Jahren alles passieren können!

Doch der Nervenkitzel war damals einfach zu aufregend. Außerdem konnte ich so meinen Mut beweisen und meine inneren Ängste überwinden. Der Wunsch, innere Schwachheit durch äußere Stärke zu besiegen, zieht sich durch meine gesamte Kindheit.

In Obersiebenbrunn nahm mich meine Urgroßmutter immer mit in die katholische Kirche. Ich fand das furchtbar langweilig, diese schnöde Liturgie, die langatmigen Predigten! An den Osterfesttagen mussten wir sogar jeden Tag die Messe besuchen!

Überhaupt wehte in dieser Zeit ein unguter, ja, unbarmherziger Wind durch die Kirche, anders als heute. Rechthaberei, Moralismus und der erhobene Zeigefinger dominierten mancherorts. Zumindest hatte meine Mutter das so erfahren. Als mein Vater uns damals verließ, suchte sie Hilfe bei einem katholischen Priester. Dem fiel nichts Besseres ein, als ihr ihre Sünden vorzuwerfen: »Warum gebärst du überhaupt uneheliche Kinder?« Wo war da die Botschaft Jesu von Güte und Gnade, Verständnis und Barmherzigkeit? Echte Hilfe fand meine Mutter erst bei dem jüdischen Anwalt, der ihr einen Job gab.

Es fällt mir nicht leicht, meine Beziehung zu meiner Mutter zu beschreiben. Ich habe sie nicht als zärtlich kennengelernt. Sie hatte mich wohl gerne, aber sie war so überfordert und alleine, dass sie kaum Nähe zuließ. Als Ältester musste ich vor meinem prügelnden Vater für meine Geschwister geradestehen. Meine drei Jahre jüngere Schwester war Vaters Liebling, mein kleiner Bruder kam als Jüngster nie so unter die Räder wie ich. Wenn mein Vater mich verprügelte, nahm meine Omama mich manchmal in Schutz, meine Mutter nicht. Sie sah zu, wie ich litt. Ich fühlte mich von ihr nicht geliebt und daher auch minderwertig. Mit Mutproben wie den kühnen Sprüngen ins Heu versuchte ich, mich selbst zu bestätigen, weil mir die Bestätigung von außen fehlte.

Manchmal gingen wir in Wien spazieren. An einem Tag palaverten und diskutieren die Erwachsenen, ich schlenderte verträumt hinterher. Was war das hinter dem Schaufenster? Eine Modelleisenbahn! Sofort zog mich diese in ihren Bann. Die Besitzer hatten mehrere Züge aufgebaut, die geduldig über die kleinen Schienen ratterten, durch Tunnel, vorbei an Bahnhöfen, Bahnübergängen, winzigen Bäumchen und Wiesen aus Miniaturmoos, auf denen Schafe grasten. Mit offenem Mund stand ich am Schaufenster und tauchte ganz in die Miniaturwunderwelt ein. Minutenlang muss ich dort gestanden haben, bis ich mich nach meinen Eltern umdrehte. Ein Schreck durchzuckte mich. Ich konnte sie nicht mehr sehen. Sie hatten mich verloren. Ich lief ziellos auf der Straße umher, vor Verzweiflung fing ich an zu weinen. Vermutlich spielte da auch das Trauma aus meiner Kleinkindzeit eine Rolle.

Irgendwann erbarmte sich ein Passant und nahm mit auf die Polizeiwache. Die Beamten trösteten mich und gaben mir Schokolade. »Mama und Papa kommen bestimmt bald, Bub«, sagten sie. Ich war noch zu jung, um den Polizisten meine Adresse in der Castellezgasse zu nennen, doch die Beamten behielten Recht. Nach einiger Zeit erschienen tatsächlich meine Eltern. Erleichtert klammerte ich mich ganz fest an sie.

Die Geldsorgen meiner Eltern wuchsen, denn mein Vater fand nur schlecht bezahlte Jobs, die uns als Familie gerade ernähren konnten. Sowohl meine Mutter als auch mein Vater hatten wunderbare Kindheitserinnerungen an ein Land, das von den Schrecken des Zweiten Weltkriegs weitgehend verschont geblieben war: die Schweiz. Nur wenige Städte waren hier durch amerikanische oder britische Bomber zerstört worden. Alle mussten zwar wegen der fehlenden Auslandsaufträge den Gürtel enger schnallen, doch in den umliegenden Staaten litten die Menschen ungleich mehr. Die Eidgenossen, die für ihre diplomatische Neutralität bekannt sind, hatten nach dem Krieg viele österreichische Kinder aufgenommen, um sie aufzupeppeln. Unabhängig voneinander waren meine Eltern beide einige Monate als Kinder dort untergebracht. Es muss für sie wie ein Schlaraffenland gewesen sein. Immer gab es genug – und leckeres! – Essen, die Schweizer empfingen sie herzlich und gastfreundlich. Außerdem gab es natürlich die feine Schweizer Schokolade, gegen die unser österreichisches Pendant nichts war. Und diese Köstlichkeit gab es in der Schweiz auch noch in rauen Mengen!

Mein Vater muss noch seine erste Tafel Schweizer Schokolade vor Augen gehabt haben, als er die Entscheidung traf, in unserem Nachbarland sein Glück zu suchen. Zudem war seine ältere Schwester mit einem Bündner Arzt verheiratet, der eine Arztpraxis in Zürich betrieb. Sein älterer Bruder hatte sich in Genf niedergelassen und betrieb dort ein Teppich- und Tapetengeschäft. Dort konnte mein Vater aushelfen, bis er eine richtige Stelle fand.

In den 1960er-Jahren begann der große Autobahnbau quer durch die Alpenrepublik. Die Schweizer planten unzählige Kilometer an asphaltierter Strecke, von denen etliche mittels Tunnel durch die Berge führen sollten. Dafür suchten sie Baumaschinenmechaniker – genau das Richtige für meinen Vater. Er sprach vor und erhielt tatsächlich einen Job. Binnen kurzer Zeit konnte er sich ein Auto leisten, einen VW Käfer. Mein Vater verließ uns also erneut, aber diesmal sorgte er verantwortungsvoll für meine Mutter und mich, die wir zunächst in Wien blieben.

In meiner Mutter wuchs die Sehnsucht, ebenfalls in der Schweiz ein neues Leben zu beginnen, ohne die Peinigungen der Schwiegermutter, ohne ihr altes Umfeld, das sie an die Nöte und Sorgen erinnerte. Sie wollte weg aus Österreich. Als ich etwa sechs Jahre alt war, traf meine Mutter eine Entscheidung: Sie zog samt meiner kleinen Schwester ebenfalls in die Schweiz. Ich dagegen blieb in Wien. Ohne Vater, ohne Mutter. Meine Omama, bei der ich nun wohnte, wurde meine Hauptbezugsperson.

Es mag sich seltsam anhören, aber aus meiner kindlichen Sicht traf es mich nicht sonderlich, dass meine Eltern mich zurückließen. Ich kann mich nicht daran erinnern, dass ich meine kleine Schwester beneidet hätte, weil sie bei Mama bleiben durfte. Mama und Papa hatten eben so entschieden, daran ändern konnte ich nichts. Außerdem fühlte ich mich wohl in Wien, zu meiner Omama hatte ich eine innige Beziehung. Mich umgaben Menschen, die mich liebten. Für mich war die Welt in Ordnung. So dachte ich lange.

Inzwischen frage ich mich: Habe ich meine Empfindungen von damals verklärt? Habe ich es wirklich mit stoischer Ruhe akzeptiert, dass meine Eltern mich zurückgelassen haben? Heute wissen wir viel mehr darüber, wie wichtig es ist, dass Kinder eine Bindung und ein Urvertrauen entwickeln. Die ersten Lebensjahre geben entscheidende Einflüsse mit, die ein ganzes Leben lang nachhallen, im Guten wie im Schlechten.

In Wien kam ich in die erste Klasse, aber kurz darauf kam der nächste Einschnitt: Nach einem Vierteljahr holten meine Eltern mich in die Schweiz. Ich verabschiedete mich von meiner Heimat und meiner geliebten Omama, denn jetzt begann ein neues Kapitel. Unsere Familie war wieder vereint.

Schweiz, 1965

Wir wohnten in einem kleinen Bauernweiler mit einer Handvoll Häusern, der ungefähr fünf Kilometer von einer Kleinstadt entfernt lag, weil mein Vater dort ein günstiges Zimmer gefunden hatte. Von hier fuhr er die diversen Baustellen an, auf denen er arbeitete. Zu dieser Zeit begann mein Vater ein neues Hobby: Er kaufte sich eine Modelleisenbahn. Schon in frühester Kindheit hatten mich Züge aller Art fasziniert, umso stolzer war ich, als ich zusammen mit meinem Vater eine ganze Anlage aufbauen konnte. Unsere Eisenbahn war für mich das tollste Spielzeug überhaupt.

Ich erinnere mich gut an meinen ersten Schultag in der Schweiz. Die Schule lag mitten in der Landschaft auf einer kleinen Anhöhe und die Schüler strömten aus den vielen Weilern der Umgebung herbei. Die Lehrerin empfing mich freundlich und zeigte viel Einfühlungsvermögen. Zunächst sollte ich mich vorstellen. Das tat ich natürlich in breitestem Wienerisch. »Der Ruedi hat einen anderen Dialekt als ihr«, sagte die Lehrerin zu meinen Mitschülern. »Bitte nehmt Rücksicht auf ihn. Schon bald wird er auch unseren Berner Dialekt sprechen können.« Ich fühlte mich wohl und akzeptiert. Schnell fand ich Freunde, deren Väter überwiegend als Bauern arbeiteten. Wir spielten Fangen, bauten uns aus Ästen und Zweigen ein Hüttchen am Waldrand und schlürften dort Pfefferminztee. Eine echte Idylle.

Leider war es damit bald wieder vorbei. Als ich sieben Jahre alt war, geriet mein Vater mit den Bauern in Streit. Sie beschuldigten ihn des Diebstahls. Er stritt die Vorwürfe ab und erklärte, er habe keinen Diebstahl nötig. Doch eine Zukunft an diesem Ort war nur noch schwer denkbar. Deshalb kam es ihm gerade recht, dass sein Chef ihn fragte, ob er zum weiteren Autobahnausbau in die Ostschweiz versetzt werden wolle. Mein Vater nahm das Angebot an.

Ein weiteres Mal hieß es umziehen. Aus der Idylle des Berner Oberlandes, wo ich mich sowohl in der Schule als auch mit meinen Freunden sehr wohlfühlte, ging es nun in den Kanton St. Gallen in der Ostschweiz.

Hier brach für mich eine Zeit des Leidens und der Zurücksetzung an. So warm mich meine Lehrerin im Berner Oberland in Empfang genommen hatte, so viel Kälte schlug mir in der Schule im Kanton St. Gallen entgegen. Ich weiß noch wie heute, wie unser Lehrer das Klassenzimmer betrat. Ein hagerer Typ, groß gewachsen, kühler Blick, bieder in braungraue Anzüge gekleidet, die Krawatte durfte niemals fehlen. Herr Steinbeis hieß er, und sein Name war Programm. Er hatte eine regelrecht fiese Art. Damals schrieben die Schüler noch mit Feder und Tinte, kurz bevor die Schulen auf die heute gängigen Füllfederhalter umstellten. Wenn wir Grundschüler uns beim Schönschreiben zu sehr verkrampften, traf uns sofort der strenge Blick des Lehrers. »Du machsch Chnötli, du schriebsch falsch!«, giftete er und schlug uns mit dem dreißig Zentimeter langen Vierkantlineal auf die Finger. Verständlicherweise fürchteten wir uns, wenn er mit seinem Lineal während eines Diktats in den Stuhlreihen auf und ab ging.

Vor allem auf die Ausländerkinder hatte er es abgesehen, denn er war Mitglied der Partei Nationale Aktion gegen die Überfremdung von Volk und Heimat (kurz NA), die mit rassistischem Gedankengut auffiel und 1967 schließlich einen Sitz im Nationalrat erringen konnte. Der unfreundliche Lehrer machte aus seiner Gesinnung keinen Hehl. Er plagte uns Ausländer, wie er nur konnte, und er maß eindeutig mit zweierlei Maß. Die Italiener nannte er »Tschingge«[1] und meinte, dass sie am besten sofort in ihr Heimatland zurückgeschickt werden sollten. Er zog sie an den Ohren und haute sie auf den Hinterkopf. Dass die Schweiz ihre gut ausgebaute Infrastruktur vor allem den fleißigen Gastarbeitern zu verdanken hatte, kümmerte ihn nicht.

Ich konnte mittlerweile recht gut Schweizerdeutsch sprechen, aber seinen Erwartungen konnte ich trotzdem nicht gerecht werden. Als ich wieder einmal nicht schön genug geschrieben hatte, schlug er mir mit voller Wucht auf die Fingerspitzen. Ein brennender Schmerz lähmte meine Hand. Aber noch mehr verletzten mich seine Worte: »Du bist zurückgeblieben! Du bist behindert!«

Behindert? Ich? Kinder können ohnehin nicht mit Sarkasmus umgehen, aber Herr Steinbeis meinte seine Diagnose ernst. Er wiederholte gegenüber meinen Eltern, dass ich offenkundig geistig behindert sei, da ich auch allgemein schlechte Noten hatte. Eine Farce eigentlich, aber meine Eltern waren erschüttert. Schließlich hatten auch sie als Ausländer Angst, ihren Aufenthaltsstatus zu verlieren, wenn die NA an Einfluss gewinnen sollte. Mein Vater schärfte mir ein: »Sei brav, damit wir nicht aus der Schweiz rausfliegen, wir wollen doch hierbleiben.« Das leuchtete mir ein. Mein Vater konnte hier die Familie besser versorgen und die Schweiz gefiel mir, deshalb wollte ich auch gerne hierbleiben, obwohl ich so unter dem Lehrer litt.

Tag für Tag musste ich mir Tiraden eines Lehrers anhören, der mich für minderwertig hielt, ebenso wie meine italienischen Mitschüler. Obwohl ich mir viel Mühe gab, kritisierte er mich ständig. In der zweiten Klasse stürzten meine Leistungen derart ab, dass ich begann, die Schule zu schwänzen. Besonders das Fach Mathematik bereitete mir Schwierigkeiten. Dass meine Schwäche im Umgang mit Zahlen einmal dazu beitragen würde, dass ich eine Bank überfalle, hätte aber wohl selbst Herr Steinbeis nicht gedacht.

Ich passte damals schlicht nicht ins System, war überfordert von dem, was verlangt wurde, und Herr Steinbeis war eher hinderlich als hilfreich. Ich schweifte in Gedanken oft sehr weit ab vom Unterrichtsgeschehen und träumte vom Opapa-Garten, vom Hof im Berner Oberland, an den ich so viele schöne Erinnerungen hatte. Ich schaute oft aus dem Fenster, bis ich – zack! – wieder einen Steinbeis'schen Zusammenschiss der übelsten Sorte bekam.

Heute weiß ich, dass die Pädagogen damals viel zu stark an Defiziten hingen und zu wenig auf die Ressourcen sahen. Wer ständig nur beschimpft und auf seine Schwächen reduziert wird, kann kaum eine selbstsichere Persönlichkeit entwickeln. Als heutiger ADHS-Coach gehe ich stark davon aus, dass bei mir wohl auch eine solche Aufmerksamkeitsdefizit-/Hyperaktivitätsstörung vorlag. Damals kannte man diese Diagnose noch nicht, ich galt schlicht als »Zappelphilipp«. Natürlich brauchen Kinder eine gewisse Strenge, aber diese sollte sich nicht durch Affekte, Wut- oder gar Gewaltausbrüche äußern, sondern durch Konsequenz und gleichzeitige Empathie. Kinder brauchen Leitplanken, um den richtigen Weg zu finden, aber wir müssen ihnen als Erzieherinnen und Erzieher, als Eltern und Lehrkräfte immer wieder bestätigen: »Ich hab dich gern, du bist ein tolles Kind und du hast gerade in diesem und jenen Bereich tolle Fähigkeiten.«

Auszubildenden rate ich, sich immer drei positive Eigenschaften über ein Kind zu merken, das sie betreuen. Wenn sie dann Kritik äußern müssen, sollten sie das Sandwichverfahren anwenden: Erst das Positive loben, dann das Negative ansprechen und mit einem Verbesserungstipp garnieren, um mit einem Hinweis auf das Positive zu enden. Der heranwachsende Mensch merkt so: Es geht um die Sache, nicht um mich als Person. Ich bin wertvoll, auch wenn ich nicht alles schaffe.

Ab der zweiten Klasse begann ich, mich zurückzuziehen. Ich fühlte mich als einsamer Wolf, begab mich gerne in Traumwelten und las viel. Vor allem faszinierten mich Geschichten von Verstoßenen, die sich durchkämpften und in der Welt durch ihre Kraft behaupteten. Das Buch »Die Abenteuer des starken Wanja« von Otfried Preußler verschlang ich gleich mehrfach.

Wanja ist im ganzen Dorf als Taugenichts und Faulpelz bekannt. Er sondert sich ab und futtert Sonnenblumenkerne, bis er eines Tages genug Kräfte gesammelt hat, um auf einer lange vorbereiteten Wanderung die härtesten Prüfungen zu bestehen. Schließlich rettet er die Dorfbewohner vor einem schrecklichen Ungeheuer, wehrt sich gegen böse Räuber und alle Unbill dieser Welt, hebt einen Schatz und heiratet die Tochter des Zaren. Ein Ausgestoßener, der mit ungeheurer Stärke und Willenskraft beweist, dass ihn alle unterschätzt haben – darin fand ich mich wieder. Wanja, das war ich, das wollte ich sein!

Vor allem von meinen Eltern fühlte ich mich damals verlassen. Wenn ich eine schlechte Note bekam, schimpfte meine Mutter mit mir. Wenn ich eine Strafaufgabe machen musste und mein Vater davon Wind bekam, verprügelte er mich. Regelmäßig kam ich mit einer 1 oder 2 nach Hause, in der Schweiz die schlechtesten Zensuren. Ich wusste, dass mein Vater mich schlagen würde, deshalb machte ich auf dem Nachhauseweg viele Umwege, baute aus Lehm und Blättern einen Staudamm am Bach, verspätete mich um Stunden. Doch all das half nichts. »So, in die Stube mit dir!«, sagte mein Vater, wenn ich nach Hause kam. »Was hast du diesmal angestellt?« Er schloss die Tür, damit meine Geschwister mich nicht sahen, meine Schreie hörten sie trotzdem.

Leider war es für ihn mit ein paar gezielten Schlägen nicht getan. Mein Vater gab mir erst eine Backpfeife und beschimpfte mich: »Du bist ein Versager!« Dann redete er sich in Rage, schlug mich währenddessen immer wieder, boxte mich in meine Schulter, den Rücken und den Oberschenkel. Manchmal zückte er seinen Ledergürtel. »Bitte nicht, ich will mich bessern«, flehte ich. Aber es knallte einfach nur. Manchmal kam es mir vor, als arbeite er sich eine ganze Stunde an mir ab, aber es waren wahrscheinlich nur zehn bis fünfzehn Minuten. Danach verkroch ich mich ins Bett und fühlte mich unfassbar einsam.

»Du bist ein Versager!« Das brannte sich in mir während meiner Grundschulzeit ein.

Meine Schwester war eine hervorragende Schülerin, meine Eltern förderten sie nach Kräften. Ich hingegen fühlte mich als Nichtsnutz und zog mich in meine Welt zurück. Neben den Büchern waren das auch meine Modellflugzeuge. Ich konnte stundenlang in diese besondere Welt eintauchen. Vor allem Flieger aus dem Zweiten Weltkrieg hatten es mir angetan. Wenn ich etwas Geld gespart oder zum Geburtstag bekommen hatte, zog ich sofort in den Spielwarenladen und besorgte mir ein neues Modell. Die Firma Faller verkaufte damals Bausätze aller möglichen Autos, Schiffe und Flieger. Die kleineren hatten eine Spannweite von zehn Zentimetern, die größeren wie das

Space Shuttle mit mehreren Hundert Teilen maßen bis zu vierzig Zentimeter.

Wenn ich die Packung öffnete, stieg meine Freude ins Unermessliche. Aus einem Plastikrahmen schnitt ich die vorgestanzten Teile heraus. Die besonders filigranen Teile wie die Antenne, das zerbrechliche Fahrwerk oder die Fensterscheiben manövrierte ich in Engelsgeduld mit einer spitzen Pinzette aus dem Rahmen. Anschließend fügte ich die Teile nach einer Anleitung in stundenlanger Arbeit mit Spezialklebstoff vorsichtig zusammen. Später lackierte ich den Flieger, ich zog feine Linien und tupfte die Tarnfarben auf, unten Waldgrün, oben Himmelblau. Ich fügte die Hoheits- und Geschwaderabzeichen hinzu, bis schließlich das fertige Prachtexemplar vor mir stand.

Ich genoss das Gefühl tiefer Zufriedenheit, wenn ich wieder ein neues Flugzeug fertiggestellt hatte, »Stukas«, die Sturzkampfflugzeuge vom Typ Ju 87, Messerschmitt-Jagdflugzeuge oder auch größere Bomber. Mit meinen eigenen Händen hatte ich etwas geschafft! Das gab mir Selbstvertrauen. Mein Lieblingsflugzeug war die britische Spitfire, von der ich gleich mehrere Modelle in verschiedenen Größen hatte. Sie war für mich die Vollendung eines Flugzeugs, die geschwungenen Linien ließen das Modell so aussehen, als sei es aus einem Guss. Britisches Design at its best.

Während ich das Modell in der Hand hielt, stellte ich mir vor, selbst im Cockpit zu sitzen und in 8 000 Metern Flughöhe die wolkenlose Freiheit zu genießen. Auch die militärische Stärke zog mich an. Einmal den engen Räumen dieser Welt zu entfliehen und mich selbst mit eigener Stärke zu beweisen, das war mein großer Traum.

Mein Vater arbeitete nach seiner Stelle im Straßenbau als Mechaniker bei der Swissair, der stolzen Airline der Schweiz. Manchmal nahm er mich mit in die Werft und ließ mich die großen Flieger bestaunen. Dafür liebte ich ihn. Doch immer wieder hatte ich auch unter seinen Wutausbrüchen zu leiden. An einen der schlimmsten erinnere ich mich noch sehr gut.

Ich weiß nicht mehr, was seine Tirade ausgelöst hat. Vielleicht hatte ich wieder eine schlechte Note nach Hause gebracht, vielleicht hatte ich nicht aufgeräumt. Manchmal brachte er seinerseits den Arbeitsfrust mit nach Hause und ließ seine schlechte Laune an mir aus. Jedenfalls stand mein Vater an diesem Tag in meinem Zimmer und schimpfte sich in Rage. »Du Nichtsnutz! Du kannst nichts! Du bist faul!« Solche Vorwürfe musste ich mir oft anhören. Ich verzog mich sofort in meine Bettecke, in der Hoffnung, seinen Schlägen zu entgehen. Tatsächlich prügelte er mich diesmal nicht. Etwas viel Schlimmeres geschah. Mein größter Schatz erweckte seine zornige Aufmerksamkeit: meine Modellsammlung!

Er brüllte, ging zu meinem Büchergestell und zertrümmerte meine Flugzeuge. Zusammen mit den mühsam aufgebauten Modellen zerbrach eine Welt in mir. Normalerweise schluckte ich meine Tränen hinunter, doch dieser Schlag des Vaters tat mehr weh als alle Tritte und Ohrfeigen, die er mir bisher verpasst hatte. Ich heulte und heulte, während ich auf dem Boden saß und mit zitternden Fingern erfolglos versuchte, die zerbrochenen Plastiksplitter wieder zusammenzusetzen. Ich hatte mit meinen eigenen Händen etwas geschaffen, auf das ich stolz war. Und mein Vater hatte es mir wieder genommen. Ich war nicht einmal wütend, sondern ich war zutiefst verletzt. Ich wünschte mir, er hätte mich windelweich geschlagen, statt meinen Stolz zu zerstören.

Und nicht nur das: Mein Vater, der an den großen Fliegern herumbastelte, war mein Vorbild. Und nun hatte er meine Gehversuche im Kleinen mit einem Faustschlag zermalmt.

In der dritten und vierten Klasse hatte ich glücklicherweise einen sehr viel besseren Lehrer. Das Fach Mathematik bereitete mir weiterhin Schwierigkeiten, aber Herr Widmer zeigte Verständnis für mich und er konnte uns Kinder für den Schulstoff begeistern. Besonders im Geschichtsunterricht hingen wir an seinen Lippen. Wenn er vom Mittelalter erzählte, von Burgen, Königen und Schlachten, fühlte ich mich hineinversetzt in eine längst vergangene geheimnisvolle und beeindruckende Zeit. Ich stellte mir vor, wie ich als Ritterknappe durch die Gegend zog, um ein Abenteuer nach dem anderen zu erleben und mit dem Schwert in der Hand für Gerechtigkeit zu sorgen.

Stattdessen brachte ich durch meine Experimente Menschen in Lebensgefahr. In unserer Kleinstadt hielt ich mich gerne am Bahnhof auf und sah den Eisenbahnen beim Rangieren zu, wie schon früher im Opapa-Garten. Um die großen Lokomotiven in der richtigen Position zu fixieren, benutzten die Arbeiter einen sogenannten Hemmschuh. Das ist ein keilförmiger Klotz aus schwerem Stahl, meist rot oder gelb lackiert. Er wiegt sechs bis acht Kilo, hat also durchaus ein Gewicht, das man in den Armen spürt, wenn man damit hantiert. Doch gegen die tonnenschweren Kolosse, die auf den Schienen vor- und zurückfuhren, war ein solcher Bremsschuh natürlich nichts. Nur durch seine besondere Konstruktion, durch die die Räder der Lok blockiert werden, kann er eine Lok zum Stillstand bewegen. Mich faszinierte es, wie ein solch kleiner Klotz eine so große Wirkung entfalten wollte. Deshalb fasste ich einen verheerenden Entschluss, der in der Folge meinem Leben eine andere Richtung geben sollte: Ich wollte auch einmal eine Lokomotive zum Stillstand bringen!

In einem unbeobachteten Moment hievte ich einen der für mich enorm schweren Hemmschuhe aus dem Ständer und bugsierte ihn unter großer Anstrengung auf die Gleise. Ich wollte auf den nächsten Zug warten und beobachten, was geschehen würde. Konnte ich mit meinem Hemmschuh eine Lokomotive aufhalten?

In meiner kindlichen Naivität kam es mir nicht in den Sinn, dass ich mit meiner Aktion ein großes Zugunglück herbeiführen könnte.

Plötzlich hörte ich panische Schreie. Ein Mann hatte mich beobachtet, war zum Stationsvorstand gerannt und hatte Alarm geschlagen. Jetzt ging alles ganz schnell. Eisenbahnarbeiter sprinteten herbei, laute Rufe, ein paar Männer rissen den Hemmschuh von den Gleisen.

Kurz darauf standen sie um mich herum und schimpften: »Was hast du dir dabei gedacht?« »Das hätte ein riesiges Unglück geben können!« »Weißt du denn überhaupt nicht, was du beinahe angerichtet hättest?«

Nein, das wusste ich nicht. Ich hatte keine Ahnung, warum die Männer schimpften. Ich wollte doch nur ein Experiment wagen, und dabei hatte ich kaum etwas anderes gemacht als die Arbeiter.

In Windeseile waren Polizisten vor Ort. Sie riefen meinen Papa an, der sofort antraben musste. Langsam offenbarte sich der Ernst der Lage. In wenigen Minuten wäre ein Schnellzug angerast. Mit großer Wahrscheinlichkeit wäre er entgleist, ein beispielloses Unglück hätte sich ereignet. Menschen wären schwer verletzt worden oder hätten sogar sterben können.

Die Polizisten meldeten den Fall umgehend an die Schulbehörde, die wiederum meinen Lehrer Herrn Widmer informierte. Dieser empfahl eine umfassende psychologische Untersuchung.

»Ruedi musste gemeldet werden, weil er in der Schule zerstreut, träumerisch und leistungsschwach erschien«, notierte der Schulpsychologe am 16. Dezember 1969. »Zudem rief er durch sein selbstvergessenes Spielen auf den Geleisen des Bahnhofs die Polizei aufs Tapet. Ein vorläufiges Audiogramm fiel leicht auffällig aus, sodass ich die Mutter auf Anraten von Herrn Direktor Dr. Ammann an die pädaudiologische Klinik in St. Gallen gewiesen habe.«

Die Erwachsenen hielten mich für verrückt. Der Ruedi Szabo, hat der einen Sprung in der Schüssel?

Zur Beobachtung sollte ich für drei Monate in ein Kinderheim gehen. Dieses war nur etwa eine Viertelstunde von meinem Zuhause entfernt und doch fühlte es sich viel weiter an, denn meine Familie war nicht bei mir. Als mein Vater mit mir an der Hand zu der Einrichtung ging, weinte ich. Ich fühlte mich verlassen, auf mich allein gestellt, und das ausgerechnet, weil mit mir offenbar etwas nicht stimmte.

»Hör auf zu plärren, sei ein Mann«, sagte mein Vater. Und das tat ich.

Obwohl ich mich so unsicher fühlte, war ich auch neugierig: Was würde mich hier wohl erwarten? Zum Kinderheim gehörte neben dem großen L-förmigen Hauptgebäude im Stil der 1960er-Jahre ein wesentlich älteres Haus, das einst als reguläres Schulhaus gedient hatte. In den Schulräumen wurden nun die »schwer erziehbaren« jungen Menschen unterrichtet: wir. Mit drei anderen Kindern teilte ich mir meine Stube. Wir schliefen in flachen Betten und teilten uns zu viert einen großen Bettkasten, dazu durfte noch jeder eine kleine Kommode für persönliche Habseligkeiten nutzen.

Im Kinderheim herrschten klare Regeln, vor allem beim Essen. Wir wurden in feste Dienste eingeteilt, Abwaschen und Tischdecken, und vor jeder Mahlzeit mussten sich alle Kinder in dem großen Speisesaal aufstellen und so lange warten, bis es mucksmäuschenstill war. Erst dann durften wir uns hinsetzen. War das geschehen, rief der Heimleiter: »En guate!«, und wir durften losmampfen. Dabei herrschte eine strenge Etikette, die ich von daheim nicht gewohnt war. Im Zentrum stand das Wort »bitte«: »Dürfte ich bitte ein Stück Butter haben?« »Würdest du mir bitte eine Schnitte Brot reichen?«

Häufig gab es einen festen Brei aus Maisgrieß. Dieser war grottenschlecht, kein Vergleich zu der Polenta, die ich von italienischen Köchinnen kannte. Ich saß vor meinem Teller, schob mir langsam einen Löffel von dem Zeug in den Mund und bekam sofort einen Brechreiz. Ich aß nicht auf, sonst hätte ich mich wohl übergeben.

Niemand zwang mich dazu und abends würde es ja etwas Neues geben, dachte ich. Weit gefehlt: Als ich mich abends an den Tisch setzte, stand an meinem Platz wieder diese Pampe, die die Köche hier für Polenta hielten. Und am folgenden Morgen ebenfalls – so lange, bis ich alles aufgegessen hatte.

Trotz dieser unangenehmen Seite fühlte ich mich überraschend wohl. Meine kindliche Angst, aus dem familiären Umfeld herausgeworfen und in der Einsamkeit gelandet zu sein, verflog mit jedem Tag etwas mehr. Meine Stubenkameraden waren nett, und die Erwachsenen waren anständige Menschen. Zwar herrschten strenge Regeln, aber geschlagen wurden wir nicht. In dieser Zeit war das nicht selbstverständlich. Die Pädagogen behandelten uns freundlich. Vormittags hatten wir Schule, nachmittags gab es allerhand Freizeitaktivitäten – allerdings unter Anleitung der Erzieher. Wir bauten ein Baumhaus, spielten Fußball und Verstecken, machten eine Schnitzeljagd. Außerdem kümmerte sich eine Psychologin um mich. Ich musste viel zeichnen, was mir aber auch Freude bereitete, denn ich zeichnete überaus gern.

Bei einer Sitzung holte die Psychologin einen großen Baukasten hervor. Darin fanden sich viele Spielsachen und Figuren: Bäume, Autos, Schiffe, alles Mögliche. »So, Ruedi, dann bau einfach mal etwas damit auf«, sagte sie. »Bau einfach, wonach dir ist.«

Ich dachte an meinen Vater. Sonntags schaute er immer die Übertragung der Formel-1-Rennen im Fernsehen. Damals war das noch ein lebensgefährlicher Sport. Als er uns für ein Jahr verlassen hatte, hatte er für eine kurze Zeit als Techniker in der Formel 1 gearbeitet. Also reihte ich die Fahrzeuge hintereinander auf, als beginne gleich der Große Preis von Deutschland auf dem Nürburgring. Die Bäume säumten die Rennstrecke, immer neue Elemente baute ich an die Formel-1-Piste. Während ich mich beim Spielen vergnügte, beobachtete die Psychologin mit geschultem Blick, wie ich die Sachen aufbaute und wie ich damit umging. Sie stellte mir andauernd Fragen: »Bist du das Auto?« »Ist dein Vater das Auto?«

Erst nach Jahrzehnten bekam ich Einblick in den Bericht des Kinderheims. Ich war schockiert, als ich las, dass ich all die Jahre ein anderes Bild meiner Kindheit gehabt hatte als die Pädagogen und Psychologen. Diese schätzten mich als neurotischen Jungen ein, der unter einer »assoziativen Frühverwahrlosung mit schizoider Charakterentwicklung« litt – eine Formulierung, die Fachleute wohl heute so nicht mehr wählen würden. Mich traf sie sehr. Die Zeit bei den Pflegetanten hatte sich aus fachlicher Sicht offenbar sehr negativ bemerkbar gemacht. Die Mitarbeiter des Heims hielten mich anfangs für äußerst schwierig, aggressiv, kaum zu bändigen. So habe ich mich nicht in Erinnerung und ich weiß nicht, ob die Diagnose richtig war. Aber wenn jemand die Psychologen vom Kinderheim gefragt hätte: »Können Sie sich vorstellen, dass der Ruedi mal eine Bank überfällt?«, dann hätten sie vielleicht mit Ja geantwortet.

Lange Zeit hatte ich die Schläge meines Vaters für meine Entwicklung verantwortlich gemacht. Ein zweiter Grund war jedoch offensichtlich, dass ich in den ersten beiden Jahren meines Lebens völlig entwurzelt war, hin- und hergerissen zwischen verschiedenen Betreuungspersonen, wobei die Pflegetanten mich obendrein auf eine Weise behandelt haben, die man nur als schwere Misshandlung bezeichnen kann.

Als die drei Monate im Kinderheim zu Ende gegangen waren, war ich froh, wieder nach Hause zu dürfen. Die ganze Familie war gekommen, um mich abzuholen: Mama, Papa, Schwester und Bruder. Was für eine Freude!

Bei der ersten Mahlzeit daheim bat ich: »Würdest du mir bitte das Brot reichen, Papa?«

»Warum nimmst du es dir nicht einfach?«, fragte mein Vater, den meine neu erworbene Höflichkeit sichtlich verdutzte.

»Das habe ich eben so gelernt!«

Meine Eltern hat diese Wandlung sicherlich beeindruckt, ich selbst war einfach erleichtert, endlich wieder in mein gewohntes Umfeld zurückzukehren, auch wenn die Zeit im Kinderheim keine Qual für mich bedeutet hatte. Dennoch war es ein weiterer Einschnitt in meinem bis dato unsteten Leben, der noch einen weiteren nach sich zog. Während meiner Abwesenheit hatte ich im regulären Unterricht zu viel versäumt. Da ich in Klausuren ohnehin schlecht abschnitt und schon vorher regelmäßig schlechte Noten nach Hause gebracht hatte, konnte ich nicht versetzt werden und musste die vierte Klasse wiederholen.

Nach dieser Ehrenrunde kam ich zum ersten Mal mit meiner späteren Leidenschaft in Berührung: dem Militär. In der Ostschweiz gehören die 5. und die 6. Klasse noch zur Primarschule, erst danach folgt die weiterführende Schule. Unser Lehrer Emil Steiger war ein ehemaliger Offizier der Armee. Das merkten wir vor allem beim Turnen. Dort mussten wir in Viererkolonnen im Gleichschritt zu Marschmusik marschieren. Heute mag das eine ulkige Vorstellung sein, doch uns machte das damals großen Spaß. »Richtuuuuuuung, links!«, brüllte Herr Steiger über unsere Köpfe. Wir bogen brav links ab, während wir versuchten, einigermaßen mit den Füßen im Takt zu bleiben. Es folgten Turnübungen und Ballspiele.

Herr Steiger war ein guter Pädagoge und er förderte mich sehr. Er merkte, dass ich gute Aufsätze schrieb, mich in Mathematik aber nach wie vor schwertat. Statt nun ständig auf meinen Schwächen herumzureiten, lobte er mich in den Bereichen, in denen ich gut war. Beispielsweise holte er mich nach einem guten Aufsatz nach vorne und lobte mich vor der ganzen Klasse. »Schaut mal, diesen Abschnitt hat der Ruedi besonders einfallsreich formuliert. Der Satzaufbau ist hervorragend.«

Die Art, wie er meine Stärken hervorhob und damit meine Schwächen kaschierte, steigerte meinen Selbstwert als Schüler ungemein, sonst fühlte ich mich ja eigentlich als Versager. Dazu kamen Herrn Steigers mitreißende Erzählungen im Geschichtsunterricht, ein Fach, das er als altgedienter Militär umso packender vermitteln konnte. Auch dem Gleichschritt im Sportunterricht konnte ich viel Positives abgewinnen. Plötzlich war ich im wörtlichen Sinne nicht mehr Einzelgänger, sondern wurde Teil einer Gemeinschaft: Wir marschierten gemeinsam, keiner blieb zurück.

Das Gefühl, ein Versager zu sein, stellte sich jedoch jedes Mal wieder ein, wenn ich eine schlechte Note nach Hause brachte. In der siebten Klasse hatte ich einen Lehrer, der mir dieses Gefühl zeitweise nehmen konnte. Pädagogisch ging er sehr geschickt und liebevoll mit mir um. Wenn ich den Schulbetrieb einmal wieder zu stark gestört hatte, gab er mir keine Strafarbeit, sondern sagte: »Ruedi, du rennst jetzt einmal bis zum Waldrand und wieder zurück!« Die zwei Kilometer absolvierte ich mit Leichtigkeit und die Bewegung tat mir gut. Offenbar hatte Herr Hangartner erkannt, dass ich, ein »Zappelphilipp«, in manchen Situationen körperlich unausgeglichen war und daher meine überschüssige Energie in die Störung des Unterrichts investierte. Wenn ich nach meinem Straflauf nun zum Erstaunen meines Lehrers und meiner Mitschüler schon nach kurzer Zeit wieder in der Tür des Klassenzimmers stand, genoss ich es, etwas geschafft zu haben. Zudem konnte ich mich viel leichter konzentrieren.

Herr Hangartner hatte ein gutes Händchen. Dass er ein tiefgläubiger Christ war, erfuhr ich erst später. Heute glaube ich, dass er einer von einer ganzen Reihe jesusgläubiger Menschen war, die Gott in mein Leben gestellt hat.

Als ich in der sechsten oder siebten Klasse war, wurde meine Schwester in dem Hochhaus, in dem wir wohnten, überfallen. Sie wollte in unser Stockwerk fahren, aber der Aufzug war bereits besetzt und der Mann darin bedrängte und begrapschte sie. Er drückte auf den Knopf, der den Aufzug ins Untergeschoss bringen sollte, wo keiner ihre Schreie hören würde. Meine Schwester wehrte sich nach Leibeskräften gegen den Angreifer. In letzter Minute konnte sie sich losreißen. Sie sprang durch die Tür, die sich bereits schloss, zur Treppe und konnte fliehen.

Wir waren alle sehr schockiert und ich beschloss, dass mir so etwas niemals passieren sollte. Ich wollte mich wehren können. Deshalb meldete ich mich zum Kampfsport an und war darin sehr erfolgreich. Ich begann mit Judo und kämpfte mich bis zum orangen Gürtel hoch. Judo ist allerdings ein sehr defensiver Kampfsport, sodass ich mich mit der Zeit nach etwas Härterem sehnte. Ich wollte meine körperliche Fitness noch besser ausspielen können. Niemand, vor allem niemand in meinem Alter, sollte mich überwältigen können.

Zunächst testete ich Jiu-Jitsu, bis ich schließlich zu Aikido fand. »Aikido« könnte man interpretieren mit »Mit der Kraft des anderen siegen«. Es ist zwar ebenfalls eine defensive Kampfkunst, aber es setzt schon an, bevor der Angreifer seine Attacke ausgeführt. Der Aikido-Kämpfer beobachtet genau, was der Gegner plant. Wenn dieser angreifen will, wird er sofort daran gehindert. Der Angreifer muss blitzschnell umschalten, wenn er durch den Schwung nicht überwältigt werden will – und hat oft sehr schnell verloren. Aikido-Kämpfer bewegen sich dabei höchst elegant und souverän.

Mit der Kraft des anderen siegen – das gefiel mir. Mit dem Training wurde ich agiler, widerstandsfähiger, stärker. Ich war es gewohnt, meine Kräfte mit anderen zu messen. Dass mir meine Athletik schon bald sehr nutzen würde, hätte ich nicht gedacht.

Ein ganz normaler Tag. Gerade hat die Schulglocke geläutet. Hunderte vergnügter Schüler freuen sich, endlich wieder nach draußen zu können. Doch als sich die freudigen Massen in Bewegung setzen, kommt der Strom plötzlich ins Stocken. Ich befinde mich relativ weit vorne, nahe dem Ausgang. Warum geht es nicht voran? Da sehe ich es: Von den verschiedenen Ausgangstüren ist nur ein einziger Flügel geöffnet. Die Schüler schubsen, stolpern, schieben. Mehrere Hundert Kinder drängen durch eine einzige schmale Tür nach draußen – das kann nicht gut gehen.

Vor dem geöffneten Türflügel staut es sich. Einzelne Jungen und Mädchen werden gegen die Wand gedrückt, versuchen irgendwie durch die enge Tür zu gelangen. Dann: ein Schrei! »Hilfe!« Ein Kind liegt am Boden. Ein zweites. Ein drittes. Eine Massenpanik bricht aus. Die Jungen und Mädchen trampeln über die am Boden Liegenden hinweg. Wie kann es ohne echte Gefahr zu einer Massenpanik kommen? Jeder will nur noch seine eigene Haut retten. Ich erschrecke: Die werden die Kinder doch wohl nicht zertrampeln? Ich drücke mich irgendwie zu den Kindern durch, die von Füßen malträtiert werden, und stemme mich mit meiner ganzen Kraft gegen die Massen wie ein Wellenbrecher gegen die aufgescheuchte See. Lange werde ich das nicht durchhalten, das weiß ich. Angestrengt schaue ich nach unten zu den schmerzverzerrten Gesichtern: »Schnell! Weg hier!« Die Kinder rappeln sich auf, schnappen kurz nach Luft – und stolpern nach draußen. Es dauert nur wenige Sekunden. Länger hätte ich dem Druck auch nicht standgehalten. Meine Kräfte versagen. Ich lasse mich nach draußen treiben. Erschöpft ringe ich nach Atem, als ich auf dem Schulhof stehe. Die Kinder sind gerettet. Oder besser: Ich habe sie gerettet.

Ja, gerettet hatte ich sie. So wie der starke Wanja, über den ich in meinem Kinderbuch gelesen hatte. Wanja, der sein Dorf vor Monstern geschützt und dabei übermenschlichem Druck getrotzt hatte. Das hatte ich auch getan. Und wie bei Wanja hätte wohl nie jemand damit gerechnet. So empfand ich es damals zumindest in meiner kindlichen Vorstellung. Ein Teil meiner Märchen-Traumwelt wurde auf diese Weise Wirklichkeit und dieses Erlebnis erfüllte mich mit einem Stolz und einer Zufriedenheit, wie ich sie nie zuvor erlebt hatte. Ich fühlte mich plötzlich wirklich stark. Die große Gefahr hatte gedroht, mich zu überwältigen, aber ich hatte die Bedrohung mit maximaler körperlicher Anstrengung überwunden. Stärke als Problemkiller, das brannte sich tief in mein Herz ein.

Eine Last wurde ich allerdings weiterhin nicht los: Die Schläge meines Vaters, der mir ja immer noch körperlich deutlich überlegen war. Ich litt so sehr unter seiner Hand, dass ich schier verzweifelte. In meiner Not dachte ich darüber nach, wer mich von diesen Schlägen erlösen könnte. Vielleicht Gott?

Ich kannte die katholische Kirche aus Österreich, die evangelische vor allem aus der Schweiz. Tischgebete gehörten zum Standardprogramm meiner Familie, auch wenn der Glaube an sich in unserem Familienalltag kaum vorkam. Eine persönliche Beziehung zu Gott hatte ich nicht. Aber ich sah mich in einer so schwierigen Lage, dass ich beschloss, geistlichen Beistand zu suchen. Ich dachte: »Wenn es einen Gott gibt, muss er doch einen Weg wissen, wie ich der Gewalt meines Vaters entfliehen kann!«

Ich wandte mich an den Pfarrer unserer evangelischen Kirchengemeinde, den ich vom Religionsunterricht kannte. Ich muss nicht erwähnen, welche Überwindung es für einen Teenager bedeutet, von sich aus den Kontakt zu einem fast fremden Erwachsenen zu suchen, noch dazu zu einem Würdenträger. Aber ich hoffte so sehr, dass er sich bei mir gegenüber meinen Eltern einsetzen würde, dass ich es wagte. Ich bekam einen Termin und saß ihm wenig später gegenüber.

Ich erzählte von den schlechten Noten, davon, wie ich auf dem Heimweg absichtlich trödelte, weil ich Angst hatte, nach Hause zu kommen. Ich berichtete dem Pfarrer, wie fest und wie lange mein

Vater mich schlug. Er hörte mir zu, doch dann empfahl er mir allen Ernstes, das Gespräch mit meinem Vater zu suchen. Er betete für mich, sprach einen Segen. Das »Amen« beendete nicht nur das Gebet, sondern auch unser Gespräch. Anstatt zu handeln, laberte der Pfarrer nur. Worte statt Taten, ein paar aufmunternde Sätze statt echter Hilfe – ich war maßlos enttäuscht. Ich hatte all meinen Mut zusammengenommen und wurde mit ein paar Schulterklopfern nach Hause geschickt, wo ich die häusliche Gewalt weiter fürchten musste. Mir wurde immer klarer: Ich werde mir nur selbst helfen können. Und ich würde meine Kampfkünste dafür einsetzen.

Gewalt darf nie ein Mittel der Erziehung sein. Wer seine Kinder schlägt, gewöhnt sie an Gewalt, schafft Distanz, schürt Ängste, zerstört Vertrauen, wertet sie ab. Kinder brauchen klare Regeln, sie müssen Konsequenzen kennenlernen, natürlich. Doch ihre Eltern müssen sie auch schützen. Kinder, die Vater und Mutter als unbeherrschte Aggressoren erleben, leiden bis ins Erwachsenenalter darunter. Es hemmt ihre Beziehungen, konditioniert sie, sich zu ängstigen, wenn sie vermeintliche Fehler begangen haben – und lässt sie später oft selbst zu Gewalttätern werden. Dieser Kreislauf muss unbedingt durchbrochen werden.

Heute werde ich manchmal in Schulen eingeladen, um mein Lebenszeugnis an Jugendliche weiterzugeben. Den jungen Menschen rate ich dringend, sich Hilfe zu holen, wenn sie Gewalt erfahren haben. Niemand soll sich schämen, Opfer von Gewalt geworden zu sein. Jeder Mensch verdient es, gewaltfrei aufzuwachsen. Es gibt vereinzelt Christen, die Schläge in der Erziehung mit Versen aus dem Buch der Sprüche rechtfertigen – als ob man aus ein paar einzelnen Versen konkrete Erziehungsmaßnahmen ablesen könnte, die auch nach Jahrtausenden und in einer völlig anderen Kultur alternativlos gültig sind! Sie irren. Christen haben die Aufgabe, Menschen in Not beiseitezustehen, auch wenn sie dabei selbst in die Schusslinie geraten.

Als ich in der achten Klasse war, wendete sich die Beziehung zu meinem Vater. Ich weiß gar nicht mehr, warum er mich verprügelte, aber es lief ab wie schon viele Male vorher: Er haute mir im Stehen eine runter, boxte und schlug mich, bis ich zu Boden fiel. Das hielt ihn nicht davon ab, mich weiter zu malträtieren. Jedes Kind lernt, dass man einen, der am Boden liegt, in Ruhe lässt, aber mein Vater schlug weiter. Er bearbeitete mich mit Händen und Füßen, trommelte auf meinen Rücken und Po. Der dumpfe Schmerz, den ich schon so oft erfahren hatte, durchströmte meinen Körper.

Am Boden liegend sah ich in sein zorniges Gesicht. Gerade wollte er wieder zum Tritt ausholen – da klappte plötzlich ein Schalter in mir um. Ich hob meinen Fuß zu einer Abwehrbewegung, die ich im Aikido gelernt hatte – »Mit der Kraft des anderen siegen.« Mit voller Wucht trat mein Vater gegen meine Schuhsohle. Er jaulte auf und sein Gesicht verkrampfte sich vor Schmerz. Dann sackte er auf einem Stuhl zusammen und hielt sich ächzend das Bein.

Ich stand auf und sah ihn einfach nur an. Die Schmerzen spürte ich kaum noch, so zufrieden war ich. Wortlos wandte ich ihm schließlich den Rücken zu und ging auf mein Zimmer. Ich hörte noch, wie er mit meiner Mutter sprach, doch das kümmerte mich nicht.

Mein Vater hatte sich den Fuß gebrochen. Tagelang konnte er nicht arbeiten, über Wochen humpelte er herum wegen dieses »Fehltritts«, dessen Folgen er nun vor aller Augen ausbaden musste. Es war das letzte Mal, dass mein Vater seine Hand – oder seinen Fuß – gegen mich erhob. Wenn er mir zürnte, schrie, tobte, wütete er, aber er schlug mich nicht mehr. Mich bestärkte diese Erfahrung einmal mehr in dem Gedanken: Wehre dich mit all deiner Kraft, dann löst du deine Probleme – zur Not auch mit Gewalt.

Trotz all der Gewalt habe ich meinen Vater nicht gehasst, sondern geliebt. Ob er mich auch liebte, wusste ich nicht. Gesagt hatte er es mir nie, als ich noch ein Kind war. Trotz seiner Wutausbrüche bewunderte ich ihn für das, was er leistete, gerade im Beruf. Als Kinder konnten wir bestaunen, welch riesige Maschinen er wieder in Gang brachte. Wir kletterten auf den großen Baumaschinen herum, die er wartete, später, bei der Swissair, standen wir mit offenen Mündern vor den riesigen Flugzeugen, die mein Vater reparieren konnte. Er war mein Vorbild. Ich wollte einmal so sein wie er.

So ist das wohl bei vielen Söhnen. »Papa kann alles« – mit diesem Denken wachsen Kinder auf. Später verschiebt sich diese Ansicht natürlich. Kein Mensch ist perfekt, das wissen auch Heranwachsende. Trotzdem bleibt die Beziehung zum Vater lebenslang etwas ganz Besonderes. Väter stehen für Herkunft und Heimat. Sie haben uns gezeugt. Durch sie existieren wir. Von ihnen lernen wir fürs Leben. Sie sind die erste Instanz, um zu beurteilen, was gut und richtig ist.

Mein gezielter Abwehrtritt gegen den Fuß meines Vaters markierte das Ende meiner Kindheit. Doch mein neuer Lebensabschnitt begann mit einer Enttäuschung.

3 – KRIEG

Schweiz, 1974

In der neunten Klasse, an der Schwelle zum jungen Erwachsenenalter, hatte ich von der Arbeitswelt noch keinen blassen Schimmer, ich hatte auch keine Ambitionen auf einen bestimmten Job. Da ich die Realschule besuchte, war nun jedoch die Zeit gekommen, mich nach einem Beruf umzusehen.

Wir lernten in der Schule verschiedene Handwerkszünfte kennen. Besonders empfohlen wurden uns mechanische Berufe. Ich hatte mich ja schon immer für Maschinen interessiert, für Züge, große und kleine Flugzeuge, ob militärisch oder zivil, und auch für die großen Baumaschinen, die mein Vater früher repariert hatte. Leider benötigten die künftigen Auszubildenden für all diese Berufe vor allem in einem Fach eine gute Schulnote – ausgerechnet in dem Fach, in dem ich regelmäßig die schlechtesten Zensuren nach Hause brachte: Mathematik.

Deshalb ging ich in die Berufsberatung. Ich saß vor einem dieser Menschen, bei denen ich bis heute den Eindruck habe, dass sie ihr Geld nicht wert sind. Er schaute nicht mich als Person an, einen jungen Menschen mit Stärken und Schwächen, Talenten und Vorlieben, sondern beäugte vor allem meine Schulnoten. Und die waren schlecht. Außerdem musste ich einen IQ-Test absolvieren. Nachdem ich mich durch die verschiedenen Aufgaben gequält hatte, ging es an die Auswertung. Ob ich Mechaniker werden könnte? Gespannt wartete ich auf das Ergebnis. Der Berufsberater hatte ja Erfahrung und würde bestimmt eine passende Branche auswählen.

Für den Mann gab es allerdings nur einen einzigen Beruf, den er mir zutraute. Er schaute mich ausdruckslos an und teilte mir mit: »Deine Leistungen reichen nur für einen Maler. Oder sonstige Tätigkeiten auf dem Bau. Gerade so.« Oh Mann! Maler?

Ich arbeitete zwar gern, auch körperlich, aber ich glaube, dass meine Persönlichkeit eigentlich eine völlig andere war. Ich war etwas verträumt, natur- und technikinteressiert, hatte eine Vorliebe für Kampfsport, las gerne Jugendbücher und besaß ein großes Vorstellungsvermögen. Nach meiner Zeit im Knast eröffnete sich eine völlig neue Arbeitswelt für mich. Ich arbeitete als Fernsehredakteur, als Pädagoge, Dozent, Referent, betreute Drogensüchtige. Doch damals taugte der schulschwache Ruedi nach Meinung des Beraters höchstens dafür, ein paar Wände anzustreichen. Leider stellte ich seine Meinung nicht infrage.

Ich muss nicht erwähnen, dass mein Vater enttäuscht von mir war. Er hätte sich gewünscht, dass ich seiner Leidenschaft folgen und zum Beispiel Automechaniker werden würde. Präzise gefräste Aluminiumlegierungen, der Geruch von Maschinenöl und Benzin – das war eine Welt für echte Männer. Es gehörte nicht nur Kraft, sondern vor allem Geschick und Intelligenz dazu, moderne Motoren zu verstehen, zu warten und zu reparieren.

Umso mehr enttäuschte meinen Vater der Beruf, dem ich nun nachgehen musste: Maler. Wenn er mich wenigstens mit diesem Namen bezeichnet hätte. Aber wenn ich abends nach Hause kam, begrüßte er mich mit den Worten: »Ah, da kommt ja wieder der Landstreicher.« Es war seine Art, mir seine Verachtung und Enttäuschung zu zeigen.

Diese Bemerkungen über meine vermeintlich minderwertige Berufswahl trafen mich besonders hart. Ich konnte seine Erwartungen nicht erfüllen und fühlte mich nicht gut genug.

»Da kommt er wieder, der Landstreicher.«

Das schmerzte. Mehr als die Schläge, die er mir früher verpasst hatte.

Meine Ausbildung begann ich im Frühjahr 1976 beim Malermeister Meier. Der Junior hatte zwar bereits die Firma übernommen, aber es war dort üblich, dass die Lehrlinge zuerst beim alten Chef durch die Mühle mussten. Der Seniorchef war ein cholerischer Typ, wahrhaft ein Lehrmeister alter Garde. Er brauste schnell auf und schalt seine Angestellten schon bei kleinen Fehlern. Ich war als Auszubildender natürlich am unteren Ende der Nahrungskette verortet und er ließ mich schrecklich eintönige Arbeiten verrichten. Jeden Samstag musste ich anrücken – ohne Bezahlung, versteht sich –, um die Pinselroller und Werkzeuge auszuwaschen und bereitzulegen, damit sie am Montag wieder zum Einsatz kommen konnten. Auch im Winter stand ich bei Minusgraden vor dem Spülbecken und schrubbte die Gerätschaften. Das eiskalte Wasser aus der Leitung schmerzte mit jeder Minute mehr, bis es sich anfühlte, als würden mir die nackten Hände gleich abfallen. Ich empfand diese Arbeiten erniedrigend, aber alle »Stifte«, so nannte man damals die Auszubildenden, mussten sie verrichten. Der Chef machte sich auch gerne über die Lehrlinge lustig, indem er sagte: »Laut Duden ist ein Stift eine kopflose Niete.«

Vielleicht war mein Chef deswegen so heißblütig, weil er sein Handwerk liebte. Wenn er Bauernmöbel sorgsam aufarbeitete oder kunstvolle Bauernmalereien an Hauswände auftrug, blühte er regelrecht auf. Für ihn war seine Zunft auch eine Frage der Ehre. Und ich muss zugeben, dass ich davon sehr profitiert habe. So barsch sich der alte Lehrmeister mir gegenüber auch gab, brachte er mir doch viele Techniken bei, von denen meine Innungskollegen auf der Berufsschule noch nie etwas gehört hatten. So lehrte er mich die alte Kunst, Ölfarben mit verschiedenen Grundstoffen selbst zu mischen, wie es früher üblich war. Dieses historische Wissen entpuppte sich in meiner Gesellenprüfung als großer Vorteil und ich bestand sie mit Bravour.

Zu meinem Erwachsenwerden gehörte, dass ich meine eigenen Entscheidungen traf. Ich war immer offen für den Glauben gewesen und hatte nie wirklich daran gezweifelt, dass Gott da war. Wie andere Heranwachsende suchte ich in meiner Jugendzeit nach Sinn und Orientierung, auch in religiösen Fragen. Durch meine konfessionsgemischte Familie hatte ich in Österreich und der Schweiz verschiedene Glaubensrichtungen erlebt. Mein Vater war evangelisch, meine Mutter katholisch, jedoch lebten beide keinen besonders intensiven Glauben, den man nach außen spürte. Als ältester Sohn gehörte ich wie mein Vater zur evangelischen Kirche und besuchte den evangelischen Religionsunterricht.

Nun begann ich, mich hier ebenfalls vom Vater zu emanzipieren. In der 9. Klasse hatte ich mich mit einem Mitschüler angefreundet. Maurizio war wie andere Italiener in der Schule oft gehänselt worden, ich hingegen stand zu ihm. Wir verbrachten viel Zeit miteinander und uns verband eine immer engere Freundschaft, die auch meinen Glauben beeinflusste. Irgendwann traf ich den Entschluss, in die katholische Kirche einzutreten. Besondere theologische Gründe für meinen Kirchenwechsel hatte ich nicht, aber ich verstand ihn unter anderem als Seitenhieb gegen meinen evangelischen Vater.

Seit meinem 13. Lebensjahr hatte ich ein recht einträgliches Hobby, bei dem ich mich in militärischen Posen üben konnte: Ich war Verkehrskadett. Mir hatten ja schon immer der Drill, der Gleichschritt und die Disziplin gefallen und so meldete ich mich für diesen Dienst. Es gab dafür einen Verein, der zu bestimmten Anlässen, etwa bei großen Veranstaltungen, die Verkehrsführung änderte und dafür Verkehrskadetten einsetzte.

Nachdem ich eine Ausbildung absolviert hatte, stand ich schon bald in einer orangefarbenen Uniform mitten auf der Straße und regelte den Verkehr. Durch Handbewegungen signalisierte ich den Autofahrern, dass sie nun fahren konnten.

Ich genoss es, in diese Erwachsenenwelt einzutauchen und die Autofahrer, die mir eigentlich himmelweit überlegen waren, mit einer Geste zu dirigieren. Fast jedes Wochenende schob ich Dienst. Da mein Vater mir kein Taschengeld gab, bedeuteten die vier bis fünf Franken pro Stunde für mich ein hübsches Einkommen. In manchen Monaten verdiente ich 300 Franken! Ich war es daher durchaus gewöhnt, liquide zu sein, schon lange vor meiner Ausbildung. Während meiner Lehre übernahm ich weiterhin Dienste als Verkehrskadett, vor allem an den Wochenenden.

Später bildete ich sogar selbst Kadetten aus, darunter auch Mädchen. Zu diesen gehörte eines, das einmal eine große Rolle in meinem Leben spielen sollte. Als sie damals als junge Kadettenanwärterin in der Reihe der Auszubildenden stand, spürten allerdings weder sie noch ich etwas davon. Ich muss etwa 18 Jahre alt gewesen, sie 13, für mich noch ein Kind. Sie war einen Kopf kleiner als ich, was bei meiner Größe von einem Meter sechsundachtzig aber auch kein Wunder war.

Mit diesem Mädchen würde ich einmal die schönsten Stunden im jungen Erwachsenenalter erleben und eine Verbindung spüren, die enger kaum sein könnte. Mit ihr gemeinsam erlebte ich das Wunder des Lebens, der Geburt, und zwar gleich fünfmal. Doch sie spielte auch eine wichtige Rolle, als ich schließlich an den absoluten Tiefpunkt meines Lebens gelangte und vor lauter Ohnmachtsgefühlen den Weg des Verbrechens beschritt.

Davon war jedoch noch nichts zu spüren, als ich dieses Mädchen mit den langen braunen Haaren kennenlernte. Sie war für mich eine von vielen. Wir registrierten einander, mehr nicht. Sie mochte mich noch nicht einmal besonders. Das durfte auch nicht verwundern, schließlich verhielt ich mich vorlaut und herrisch, weil ich mich in der Rolle des kommandierenden Anführers sehr wohlfühlte.

Während meiner Lehrzeit erhielt ich auf einmal einen Einrückungsbefehl des österreichischen Heeres. Da Wien weit weg war, wollte ich dort nicht ein Jahr lang Militärdienst leisten, außerdem hatte ich nur noch über meine Verwandten einen Bezug zu Österreich. Ich war in der Schweiz aufgewachsen, deswegen fühlte ich mich mehr als Schweizer. Gleichzeitig unterstützten meine Eltern uns drei Kinder dabei, uns in der Schweiz einzubürgern. Kurz nach meinem Lehrende, 1979, erhielt ich die Schweizer Staatsbürgerschaft und entging dadurch endgültig dem österreichischen Wehrdienst.

Zu den Pflichten eines Eidgenossen gehört jedoch der Militärdienst im Heimatland und ich wollte auch gern meinen Dienst in der Schweizer Armee leisten. Allein schon wegen der Vergangenheit unserer Familie, die gegen die Nazis und die Kommunisten gewesen war, empfand ich es als Pflicht, unsere Demokratie zu verteidigen. In meinem Herzen fühlte ich einen starken Hass auf die Nazis und die Sowjets. Zudem war mein Vater ein starker Mann und ein vorbildlicher Kämpfer. Bei allen Problemen, die ich mit ihm hatte, wollte ich dennoch unbedingt so stark sein wie er! Außerdem suchte ich den Kick außergewöhnlicher, besonderer, sogar übermenschlicher Leistungen. Ich wollte Grenadier werden und zu einer Eliteeinheit gehören.

Eigentlich hatte ich schon immer ein Faible fürs Militärische, von meinen Modellflugzeugen über meinen Dienst als Verkehrskadett bis hin zum Kampfsport, den ich seit Teenietagen betrieb. Disziplin. Korpsgeist. Kraft. Ausdauer. Uniformität.

In der Schweizer Armee wurde ich zum Killer ausgebildet. Empathie, Mitleid, Skrupel, das alles gilt nicht, darf nicht gelten, wenn der Ernstfall eintritt. Ich hätte nicht gedacht, dass ein Mensch tatsächlich lernen kann, alle Gefühle per Knopfdruck auszuknipsen, aber genau das tat ich.

Der Militärdienst in der Schweiz ist alles andere als ein Spaziergang, denn er soll vor dem Ernstfall schützen. Und die Bedrohungen von außen waren real, auch wenn es nie zu einem Ernstfall kam. Zur Zeit des Kalten Krieges hatte das Land 400 000 Mann permanent unter Waffen. Die Soldaten nehmen in der Schweiz ihre komplette Ausrüstung mit nach Hause. Das hat einen wichtigen Grund: Wenn der Kriegszustand ausgerufen werden sollte, muss jeder Soldat sofort einsatzfähig sein. Im Dienstbüchlein, das man mit sich führt, ist eingetragen, wo man sich im Kriegsfalle einzufinden hat. Wir Grenadiere hatten in unserem Büchlein vermerkt, dass wir uns in einem kleinen Waldstück in der Nähe von Frauenfeld treffen würden. Dort hätten wir uns eingraben und auf weitere Einsatzbefehle gewartet.

Wer meint, die Schweiz müsse ja aufgrund ihrer neutralen Stellung pazifistisch sein und wisse daher von Kriegsführung so viel wie ein Mensch mit Höhenangst vom Bergsteigen, der irrt. Und zwar gewaltig. Obwohl die Schweiz ein kleines Land ist und schon allein durch die Berge einen gewissen Schutz hat, genießt die Schweizer Armee ein hohes Ansehen und verfügt über eine hervorragende personelle und technische Ausstattung.

Doch bevor ich meinen Dienst tun konnte, stand die sogenannte »Aushebung«, die »Musterung«, an, die einen Tag dauerte. In St. Gallen musste ich mich einer intensiven Befragung durch das Militär und vielen Tests unterziehen, auf die ich mich intensiv vorbereitet hatte. Außerdem durchlief ich medizinische und körperliche Untersuchungen. Ich hatte mir in den Kopf gesetzt, in einer Eliteeinheit zu dienen, und hoffte, dass mir meine Kampfsportkenntnisse im Eignungstest nützen würden. Man konnte zwischen drei Waffengattungen wählen, in denen es Spezialeinheiten gab: die Grenadiere, die Fallschirmjäger oder die Panzerabwehrgrenadiere. Ich bestand –

und schaffte es zu den Grenadieren! Ich war unfassbar stolz. Der erste Schritt war geschafft!

Während ich Hauswände strich und Fassaden renovierte, wartete ich voller Vorfreude auf meine Einberufung. Eines Tages fischte ich dann tatsächlich den lange ersehnten Brief aus dem Postkasten: »Marschbefehl« stand in fetten Lettern darauf. Mir gefiel dieser Ausdruck. Der Begriff »Befehl« ist kein verschwurbelter Bürokratensprech, sondern zeugt von militärischem Ernst. Wer sich dem Marschbefehl verweigert und lieber zu Hause bleibt, landet im Gefängnis. Selbstverständlich verschwendete ich keine Sekunde an den Gedanken, mich der Armee zu verweigern. Dass ich trotzdem einmal im Gefängnis landen sollte, hielt ich damals für ausgeschlossen.

Die wichtigste Botschaft des Marschbefehls waren die Nummer des Zuges und dessen Abfahrtzeit. Die durfte ich natürlich nicht verpassen! Frühmorgens stand ich pünktlich und voller Erwartungen am Bahnsteig, um mit der Eisenbahn in ein neues Kapitel meines Lebens zu fahren. Es ging querbeet durch die ganze Schweiz, über Zürich, an der malerischen Landschaft des Zugersees vorbei, und schließlich über die Alpen durch unzählige Tunnel bis ins Tessin.

Der Zug war voll besetzt mit jungen Rekruten. Das waren also meine zukünftigen Kameraden! Wir unterhielten uns recht gut über dies und das, tauschten Erwartungen an die Zukunft aus und malten uns aus, wie unsere Zeit beim Militär wohl sein würde.

In einem Tal drosselte der Zug allmählich sein Tempo und kam schließlich zum Stehen und der Befehl »Aussteigen!« erklang. Als einer der Ersten schnappte ich mir mein Gepäck und machte einen Satz vom Waggon auf den Bahnsteig.

Durch eine Bahnunterführung gingen wir zu einer Straße, wo einige Militärlastwagen standen. Sie warteten aneinandergereiht am Straßenrand, als würde gleich an der Südfront mobil gemacht, um die Eidgenossenschaft gegen Eindringlinge zu verteidigen. Tatsächlich sollten die Lkw uns natürlich nur in die Kasernen kutschieren, aber die militärisch feldgrün lackierten Fahrzeuge mit ihren klobigen Reifen und ihrem höhergelegten Fahrwerk machten mächtig Eindruck auf mich. Spätestens jetzt wurde allen klar: Das ist kein Kindergarten, sondern ernst. Und genau das hatte ich mir gewünscht!

Nichts ahnend betraten wir neunzehn, zwanzig Jahre alte Sprengel den Bürgersteig. Und dann sahen wir ihn. Ein unglaublicher Hüne von Soldat stand breitbeinig vor den Militärfahrzeugen und brüllte die ganze Stadt zusammen wie ein Holzfäller auf Speed. Wir nannten ihn später »Hägar der Schreckliche«, auch wenn er ganz anders hieß. Kein anderer Name hätte besser gepasst. Es hätte mich nicht gewundert, wenn Stanley Kubrick sich diesen uniformtragenden Wüterich zum Vorbild für den testosterongetränkten Drill Instructor in »Full Metal Jacket« genommen hätte. Fast hätte ich seine Spucke ins Gesicht bekommen, so sehr schrie Hägar.

»Grenadiere: links!«, brüllte Hägar so laut über unsere Köpfe hinweg, dass es selbst noch der Lokführer hören konnte. »Und die Scheißkanoniere rechts!« Um es zurückhaltend zu sagen: Bei Hägar herrschte selten Unklarheit über seine Meinung. Die Grenadiere waren die Elitesoldaten der Schweizer Armee. Wer zu ihnen gehören durfte, war etwas Besonderes. Die Kanoniere hatten entsprechend keinen so guten Ruf und aus seiner Abneigung machte Hägar der Schreckliche keinen Hehl. Er war so ziemlich der härteste Hund, den man sich vorstellen kann.

Auf Hägars Befehl zwängten wir uns in die Lastwagen und warfen uns ungläubige Blicke zu. »Wo sind wir denn hier gelandet?«, fragte einer in die Runde. »Schnauze!«, erklang Hägars Stimme. Alle verstummten.

Die rauen Dieselsaugmotoren der Lkw wurden gezündet und nach und nach setzte sich der Konvoi in Bewegung. Das Wummern der Maschinen und die abrollenden groben Geländereifen sorgten für eine ordentliche Geräuschkulisse. Erst jetzt wagten die ersten der noch leicht verstörten Rekruten wieder, miteinander zu sprechen, bis nach und nach alle wie die Gänse durcheinanderschnatterten. Das also war ab nun unser Alltag!

Von Beginn an blühte ich im Militär regelrecht auf. Es fühlte sich für mich wunderbar an, Teil eines größeren Ganzen zu sein. Noch vor Kurzem war ich offiziell Ausländer gewesen, jetzt hatte ich nicht nur die Schweizer Staatsbürgerschaft, sondern durch meinen Dienst in der Armee, noch dazu in einer angesehenen Einheit, war ich ein echter Eidgenosse geworden! Meine Selbstzweifel und Minderwertigkeitsprobleme waren wie weggeblasen. Von meinen Kameraden erhielt ich Bestätigung aufgrund meines Muts, meiner Kraft und Disziplin. Ohne diese drei Eigenschaften ging es nicht, wenn man seine Aufgabe in der Armee wirklich ernst nahm.

Siebzehn Wochen dauerte die Rekrutenschule, anschließend meldete ich mich freiwillig für den Zugsanitäter-Lehrgang. Nun konnte ich verwundete Soldaten als Ersthelfer versorgen und anschließend sicher ins Lazarett transportieren. Natürlich herrschte damals kein Krieg, aber wir trainierten, als sei der Kriegsfall eingetreten und der Kalte wäre zum heißen Krieg mutiert. Unsere Kameraden spielten die Verletzten, sie wurden mit zersplitterten Knochen oder gar herausquellenden Gedärmen drapiert, ganz so wie man es aus Kriegsfilmen kennt.

Auch unsere Übungen hatten mit Spaß wenig zu tun. Wir trainierten nicht mit Platzpatronen, sondern mit scharfer Munition, und das war oft lebensgefährlich. Während der Grundausbildung wurde ich zum Pionier ausgebildet. Das sind diejenigen, die mit Sprengstofffallen und Minen hantieren. Da ich außerdem ein guter Schütze war, erhielt ich das Schützenzeichen und war berechtigt, am Scharfschützenlehrgang teilzunehmen. Dort schloss ich mit der höchsten Punktzahl in unserem Lehrgang ab, worauf ich mächtig stolz war. Aufgrund meiner hohen Motivation und meines Kampfgeists wurde ich zum Unteroffizier befördert und begann die vierwöchige Unteroffiziersausbildung.

Einmal mehr schliff uns unserer Adjutant Unteroffizier »Hägar der Schreckliche«. Dieses Mal geschah es im »Koreasumpf«, einem stinkenden braunen Morast auf einer kleinen Ebene im Gebirgskamm zum Pass Alpe del Tiglio, etwa einen knappen Kilometer von der Kaserne entfernt. Wir mussten die 300 Meter lange Schlammgrube in voller Dreißig-Kilogramm-Ausrüstung kriechend durchqueren, währenddessen auf Pappfiguren schießen und scharfe Handgranaten werfen. Unser Ausbilder hatte vorher zwei Maschinengewehre aufgestellt und ballerte über uns hinweg. Uns flogen die Kugeln um die Ohren, während wir, das Gesicht halb in der Luft, halb im Schlamm, auf allen vieren versuchten vorwärtszukommen. Wäre ich aufgestanden, hätte ich sofort eine Patrone gefangen. Plötzlich brüllte Hägar: »Du da vorne, du bist jetzt verletzt!« Das bedeutete für mich: Richtungswechsel, an den verwundeten Kameraden heranrobben, die Verletzungen versorgen, während weiterhin die Kugeln über unsere Köpfe hinwegpfiffen.

»Ihr dürft keine Gefühle zulassen«, schärfte uns der Leutnant an einem Abend ein. »Ihr seid Grenadiere! Wenn ihr das nicht lernt, werdet ihr euren Job nicht erfüllen!« Wir Rekruten schauten einander leicht betreten an. Eingehüllt in dunkle Militärausrüstung hatten wir uns für eine nächtliche Übung bereit gemacht. Eben hatte ein Kamerad eine Frage gestellt, die den Offizier sichtlich erzürnt hatte: »Muss das denn wirklich sein? Ist das nicht zu brutal?«

Es ging um die Verwendung einer sogenannten Garrotte. Das ist ein Metalldraht, an dessen Enden Griffe angebracht sind. Jeder von uns hielt ein solches Gerät in der Hand und betrachtete es sorgfältig. Mit einer Garrotte kann man Menschen von hinten überraschen und schnell und effektiv erdrosseln, ohne dass sie laute Geräusche von sich geben. Der Kopf wird dabei teilweise abgetrennt – eine extrem brutale Art, einen Menschen zu töten. Die Cosa Nostra in Sizilien und

Gangster in Frankreich sollen das Mordinstrument früher besonders gerne eingesetzt haben. Und offenbar benutzte es auch die Schweizer Armee, wie wir nun erfuhren.

Heute sollten wir in einer Übung ein Munitionslager lahmlegen, das von mehreren Posten bewacht wurde. Drei der Wächter mussten wir sofort ausschalten, und zwar so still wie möglich. »Ausschalten« hieß nichts anderes als töten. An Schüsse war wegen der Lautstärke nicht zu denken. Also blieb nur die Garrotte, mit der sich diese tödliche Aufgabe leise und effektiv bewältigen ließ. Dass die drei für unsere Mission gefährlichen Wachtposten ausgeschaltet werden mussten, leuchtete uns ein. Doch in dem simulierten Munitionslager befanden sich weitere Attrappen, die Wachleute darstellten. Auch sie sollten wir umbringen, weil die Gefahr zu groß war, dass sie erwachten und womöglich Alarm schlugen. Im Schlaf. Also mussten wir die Gefühle ausschalten.

Dass ich diese Lektion einmal bei Überfällen anwenden würde, ahnte ich zu diesem Zeitpunkt natürlich nicht. Als Ganove war meine »Mission« die Geldbeschaffung und ihr ordnete ich alles unter. Dadurch gelang es mir auch hier, alle Empathie zu unterdrücken.

In diesem Sinne existieren durchaus Gemeinsamkeiten zwischen dem bedingungslosen Gehorsam eines Soldaten und der Skrupellosigkeit eines Verbrechers. Der wichtigste Unterschied ist, wem und zu welchem Zweck derjenige dient, der den Finger am Abzug hat. Kämpft er für das Gute? Nimmt er Leid in Kauf, um noch größeres Leid zu verhindern? Oder dient er einem bösen Herrn? Will er sich gar selbst bereichern? Als Soldaten mussten wir die Bevölkerung schützen. Später habe ich jedoch meine militärische Ausbildung für meine privaten Zwecke missbraucht. Es ist wie bei dem berühmten Beispiel mit dem Messer. Man kann sich damit eine Scheibe Brot abschneiden oder einen Menschen bedrohen. Es kommt darauf an, wofür man sein Werkzeug einsetzt.

Gegen welchen Feind wir im Militär kämpften, war sonnenklar: der Sowjet. Der Kalte Krieg war in den 1980ern auf dem Höhepunkt. Die Bevölkerung in Westeuropa lebte mit der ständigen Bedrohung, dass die Lage zwischen den Westmächten und den Russen eskalierte. Die schrecklichste Vorstellung war der nukleare Erstschlag, denn die atomare Bedrohung der Supermächte war Teil unseres militärischen Alltags.

Gegen eine Atombombe hätten wir wenig unternehmen können, doch als Spezialeinheit hatten wir vor allem einen Feind im Visier, den sogenannten »GRU«, die »Hauptverwaltung für Aufklärung«, das heißt den sowjetischen Militärnachrichtendienst. Zu diesem gehörten auch die »Speznas«, fleischgewordene grüne Kampfmaschinen, die zu allem fähig sind. Charakteristisch für sie ist das fehlende Hoheitsabzeichen. Als während der Annexion der Krim plötzlich solche Soldaten ohne Hoheitsabzeichen, dafür aber mit klarer Mission auftauchten, machte schnell die Nachricht die Runde, es handele sich womöglich um ebenjene Speznas und nicht um Soldaten, die freiwillig an der Front »Urlaub« machen, wie andere meinten. In einem Lehrgang für Kommandoeinsätze wurde uns die Einsatzdoktrin der Speznas beigebracht und ich studierte mit meinen Kameraden genau, wie sie arbeiteten, um für eine kommende Übung gewappnet zu sein. Und diese kam schon bald.

»Das ist doch aussichtslos!«, meinte mein Unteroffizierskamerad, als wir die Missionsbeschreibung in den Händen hielten. »Wie soll das gehen?« Wir planten und grübelten, heckten einen Plan aus und ließen ihn wieder fallen. War dieser Auftrag wirklich ernst gemeint? Die Situation war extrem herausfordernd. Wir sollten eine Kaverne sabotieren? Guter Witz. Jedoch hatten unsere Offiziere, allen voran unser junger Hauptmann, einen waghalsigen Plan.

Die Schweiz hat bekanntlich viele Berge, und genau das nutzt die Schweizer Luftwaffe für einen strategischen Vorteil: Sie baut

Militärflugplätze in unmittelbarer Nähe eines Bergmassivs. Normalerweise richtet sich ein Angriff auf einen Militärflugplatz natürlich auf die neben dem Rollfeld in einem Hangar geparkten Flugzeuge. In den Schweizer Bergen befindet sich der Hangar jedoch im Berg, in einer sogenannten Flugzeugkaverne. Das sind riesige, ins Gestein gehauene Stollen, in denen zahlreiche Flugzeuge Platz finden. Die wertvollen Flieger sind hervorragend gegen Feinde geschützt, weil es nur einen einzigen Eingang gibt, der sich gut bewachen lässt. Ringsherum schützen Millionen Tonnen Gestein das wertvolle Innere. Die Flugzeuge müssen für den Start nur nach draußen gerollt und gegebenenfalls von einer Zugmaschine in die richtige Position gedreht werden. In eine solche Anlage einzudringen und sogar mehrere Flugzeuge in die Luft zu sprengen, erschien uns auf den ersten Blick unmöglich – aber genau das war unser Auftrag.

Unser Hauptmann suchte zehn Grenadiere unterschiedlichen Rangs aus, die eine alpine Ausbildung hatten, darunter auch mich. Nun standen wir nebeneinander und berieten, was wir tun sollten. Eines war klar: Auf eine direkte Auseinandersetzung konnten wir es nicht ankommen lassen. Zehn Mann gegen eine Besatzung von mehr als 200 Füsilieren rund um die Kaverne, das war aussichtslos. Auch im Inneren des Bergs wartete eine Übermacht auf uns.

»Wir müssen völlig lautlos eindringen«, erklärte der Appenzeller Kompaniechef, der unser Einsatzteam führte. »Und wir dürfen auf keinen Fall frontal auf die Kaverne zugehen, sonst werden wir sofort enttarnt.« Sein Befehl lautete deshalb: Wir seilen uns ab, überwältigen die Wachen lautlos, schleichen uns in den Hangar, bringen den Sprengstoff an und hauen so schnell wie möglich wieder ab. Bumm! Der Überraschungseffekt. Keiner würde etwas ahnen. Plötzlich würden die Flieger in Schutt und Asche liegen. Sieg! Trotzdem war uns bewusst, dass eine Menge Glück dazu gehörte, dass dies gelang, denn immer noch waren wir vor allem eines: ein Himmelfahrtskommando.

Nachts um 3.00 Uhr standen wir mit zehn Männern mit geschwärzten Gesichtern in der Dunkelheit etwa 300 Meter oberhalb der Felswand. Wir verankerten das Seil um einen Felsblock, sicherten uns und seilten uns langsam ab. Keine Geräusche! Kein Stein durfte sich lösen, wenn wir uns mit unseren Militärstiefeln am Fels abstießen, denn jedes laute Geräusch hätte unser Ende sein können.

Meter für Meter ging es nach unten, hin zu dem riesigen Schlund der Kaverne, den wir passieren mussten, um ins Innere zu gelangen. Unten angekommen sahen wir ein riesiges stählernes Tor, durch das die Flugzeuge hinausgeschoben werden konnten. Daneben befanden sich das Wachhaus und ein separater Personeneingang in die Kaverne. Allein die Wachen zu überwinden, erschien schon so gut wie unmöglich. Ein Kamerad spähte in das schwach beleuchtete Wachhaus. »Ich glaube, der pennt«, flüsterte er. Tatsächlich sah dies zuerst so aus, denn der Mann hatte sich über ein Buch gebeugt und las. Er fühlte sich wohl sicher, weil rundherum zwei Kompanien Füsiliere in Schützengräben auf der Lauer lagen, die wussten, dass wir kommen würden. Aber sie erwarteten einen tumben Frontalangriff und hatten überall Stolperfallen mit Blechbüchsen aufgestellt. Sein Irrtum, sein Pech, unser Glück. Wie wir es gelernt hatten, überwältigten wir ihn leise und deuteten mit einem Kampfmesser eine Bewegung an seiner Kehle nach. Der Wachmann stellte sich tot und blieb regungslos liegen.

Lautlos wie Katzen schlichen wir an dem Wachhaus vorbei in den Seiteneingang. In solchen Anlagen wie auch in Bunkern gibt es meist eine zweite Sicherungsstelle um die 20 Meter hinter der ersten, oft im rechten Winkel zum Eingang, immer besetzt mit einem Posten am Maschinengewehr. Unser Chef wagte einen Blick um die Ecke, wo er den zweiten Wachposten hinter einer Schießscharte und seinem Maschinengewehr vermutete. Da war er! Es war unglaublich: Er schlief. Wir konnten unser Glück kaum fassen.

Im Hangar hatte wohl niemand damit gerechnet, dass die Gefahr von oben und nicht von vorne kommen würde. Wir gelangten unbehelligt zu mehreren Schlafsälen, von denen wir wussten, dass hier die dritte Schicht nächtigte. Alles war ruhig. Unser Hauptmann schlich mit denjenigen, die die Sprengstoffe in ihren Rucksäcken trugen, zu den Kavernen, wo die Flugzeuge waren. Die anderen sicherten die Türen zu den Schlafsälen, damit niemand Alarm schlagen konnte. Da! Das erste Flugzeug. Sprengstoffattrappe mit Zeitzünder anbringen – fertig. Nächstes Flugzeug, Sprengstoff bei den Treibstofftanks unter den Flügeln montiert und Zeitzünder aktiviert.

Als der Sprengstofftrupp von der Kaverne zurückkam, machte unser Hauptmann ein Zeichen und wir öffneten die Türen zu den Schlafsälen und warfen Tränengasgranaten hinein.

Bäm! Gebrüll! Die Festungs- und Luftwaffensoldaten rangen nach Luft und schrien, weil ihre Augen brannten. Wir zischten sofort ab, raus aus der Kaverne. Nun mussten die anderen Soldaten alarmiert sein. Es dauerte nur Sekunden, da sahen wir sie aufgebracht an uns vorbeihasten. Sie waren von dem lauten Knallen überrascht worden. Das war unsere Chance!

Uns blieben nur Sekunden. Vor den Toren der Kaverne fragte uns der Hauptmann: »Alle da?« – »Jawohl!« Der Zeitzünder ging los und löste die simulierte Explosion aus. Bumm! Wir hatten es geschafft! Zehn Mann gegen 200, David gegen Goliath. Im Ernstfall hätte sich jetzt in der Flugzeugkaverne in ein Inferno entzündet, viele Menschen wären gestorben.

»Genauso machen es die Russen!«, rief der Offizier, der uns als Übungsleiter begleitet hatte. Er flippte regelrecht aus vor Freude. »Wahnsinn, genauso machen es auch die Speznas oder die amerikanischen Ranger!« Ich muss nicht erwähnen, wie stolz ich auf unsere Leistung war. Und die Soldaten der überfallenen Kaverne konnten froh sein, dass dies nur eine Übung und kein echter Angriff gewesen war.

Manchmal entpuppt sich der stärkste Riese als Mann mit einer sehr zarten Seite. Das wurde mir an einem anderen Übungstag gegen Ende der Unteroffiziersschule bewusst. Wir mussten während einer harten Nachtübung von Alpe del Tiglio im dichten Waldhang zur Magadinoebene hinunter infiltrieren, dort eine Trafostation verminen und uns nach der angeblichen Sprengung über die alte Römerstraße zum Monte Ceneripass exfiltrieren, im Ganzen etwa vierzig Kilometer. Um 4.00 Uhr morgens kamen wir etwa zwanzig Unteroffiziersanwärter müde am Ziel an, wo uns »Hägar der Schreckliche« erwartete. Mit strengem Blick musterte er uns und fragte mit lauter Stimme, ob wir bereit wären für eine letzte Anstrengung. »Hurra!«, war unsere Antwort. Wir waren bereit, unsere letzten Kraftreserven herauszuholen und die zwanzig Kilometer bis zur Kaserne zum Bergdorf Isone hinauf im Eilmarsch zu bewältigen.

Aber Hägar grinste und erklärte: »Ihr seid eines Grenadierunteroffiziers würdig.« Dann deutete er mit seinem Kopf auf Lastwagen, die mit einem Tarnnetz abgedeckt waren. Statt in die Kaserne fuhren wir in ein kleines Tessiner Dorf. Dort befahl er uns auszusteigen und ging in ein Haus. Wir trauten unseren Augen nicht, als er wieder herauskam. Neben dem hünenhaften Hägar, dem Schrecken des Tessins, stand nun eine kleine, zierliche, süße Frau. Sie maß vielleicht einen Meter sechzig, hatte dunkles Haar, wirklich eine bildhübsche Tessinerin. Wie sollte so ein Püppchen denn gegen solch einen Grobian bestehen? Sie tat uns regelrecht leid. Wie würde Hägar mit ihr umgehen?

Aber wir hatten uns geirrt. Hägar lag dieser Frau zu Füßen! Es war nicht zu glauben. Er behandelte sie so zuvorkommend, wie er nur konnte. Der Furcht einflößende Koloss mit dem Kettensägen-Organ hatte sich plötzlich in einen zärtlichen, fürsorglichen Mann verwandelt. Seine Reibeisenstimme wurde ganz mild und ruhig, er las ihr jeden Wunsch von den Lippen ab. Sie stand souverän dabei und es blieb überhaupt kein Zweifel darüber, wer daheim die Hosen anhatte: Sie, die zierliche Tessinerin, nicht das grobe Raubein, das wir kannten.

Hägar hatte unser Kommen angekündigt und sie hatte dampfenden Kaffee mit viel Schnaps und Croissants bereitgestellt. Nach diesem krönenden Abschluss der Übung war »Hägar der Schreckliche« bei uns Unteroffizieren hoch respektiert und überaus beliebt. Wir waren bereit, fast alles für ihn zu tun.

Der Adjutant Unteroffizier hatte eine besondere Art, uns seine Fürsorge zu zeigen. Jeden Samstagvormittag durften wir in den Urlaub abtreten. Viele von uns hatten ein Auto, ich nannte einen schönen Fiat Sport mein Eigen, den mir mein Vater zurechtgemacht hatte. Wir Autobesitzer machten immer ein Wettrennen bis zum Dörfchen Bonaduz im Kanton Graubünden, zur Konditorei Caluori, die einem ehemaligen Grenadier gehörte. Wer zuerst dort ankam, erhielt einen Gratiskaffee und ein Gratisgipfeli.

Von der Kaserne Isone bis Bonaduz waren es 127 Kilometer, normalerweise etwa gut anderthalb Stunden, aber wir schafften es in unter einer Stunde. Jedoch war die gut sechs Kilometer lange Strecke vom Dörfchen Isone bis zum Dorf Rivera-Bironico im Tal äußerst kurvenreich und führte durch manche Schluchten. Damit keiner von uns auf dieser Strecke verunfallte, hatte »Hägar der Schreckliche« sich von seinem eigenen Geld einen Schützenpanzer M113 gekauft und kroch vor unserem Autokorso mit etwa 30 Stundenkilometern bis ins Tal hinunter. So kümmerte er sich um seine Schützlinge und das fand ich genial!

Durch Hägar wurde mir klar, wie sehr man sich in einem Menschen täuschen kann, wenn man ihn nur von einer Seite und in bestimmten Situationen kennengelernt hat. Wie schnell steckt man Menschen in eine Schublade, aus der sie bis auf Weiteres nicht mehr entfliehen können! Und allzu oft haben auch die härtesten Hunde eine sensible Seite.

Später erfuhren wir, dass Hägar Alkoholiker war. Vermutlich musste er in seinem Job als Ausbilder mit seinem Gebrüll etwas kompensieren, wir wissen es nicht. Jedenfalls wurde er von allen Grenadieren respektiert und wir verabschiedeten uns im Geiste mit unserem Grenadierkampfruf »semper fidelis« von ihm.

Ob Hägar wohl an einem gering ausgeprägten Selbstbewusstsein litt? Ob er sich unsicher in seinen Entscheidungen war und sich seiner Führungsstärke durch umso lauteres Auftreten versichern musste? Ich habe unzählige Gefängnisinsassen kennengelernt, deren Selbstbewusstsein am Boden lag. Aus Angst, Schwäche zu zeigen, bewaffneten sie sich mit einem aggressiven Auftreten, schützten sich durch abschreckende Tattoos, schlugen zu, bevor sie selbst eine fangen konnten, logen der Justiz die Taschen voll, bevor sie ein Geständnis ablegten.

Wer nach außen hin »den starken Mann markiert«, tut eben genau das: Er markiert Stärke, er verhält sich so, als sei er stark. Doch innerlich ist er verletzlich. Jeder kennt Menschen, die auf Kritik mit Aggressionen reagieren. Niemand sollte glauben, dass das ein Zeichen von mentaler Stärke oder gar Selbstbewusstsein ist. Viel wahrscheinlicher ist es, dass die Person ihre eigene Schwäche und Unsicherheit mit einer übertriebenen Kraftmeierei überspielen will. Aber der Weg der Aggression führt fast immer in die Irre.

Vor einigen Jahren habe ich erfahren, dass Hägar an einer Leberzirrhose gestorben ist. Er hat sich wohl in seiner Rente zu Tode gesoffen. Was wäre wohl aus ihm geworden, wenn er sich einer Therapie geöffnet hätte, um seinen Selbstwert aufzubauen?

Ich bin Gott unglaublich dankbar dafür, dass ich nach meinen Überfällen einen besseren Weg einschlagen konnte als die Flucht in eine Sucht. Ich brauchte die Bestätigung von außen nicht mehr. Der Mensch ist nicht deswegen wertvoll, weil er etwas Besonderes kann, sondern weil Gott ihn als sein Kind annimmt, egal, was er kann – eine wunderbare Erkenntnis, die mir als jungem Soldaten freilich noch fehlte.

Immer noch bezog ich meinen Selbstwert fast ausschließlich aus körperlicher Stärke und einem unbändigen Ehrgeiz. Ich war damals topfit, sowohl durch den Kampfsport als auch durch das Laufen, worin ich schon immer einer der Besten gewesen war. Deswegen freute ich mich über eine Anfrage, die uns gegen Ende unserer Rekrutenausbildung erreichte: ein Staffellauf quer durch verschiedenes Gelände im Tessin. Es begann mit einem Berglauf, einen steilen Hang hoch, der zweite Athlet übernahm die Staffel per Fahrrad, bevor der dritte Sportler sie in einem Flachlauf ins Ziel trug. Natürlich meldete ich mich sofort freiwillig und da ich einer der schnellsten war, wurde ich in ein besonders aussichtsreiches Dreierteam aufgenommen.

Die Gesero-Staffete ab Bellinzona wird seit 1963 ausgetragen und immer waren Sportdelegationen von Grenadieren dabei. Etwa 150 Teilnehmer hatten sich angemeldet, darunter auch unsere Kameraden von der Kaserne in Chur. Unser Trainer aus der frankophonen Schweiz bläute uns mit französischem Akzent ein: »Die Affen von Chur, die sind gut! Aber ihr müsst besser sein!« Die »Affen von Chur« waren bekannt für ihre Athletik. Sie zu schlagen, war unsere größte Aufgabe, so viel stand fest.

Nach wochenlangem Training ging es endlich an die Startlinie. Unser Bergläufer war ein eher kleiner, leichter Soldat mit dem Körperfettanteil einer Karotte, den wir »Bergfloh« nannten. Mit dem Knall der Startpistole zischte er los, als gehe es nicht bergauf, sondern bergab. Er hüpfte den Berg hoch, als ob die Gesetze der Schwerkraft für ihn nicht gelten würden. Der Bergfloh verschaffte uns einen gehörigen Vorsprung, den unser Fahrradfahrer einigermaßen halten konnte. Ich stand am Staffelpunkt der Schlussetappe, fünf Kilometer musste ich bis ins Städtchen Bellinzona rennen, neben mir unser

Trainer, ein Offizier, der per Funk mit den Messstationen verbunden war. »Wir liegen vorne!«, informierte er mich erfreut. Die »Affen von Chur« waren im Moment zwar keine Gefahr für unser Team, aber unter den wartenden Staffelläufern gab es einen, der mir gefährlich werden konnte, ein professioneller Marathonläufer. Doch ich gab die Hoffnung nicht auf, diesen Wettkampf für uns zu entscheiden.

Da! Unser Fahrradfahrer bog um die Ecke mit der heiß ersehnten Staffel im Gepäck. Ich riss sie an mich und spurtete los. Fünftausend Meter trennten mich von der Ziellinie. Vor Aufregung startete ich zu schnell, weil mein adrenalingetränkter Körper kaum noch Schmerzempfinden kannte. Ein Kilometer, zwei Kilometer. Ich merkte, dass ich langsamer werden musste, sonst würde ich vor dem Ziel zusammenbrechen. Drei Kilometer. Vier Kilometer. Der Profiläufer überholte mich. War es das jetzt?

Da fiel mir ein, dass sein Team lange vor unserem gestartet war, wir lagen also immer noch in Führung und konnten gewinnen – wenn ich durchhielt. Ich biss die Zähne zusammen. Die jubelnden Menschen an der Strecke taten ihr Übriges. Ich gab alles. Noch 1 000 Meter. Ich schmeckte Blut auf der Zunge. Ein geplatztes Lungenbläschen? Egal, weiter. Die 200-Meter-Linie auf dem Boden. Ich mobilisierte noch mal alle Reserven. Schmerz am ganzen Körper, gleich würde ich krampfen, wenn es so weiterging.

Ich fiel regelrecht über die rettende Ziellinie, sackte auf dem Boden zusammen, mein ganzer Körper bebte und ich war kurz davor, ohnmächtig zu werden.

Plötzlich hörte ich eine Stimme mit französischem Akzent: »Wir haben gewonnen! Hörst du, wir haben gewonnen, wir haben die schnellste Zeit!« Sieg! Die ganze körperliche Anstrengung, der Schmerz, die schlotternden Knie, all das war wie weggeblasen. Glücksgefühle durchströmten mich, wie ich sie selten gespürt hatte. Wir waren die Helden von Bellinzona! Auf dem zweiten Platz lag das Team des Profiläufers, auf dem dritten unser zweites Team aus Grenadieren, auf dem vierten und fünften die »Affen von Chur« – wir hatten sie vernichtend geschlagen.

Für unsere Leistung erhielten wir eine besondere Ehrung und eine Auszeichnung der Armee. Die Kaserne ließ sich nicht lumpen. Draußen waren Bierzeltgarnituren aufgebaut, auf den Tellern dampfte der »Spatz«, der typische Gulascheintopf des Militärs. Die Schweiz legt Wert darauf, dass das Militär in die Gesellschaft eingebunden ist, daher waren die Angehörigen eingeladen. Mutter, Vater, Bruder, Schwester. Wir waren 400 Rekruten auf der Basis, sodass insgesamt um die eintausend Personen im Rahmen des zünftigen Militäressens an unserer Ehrung teilnahmen. Es war ein wahrhaft feierlicher Moment, als wir die Auszeichnungen erhielten.

Ich blickte in die Zuschauermenge, die vielen Kameraden zusammen mit ihren Familien, die für uns anerkennend klatschten. Ein großer Moment – an dem meine Eltern nicht teilnahmen. Sie waren nie Schweizer geworden, vielleicht wollten sie sich deswegen vom Militär distanzieren. Mein Vater sah die Armee sowieso eher kritisch. Zwar hatte er – weil er musste – in Österreich selbst Militärdienst geleistet, aber er hatte es nur zum Gefreiten gebracht. Ich bekleidete bereits einen Rang höher als er. Meine Mutter hatte noch finstere Erinnerungen an den Zweiten Weltkrieg und war daher sehr negativ gegenüber dem Militär eingestellt.

Es mag seltsam klingen, doch es war mir an diesem Tag egal, dass meine Eltern ferngeblieben waren. Ich habe meine Bestätigung in dem gefunden, was ich mir schon als kleiner Junge gewünscht hatte: ein erfolgreicher Soldat zu sein.

4 – LIEBE

Flughafen Wien, 1985

Würde sie wirklich kommen? Etwas nervös saß ich auf den harten Stühlen am Gate des Flughafens Wien-Schwechat und wartete.

Vor wenigen Tagen hatten wir uns kennengelernt. Oder besser gesagt: neu kennengelernt. Fünf Jahre lang hatten wir uns nicht gesehen, nachdem Evelyn als unscheinbare Anwärterin für den Verkehrskadettendienst unter meinem herrischen Ton eine Ausbildung absolviert hatte. Aus dem Teenie von damals war eine wunderschöne Frau geworden. Braunes Haar, schlanker Körper, reizendes Lächeln. Wir hatten uns eher zufällig getroffen. Ich war mit meinem Schäfermischling unterwegs, als uns ein Appenzeller Mischling schwanzwedelnd begrüßte. Am Ende der Leine war eine junge Frau, die mir bekannt vorkam.

»Ruedi?« – »Evelyn?«

Wir mussten erst einmal schmunzeln darüber, wie sehr wir uns verändert hatten. Sie war eine Frau geworden, ich ein echter Mann. Vor dem Militärdienst war ich zwar sportlich, aber mit 74 Kilo bei 1,86 Metern eher der schlaksige Typ gewesen. In der Armee hatte ich einiges an Muskelmasse zugelegt und wog nun zehn Kilo mehr. Ich weiß nicht, ob es meine Erscheinung war, die sie zu einem gemeinsamen Spaziergang bewog, oder doch eher die Tatsache, dass die beiden Hunde sich prächtig verstanden. Jedenfalls setzten wir diesen Spaziergang gemeinsam fort und stellten zu unserer Überraschung fest, dass wir Gefallen aneinander fanden – aber natürlich sprach keiner von uns beiden dies aus.

Auf dem Spaziergang erzählte sie mir, dass sie am Wochenende nach Wien fliegen würde, denn Evelyns Mutter stammte aus Österreich. »Das gibt's nicht!«, antwortete ich. »Ich bin am Wochenende auch in Wien, mein Onkel Walter feiert Geburtstag!« Es stellte sich heraus, dass wir sogar denselben Rückflug nehmen würden – was für ein Zufall! Oder Schicksal? Oder Fügung?

»Na, dann lass uns doch am Flughafen etwas zusammen trinken, Ruedi«, meinte Evelyn und zwinkerte mir zu.

»Abgemacht!«

Da mein Vater bei der Swissair arbeitete, mussten wir als seine Familienangehörigen nur zehn Prozent der Ticketpreise bezahlen. Lange vor der Zeit der Billigflieger, mit denen selbst vermeintlich arme Studenten heute für schmales Geld in den Urlaub fliegen können, jetteten wir schon für Spottpreise um die halbe Welt und erlebten die tollsten Urlaube, die man sich vorstellen kann: Bali, Singapur, Florida, New York, Helsinki, Mauretanien, die Seychellen. Bis heute rechne ich es meinem Vater hoch an, dass wir so die Welt und andere Kulturen kennenlernen durften. Zugegeben, Wien kann da vielleicht nicht ganz mithalten, aber umso mehr freute ich mich auf Evelyn.

Neben mir saß mein Vater, dem speiübel war. Die Geburtstagsfeier seines Bruders war in ein Saufgelage ausgeartet, nachdem er den Rest der Nacht gekotzt hatte.

»Ruediiii!«, rief plötzlich eine Frauenstimme quer durch das ganze Terminal des Flughafens Schwechat, wo wir an unserem Gate auf das Flugzeug warteten. Da war sie!

Nachdem wir uns begrüßt hatten, setzte Evelyn sich zu mir und wir unterhielten uns prächtig. Im Gepäck hatte ich Urlaubsfotos von den Malediven, die ich mit meinem Cousin und meiner Schwester im Frühsommer besucht hatte. Bei einem Schweizer Tauchlehrer hatten wir die Tauchkurse »Diver« 1 und 2 abgelegt und tagelang die prachtvolle Unterwasserwelt der Korallen im Indischen Ozean erforscht. Mit einer Unterwasserkamera hatte ich Fotos von den exotischsten Meeresbewohnern gemacht, die man sich vorstellen kann: Schwärme von bunten Papageifischen, Rochen, Riffhaie. Die Fotos hatte ich nach Wien mitgenommen, um sie meinem Cousin Manfred zu zeigen. Jetzt konnte ich sie stolz meiner neuen Flamme präsentieren. An diesem Tag funkte es zwischen uns beiden ordentlich.

Als unser Flug aufgerufen wurde, bot mein kreidebleicher Vater Evelyn an, mit ihm den Platz zu tauschen. Somit konnten wir uns den Flug bis Zürich weiter unterhalten. Die Swissair-Maschine brauchte ohnehin nur eine Stunde für die kurze Strecke, doch jetzt schien alles noch schneller zu gehen, weil wir uns so viel zu erzählen hatten. Viel zu früh senkte sich die Nase des Fliegers, um zum Landeanflug anzusetzen.

»Bald müssen wir uns verabschieden«, sagte ich bedauernd.

Als Evelyn mich fragte, ob ich zum Abendessen kommen wollte, sagte ich sofort Ja. Natürlich wollte ich!

Schweiz, 1985

Ich fieberte den ganzen Tag auf den folgenden Abend hin. Als es so weit war, putzte ich mich heraus, legte mein bestes Hemd an und machte mich auf den Weg.

Es war ein wundervoller Abend, und das lag nicht nur daran, dass Evelyn wundervoll kochen konnte. Sie hatte ein Filet Wellington gezaubert: ein medium gebackenes Rinderfilet, umhüllt von einer Paste aus gehackten Champignons, Apfelstücken und überzogen mit einem Mantel aus Blätterteig. Als sie das köstlich duftende Gericht servierte, gab sie mir ein großes Stück auf den Teller und warf mir einen erwartungsvollen Blick zu.

Am liebsten hätte ich direkt reingebissen, so sehr lachte mich dieses noble Gericht an. Doch als Kavalier schnitt ich mir nur ein mundgerechtes Scheibchen ab und kostete vorsichtig. Eine Geschmacksexplosion aus Filet, feinen Kräutern und butterigem Blätterteig entfaltete sich in meinem Mund. Liebe geht bekanntlich durch den Magen und bei mir ging das Essen direkt ins Herz. Evelyn hatte es sofort erobert. Als Feinschmecker war ich hin und weg von dieser Frau.

Ich ging damals auf die Polierschule in Zürich, um mich zum Vorarbeiter ausbilden zu lassen, damit ich Baustellen leiten konnte. Mein Ziel war die Meisterprüfung. Von Montag bis Mittwoch arbeitete ich im Akkord bei einer Gerüstbaufirma, von Donnerstag bis Samstag drückte ich die Schulbank. In Zürich wohnte ich in einer Wohngemeinschaft mit mehreren Studenten.

Wann immer ihr Bürojob es zuließ, besuchte Evelyn mich dort. Wir erkundeten die wunderschöne Stadt, machten lange Spaziergänge oder setzten uns in eins der malerischen Cafés und schlürften Cappuccino. Es waren wundervolle Monate. Wir passten zusammen wie Topf und Deckel. Besonders imponierte mir ihr Temperament.

An einem kühlen Wintertag 1986 überbrachte mir Evelyn eine Nachricht, die mich erschaudern und zugleich frohlocken ließ: »Ich bin schwanger.«

Mir war klar: Unser bisheriges Leben wäre bald vorbei, es mussten geordnete Verhältnisse geschaffen werden.

Als ich Maurizio, meinem besten Freund seit Schultagen, erzählte, dass wir Nachwuchs erwarteten und heiraten wollten, staunte er nicht schlecht. Er selbst würde ebenfalls bald Vater werden, denn Linda, mit der er schon seit ein paar Jahren zusammen war, war auch schwanger.

Plötzlich kam Maurizio eine Idee: »Sag mal, warum machen wir nicht einfach eine Doppelhochzeit?«

Der Gedanke gefiel mir, die beiden Frauen waren einverstanden. Schon im April traten wir vier zusammen vor den Altar und gaben uns das Jawort. Evelyn hatte ein kleines Bäuchlein, denn unser Kind sollte bereits Mitte August das Licht der Welt erblicken.

Ottilia Grubenmann, so der Name unserer Hebamme, galt als Legende im Appenzeller Land. Seit Ende der 1930er-Jahre hatte die resolute, humorvolle Dame schon Geburten begleitet und hatte folglich fast ein halbes Jahrhundert Berufserfahrung, als wir sie im Alter von fast siebzig Jahren kennenlernten. Sie schrieb im Laufe ihres Lebens mehrere Bücher und half mehr als 3 000 Kindern auf die Welt, darunter vier unserer Kinder – drei kamen per Hausgeburt auf die Welt, der Älteste in ihrer Praxis im Städtchen Appenzell.

»Ist es in Ordnung, wenn ein paar Medizinstudenten bei der Untersuchung dabei sind?«, fragte Ottilia Grubenmann bei einer Voruntersuchung während der Schwangerschaft. Wir willigten ein.

Der Chefarzt der Gynäkologie des Kantonsspitals Appenzell brachte immer wieder angehende Ärzte zu Ottilia Grubenmann, um ihnen, nun ja, eine etwas andere Sichtweise auf die Geburtsmedizin zu zeigen als die, die sie von der Universität kannten. Um es offen zu sagen: Die Hebamme stand Ärzten sehr kritisch gegenüber. Für sie waren das vor allem praxisferne Bücherwürmer, deren Lehrbuchwissen regelmäßig an der Wirklichkeit scheiterte. In mehreren Büchern hat sie Hunderte Geburten geschildert und dabei an den Herren Ärzten kaum ein gutes Wort gelassen. Sie hingegen stand für Lebens- und Berufserfahrung, für Empathie für die Mutter und für das Gespür, in den existenziellen Stunden einer Geburt die richtigen Entscheidungen zu treffen. Außerdem verstand sie es nur allzu gut, die geschniegelten Jungmediziner mit wüsten Beleidigungen zu verunsichern. Sie war nicht besonders groß, vielleicht 1,60 Meter, trug eine große Brille und einen strengen Dutt und hörte äußerst schlecht. Deshalb sprach sie besonders laut, was ihre Dominanz noch verstärkte.

Erstaunlicherweise pflegte sie immer noch, wie zu Urgroßmutters Zeiten, die Herztöne im Mutterleib mit einem Stethoskop abzuhören, wie man es heute nur noch aus Filmen kennt. Das hölzerne Gerät sah aus wie ein lang gezogener Trichter, an dessen eines Ende das Ohr und an dessen anderes Ende der Bauch der Schwangeren gehörte. Dieses Stethoskop sollte gleich seinen großen Auftritt haben.

Fünf Nachwuchsärzte und der Gynäkologe betraten den Raum, in dem Evelyn schon auf dem Behandlungsstuhl Platz genommen hatte, neben ihr Ottilia und ich. »Ah, da kommen die Besserwisser!«, raunte die alte Dame. Die angehenden Ärzte hatten schon verloren, bevor die Szene überhaupt begonnen hatte. Der Chefarzt konnte sich das Lachen kaum verkneifen, denn er wusste, was jetzt folgen würde.

»Wie man Maschinen bedient, wisst ihr ja«, keifte Ottilia in Anspielung auf die modernen CTG-Geräte, mit denen man die Herztöne überprüfen kann. »Aber wie man eine Frau berührt, davon wisst ihr nullkommanix!« Die jungen Männer starrten sie ungläubig an. Wie ein Feldwebel befahl sie einem von ihnen, die Herztöne des Kindes mit dem alten Stethoskop zu suchen. Der bemitleidenswerte Kerl nahm das Gerät entgegen, legte es irgendwo an den Bauch und horchte. Nichts. »Pah!« Ottilia hatte es ja geahnt. Sie schlug ihm auf die zitternden Finger. »Ungeschickt seid ihr! Und so was schimpft sich Ärzte!« Der Gynäkologe hatte alle Mühe, nicht laut loszuprusten, denn auch wenn er diese eindrucksvolle Demütigung schon zigmal erlebt hatte, konnte er sich ob der burschikosen Dame noch köstlich amüsieren. »Keine Ahnung habt ihr, aber alles wisst ihr besser! Du da, jetzt du!« Der zweite Proband hatte nicht mehr Glück als der erste und alle anderen nach ihm. Niemand fand die Herztöne.

»So! Jetzt zeige ich den Herren Medizinern mal, wie man einen Herzton findet!«, sagte Ottilia Grubenmann schließlich. Behutsam legte sie beide Hände auf Evelyns Bauch. Sie tastete, wo der Kopf des Babys, wo die Ärmchen und Beinchen waren. Nun wusste sie, wie das kleine Geschöpf lag. Sie tastete sich vorsichtig zu der Stelle, wo das Herzchen pochte, legte das Stethoskop an und wies die Ärzte an, noch einmal zu horchen. Tatsache! Da war das Herzgeräusch.

Die Studenten hatten an diesem Tag wohl eine Lektion gelernt, die sie so schnell nicht vergessen würden. Ich dagegen war mir sicher: Mit dieser Frau kann und wird nichts schiefgehen!

Schließlich kam der große Tag. Evelyn hatte die ersten Wehen und es war gut, dass ich in der Gegend war, als ich über das Baustellentelefon informiert wurde. Für gewöhnlich haben werdende Eltern ja nach den ersten Wehen noch jede Menge Zeit, doch unser Gabriel hielt sich bei seiner Geburt nicht ans übliche Prozedere. Ich holte Evelyn sofort ab und fuhr sie mit Schallgeschwindigkeit in die Hebammenpraxis. Wir kamen in ein liebevoll eingerichtetes Zimmer, dessen holzvertäfelte Wände wunderschöne Bilder zierten. Ich hatte eine klassische CD mitgenommen und bald darauf lief im Hintergrund die »Moldau« von Smetana. Das Stück erfüllte wie ein beruhigendes musikalisches Plätschern den Raum.

Die Geburt war eine intensive Erfahrung für mich. Ein letztes Mal rief Ottilia: »Pressen!« – und Gabriel war da. Ein Wunder. Ich verspürte eine Freude, wie ich sie noch nie zuvor empfunden hatte. Ein neues Leben, ein Wunder Gottes, mein lieber Sohn ist geboren, ein neuer Mensch ist da!

Der Junge lag auf meinem nackten Oberkörper, das sollte die frühkindliche Bindung stärken, und ich schaute ihm in die kleinen Äuglein. Mein Sohn! In diesem Moment des vollständigen Vaterglücks schwor ich ihm, dass ich ihn niemals im Stich lassen würde. Ich würde immer für ihn da sein. Niemals würde ich den Liebesfaden abreißen lassen, der an diesem Tag zwischen uns geknüpft worden war. Ich war bereit, mein Leben für dieses kleine Menschlein zu geben.

Auch die Geburten unserer anderen vier Kinder, drei Jungs und ein Mädchen, waren für mich etwas ganz Besonderes und der Beginn eines Liebesfadens, der nie abreißen sollte.

Im Knast rief ich mir später immer wieder die herrlichen Zeiten in Erinnerung, die ich mit meinen Kindern erlebt hatte. Umso weniger konnte ich Insassen verstehen, denen ihre Kinder völlig egal waren. Statt sich um ihren Nachwuchs zu kümmern, träumten sie davon, in Thailand, in der Karibik oder in Brasilien unterzutauchen, wenn sie endlich frei wären. Meine Kinder waren alles für mich. Dass ich selbst vor Verbrechen nicht zurückschrecken würde, um sie zu sehen, hätte ich nie gedacht. Viel zu perfekt war unser trautes Familienglück.

Aus einem Paar war eine Familie geworden und nun lag unser Sohn, so klein und hilflos, in meinen Armen. Er war für mich ein Wunder Gottes, das mir anvertraut worden war.

Gott war mir in den letzten Jahren wichtiger geworden. Der Kontakt zu meinem einfühlsamen Lehrer Ruedi Hangartner, der mich gerne laufen schickte, war nie abgerissen. Über ihn lernte ich eine evangelikale Gruppe kennen, die zu einer Freikirche gehörte, die Herr Hangartner besuchte. Bald trafen wir uns mit mehreren Gläubigen in deren Wohnzimmern, knabberten Snacks und sprachen über Gott und die Welt. Wir tauschten uns über die Bibel aus, beteten füreinander und waren bereit, auf die Stimme Gottes zu hören. Wir pflegten eine echte christliche Gemeinschaft, ähnlich wie die ersten Christen in ihren Hauskirchen.

Gottes Stimme zu hören war jedoch keine einfache Sache. Die Gemeinde, deren Hauskreis ich als junger Erwachsener besuchte, gehörte zur charismatischen Bewegung. Sie legte besonderen Wert auf das konkrete Sprechen Gottes, also auf Bilder und Visionen, die Gott dem Menschen eingibt. Auch die sogenannte Zungenrede hatte ihren Platz, wobei ich selbst sie nie praktiziert habe.

In dieser Gruppe war es üblich, dass Menschen ihre geistlichen Eindrücke teilten. Mir war das anfangs fremd. Weder in der nüchternen evangelischen noch in der liturgisch geprägten katholischen Kirche hatte ich so eine Art Frömmigkeit erlebt. Aber gerade deshalb faszinierte mich dieser Ansatz des Glaubens. Wenn ich heute darüber nachdenke, schlagen zwei Herzen in meiner Brust. Ja, ich weiß, dass Gott auch heute sprechen kann, sonst wäre er ja nicht Gott. Durch meine spätere Ausbildung im psychiatrischen Bereich bin ich aber auch sehr vorsichtig geworden. Denn wenn Menschen Bilder sehen und von Visionen berichten, könnte dies auch in Verbindung mit einer Psychose stehen. Deswegen ist es wichtig, einerseits nicht naiv alles zu glauben, was einem die Glaubensgeschwister darüber erzählen, welche Dinge ihnen Gott gesagt hat. Andererseits sollten wir nicht rationalistisch von vornherein ausschließen, dass Gott spricht, denn damit würden wir Gott kleinmachen, und das steht uns nicht zu.

Deshalb bringt mich bis heute ins Nachdenken, was ich bei der Taufe unseres ersten Sohnes erlebte. Durch meinen Freund Maurizio zog es mich mehr in die katholische Kirche, die ich ja noch von den Osterprozessionen meiner Urgroßmutter kannte. Damals fand ich diese unglaublich langweilig, doch nun war ich älter geworden und interessierte mich dafür, wie Himmel und Erde zusammenhängen. Ich empfand es als wichtig, an Gott zu glauben und dass auch meine Kinder Gottes Segen erfahren.

Mein Freund Maurizio und seine Linda waren an diesem Tag ebenfalls da. Er war Taufpate unseres Sohnes, ich war Taufpate seines Sohnes. Unsere Freundschaft reichte so tief, dass wir selbst die Namen unserer Erstgeborenen miteinander abgestimmt hatten. Unser Sohn heißt Gabriel, Maurizios Sohn heißt Michael, die Namen der beiden Erzengel.

Während ich in der katholischen Kirche saß, in der wir die Zeremonie feierten, schloss ich die Augen, um ein stilles Gebet für Gabriel zu sprechen. Als ich sie wieder öffnete, erschrak ich. Mir war, als würden von den Köpfen aller betenden Menschen im Raum Lichtstrahlen ausgehen, die bis zur Kirchendecke und in den Himmel strömten. Aus manchen strahlte ein dicker Lichtschein, aus anderen ein dünnerer. Dann sah ich eine Person, die aus reinen Lichtstrahlen bestand. Sie schritt durch das Portal nach vorne zu Gabriel, legte ihm die Hände auf und segnete ihn. Irgendetwas in mir versicherte mir: Diese Person ist Jesus Christus.

Wow! Was für ein Erlebnis. Ich weiß nach wie vor nicht, was ich damit anfangen soll. War das echt? Sind meine väterlichen Glücksgefühle mit mir durchgegangen? Einbildung? Ich kann es nicht mit Sicherheit sagen. Aber wer glaubt, dass es einen persönlichen Gott gibt, muss auch damit rechnen, dass er sich offenbart. Im Hier und Jetzt. Auf unterschiedliche Weise. Durch die Schöpfung. Durch die Geburt eines Kindes. Durch die Kraft der Vergebung. Durch Menschen, die er uns an die Seite stellt, um uns zu bewahren. Und manchmal vielleicht ganz direkt durch eine Vision. Unsere Erkenntnis ist Stückwerk, schreibt Paulus in 1. Korinther 13. Im Himmel werden wir letzte Gewissheit darüber bekommen, wo Gott höchstpersönlich in unser Leben eingegriffen hat. Ich glaube, wir werden uns wundern, wie oft und auf welche Weise dies geschehen ist.

Der Glaube an Jesus Christus, den ich in meinem jungen Erwachsenenleben empfand, wurde jedoch durch eine tiefe Enttäuschung, die ich mit der katholischen Kirche erlebte, nachhaltig erschüttert.

Damals leitete ein junger Kaplan die Jugendgruppe unserer Gemeinde. Er hatte eine wirklich mitreißende Art, über den Glauben zu sprechen – ganz anders, als ich es von den öden Gottesdiensten bei meiner Urgroßmutter in Obersiebenbrunn kannte. Er besaß eine starke Ausstrahlung und konnte uns mühelos zur Mitarbeit begeistern.

Als der Kaplan in unsere Gemeinde kam, besuchten mit mir etwa dreißig andere junge Leute regelmäßig die Gruppenstunden. Seine Ankunft bewirkte einen echten Energieschub. Wir feierten große Jugendgottesdienste, zu denen nach kurzer Zeit mehr als dreihundert junge Leute in das Gotteshaus strömten, die normalerweise höchstens zu Weihnachten einen Fuß in die Kirche setzten. Ich war damals als Messdiener an den Gottesdiensten beteiligt, während der Kaplan die Predigt hielt und die Eucharistie leitete, was für Katholiken ja sehr wichtig ist.

Das Besondere an einer katholischen Messe ist eigentlich: Es gibt nichts Besonderes. Der römische Ritus legt den Ablauf des Gottesdienstes mehr oder weniger fest, wobei leichte Abweichungen geduldet werden – zu stark dürfen sie aber nicht sein. Eröffnung, Wortgottesdienst mit Textlesungen und Predigt, Glaubensbekenntnis, Fürbitten, dann die Eucharistiefeier und der Abschluss mit Segen. Jeden Sonntag. Das passt zu einer Kirche, die »Weltkirche« sein will und traditionen- und nationenübergreifende Elemente als sehr wertvoll erachtet. Was bisweilen auf der Strecke bleibt, ist die Flexibilität, die die evangelische Kirche und – noch viel stärker – die Freikirchen haben.

In diesem Sinne war der Kaplan ein richtiger Revoluzzer. Und das gefiel uns! Normalerweise endet ein katholischer Gottesdienst nach einer Stunde, doch bei uns schaute niemand auf die Uhr oder grübelte nach einer fünfminütigen Überschreitung gar darüber nach, ob der Sonntagsbraten nicht bald zu trocken werden würde. Stattdessen sorgte der Kaplan für eine echte Wohlfühlatmosphäre, indem er die Zuhörer beteiligte. Zwar hielt er die Liturgiefolgen ein, die aus Rom vorgegeben waren, aber vieles davon hatte er an uns junge Menschen delegiert. Nicht nur der Geistliche in seinem prächtigen Ornat hatte die Ehre, etwas sagen zu dürfen, sondern auch das gewöhnliche Kirchenvolk.

Der Kaplan rief die Gemeinde dazu auf, im Gottesdienst »Zeugnis zu geben«, also von den eigenen Glaubenserfahrungen zu berichten. Außerdem durften wir nach vorne treten, um persönliche Gebetsanliegen weiterzugeben. Wir Jugendlichen saßen daher nicht gelangweilt in den harten Kirchenbänken und zählten die Zeit bis zum Schlusssegen herunter, sondern waren gespannt, wer nun als Nächstes etwas aus seinem Glaubensleben berichten würde. Und natürlich beteten wir füreinander. Zum Beispiel, wenn jemand an einer Krankheit litt und sich Heilung wünschte. Oder wenn jemand von Geldsorgen geplagt wurde. Eine Stunde verflog, 75 Minuten, 90 Minuten, bis zu zwei Stunden saßen wir gebannt in der Kirche zusammen und feierten unseren Glauben. Diese Erfahrungen schweißten uns als geistliche Gemeinschaft zusammen. Priester und Gläubige, Hand in Hand. Das war etwas Besonderes. Und natürlich etwas Gutes.

Doch nicht für alle. Denn da war noch sein Vorgesetzter, ein unangenehmer, selbstsüchtiger Typ. Er beäugte den jungen Emporkömmling mit kritischen, und, wie ich glaube, auch neidischen Augen.

Während der Kaplan für die jungen Leute zuständig war, feierte sein Vorgesetzter die Messe mit der älteren Bevölkerung – meist im Anschluss an unseren Gottesdienst und genauso öde, wie man sie sich vorstellt. Es war das komplette Gegenprogramm zu unseren bunten Jugendgottesdiensten.

Man kann sich vorstellen, welche Szenen sich abspielten. Während der Pfarrer ungeduldig darauf wartete, dass der Kirchensaal sich leerte, damit er ihn für den eigenen Gottesdienst vorbereiten konnte, traf er auf Hunderte junger Menschen, die nach der Messe fröhlich scherzend zusammenstanden und sich unterhielten. Auf ihn hingegen wartete eine Handvoll ältere Menschen, die sich auf einen traditionellen, aus unserer Sicht trockenen Gottesdienst freuten.

Dass in einem altgedienten Geistlichen in dieser Situation gewisse Befindlichkeiten aufsteigen können, leuchtet ein. Der Pfarrer hätte sich aber auch schlicht darüber freuen können, dass sein junger Kollege so viele Menschen anzog und für das Evangelium gewann. Ich bin mir sicher, dass zumindest Jesus so gedacht und gehandelt hätte. Doch leider ist die Kirche nicht vor Menscheleien und persönlichen Zipperlein gefeit und diese haben schon häufiger hoffnungsvolle Aufbrüche im Keim erstickt.

»Die Messe dauert eine Stunde – Punkt!«, empörte sich der Pfarrer mit zornig zusammengezogenen Augenbrauen. Wir jungen Leute konnten das nicht nachvollziehen und wandten ein: »Aber wir sind Feuer und Flamme für die Kirche, deswegen feiern wir so lange gemeinsam Gottesdienst! Wir sind doch die Zukunft!«

Anstatt mit uns ein offenes Gespräch zu führen, griff der Pfarrer zur schlechtesten aller Möglichkeiten, eine Diskussion zu beenden. Er berief sich auf seine Autorität: Ich bin Chef, ich entscheide, keine Widerworte!

Wir fühlten uns hilflos. Sollte der alte Pfarrer nicht froh darüber sein, dass wir Jugendlichen in die Kirche gingen, statt am Bahnhof herumzulungern, Drogen zu nehmen oder sonst irgendwie Mist zu bauen? Diese Sturköpfigkeit eines einzelnen Mannes in der falschen Position zeigte uns, wie machtlos wir waren. Wir fürchteten, dass es nun bald aus sein könnte mit unseren besonderen Jugendgottesdiensten, in denen wir eine so tolle Gemeinschaft erlebten.

Aber auch ein Pfarrer hat einen Chef: den Bischof. Deshalb fassten wir uns ein Herz und reisten als Jugenddelegation zum Bischof, um diesem einen Besuch abzustatten und uns über den miesepetrigen Pfarrer zu beschweren. Wir waren erstaunt, dass wir tatsächlich einen Termin bekommen hatten, auch wenn der Bischof nicht persönlich an der Runde teilnahm.

Einige in Soutanen gekleidete Domherren begrüßten uns. Zunächst nahmen wir gemeinsam ein Mittagessen ein, was uns durchaus gefiel. Doch als wir über unseren Kaplan sprachen, wurde uns schnell klar, dass hier kein Blumentopf zu gewinnen war. Die Domherren bläuten uns ein: »Hört auf die Führung in eurer Kirche!« Sie witterten in dem jungen Kaplan eine Gefahr, einen Rebellen, der ihre Autorität untergrub. Und warum? Weil er ein paar altbackene Formen lockerte und damit eine Menge junger Menschen erreichte. Je länger wir uns mit den Domherren unterhielten, desto klarer wurde uns, dass dies keine offene Diskussion war, sondern dass sie bloß eine Entscheidung verkünden wollten: »Der Kaplan wird versetzt. In eine andere Gemeinde.« Wir trauten unseren Ohren nicht!

Stinksauer verließen wir den Bischofssitz. »Das ist nicht Jesus«, dachte ich. »Das sind nichts als Spiele von ein paar machtgeilen Männern.«

Aus Protest über diese Entscheidung trat ich aus der Kirche aus. So eine Kirche konnte mir gestohlen bleiben!

Statt nun das Gespräch mit mir zu suchen, warfen mir die Verantwortlichen vor, von bösen Mächten beeinflusst zu sein. So ein Quatsch! Das Gegenteil war der Fall, aber wir fanden kein Gehör. Punkt, aus. Schlussstrich.

5 – FALL

Kanton St. Gallen, Schweiz, 1995

Wieder einmal hatten wir gestritten. Doch diesmal war der Streit ausgeartet. Ich schäme mich bis heute zutiefst dafür, dass ich meine Frau geschlagen habe und dass meine Kinder alles mit ansehen mussten. Dafür, dass ich als Unternehmer, als Ehemann, als Vater gescheitert war. Ohnmacht. Scham. Wut. Ich war wie betäubt.

Dabei hatte alles so gut angefangen. Wir lebten mit unseren fünf wunderbaren Kindern in einer schönen Wohnung im Kanton St. Gallen nach dem traditionellen Rollenmodell: Evelyn war die Hausfrau, die die Kinder großzog, ich der Ernährer, der mit harter Arbeit die Familie versorgte.

Als junger Familienvater hatte ich eine Stelle als Geschäftsführer bei einer sehr großen Malerfirma angetreten, die viele Filialen unterhielt. Zwei davon leitete ich, eine in Oetwil am See, die andere in Uetikon am See. Dort arbeitete ich im Offertwesen, war also dafür zuständig, Angebote zu machen und dadurch Aufträge an Land zu ziehen, Baustellen zu leiten und dann die erledigten Arbeiten auszumessen und der Buchhaltung zur Rechnungsstellung zu übergeben. Ich zeigte den jungen Mitarbeitern, welches Material für welche Aufgabe am besten geeignet war, und sorgte dafür, dass der Nachschub vom Hauptmagazin des Unternehmens nicht abriss.

Doch ich wollte höher hinaus. Die positiven Erfahrungen als Geschäftsführer ermutigten mich, ein eigenes Unternehmen zu gründen. Der Schritt in die Selbstständigkeit ist immer ein Schritt ins Ungewisse. Er kann gelingen, aber auch gewaltig schiefgehen. Aber wer in seinen frühen Dreißigern steckt, der lebt häufig in der Illusion, dass er alles schaffen kann, was er sich vornimmt. So auch ich. Ich steckte voll im Saft und war im Zenit meiner körperlichen und mentalen Leistungsfähigkeit angelangt. Es fehlte nur noch die zündende Idee, um mit einem Unternehmen an den Markt zu gehen.

Die bekam ich, als ich für zwei Jahre in einem Baumaterialhandelsunternehmen arbeitete und in dieser Zeit nebenbei einen Baubiologie-Fachkurs absolvierte. Viele Materialien auf dem Bau waren damals mehr oder weniger Sondermüll oder zumindest belastet mit Chemikalien, die alles andere als natürlich oder umweltfreundlich sind. So gut wie niemand bot Alternativen dazu an, obwohl Ende der Achtziger, Anfang der Neunziger das Umweltbewusstsein in der Bevölkerung immer stärker wuchs. Da war sie also, die Nische: ökologische Baurenovierungen. Der Traum von der Selbstständigkeit war geboren.

Nun begann das große Klinkenputzen. Ich ließ einen riesigen Stapel Flyer drucken und warf sie in Tausende Briefkasten. Vor allem hatte ich die grünen Politiker, die Anthroposophen und deren Klientel im Blick, in deren typischen Wohngebieten ich besonders viel Werbung machte. Die ersten Aufträge trudelten ein und es wurden immer mehr. Ein echter Geschäftserfolg! Ich hatte eine Marktlücke besetzt!

Die Banken zeigten sich sichtlich beeindruckt und die Kredite sprudelten nur so. Nach meinem Gründungskredit nahm ich ein weiteres Darlehen über 100 000 Franken auf, kaufte Maschinen und leaste einen geräumigen Kastenwagen, mit dem ich die Baustellen anfuhr. Ich fühlte mich, als könnte ich Bäume ausreißen. Die Aufträge beendete ich zur vollen Zufriedenheit meiner Kunden, die wiederum Werbung in ihrem Freundeskreis für mich machten. Die Rechnungen schrieb ich sofort, und meine Kunden waren von der Sorte, die sofort bezahlte.

Die ersten zwei Jahre waren goldene Zeiten, sowohl für mein junges Unternehmen als auch für meine Ehe. Ich, der Ruedi, war ein erfolgreicher Geschäftsmann geworden. Ob mein Vater das wohl jemals gedacht hätte? Ich hatte es allen gezeigt. Als sei das nicht genug, gewann ich auch noch 72 000 Franken im Lotto, die ich sofort ins Unternehmen steckte.

»Die Zukunft, die werden wir schon schaffen«, dachte ich. Mir schien alles zu gelingen und ich ritt auf einer Welle der Euphorie. Dabei verlor ich sämtliche Bodenhaftung. Alles, was dem Erfolg im Wege stand, blendete ich aus, statt mich darum zu kümmern.

Die harte Realität beinhaltete nämlich nicht nur Umsätze, sondern auch Ausgaben: monatliche Leasingraten. Miete für die Wohnung. Miete für die Werkstatt. Mitarbeiter, zeitweise bis zu sechs, die bezahlt werden wollten. Ich hatte nur meine Aufträge und die Arbeit im Blick und vernachlässigte das, was aus einem Unternehmen eine profitable Firma macht: die Buchhaltung. Man kann noch so gute Arbeit leisten und viele Aufträge haben – wenn die Zahlen nicht stimmen, ist das alles wertlos.

Schritt für Schritt verlor ich die Kontrolle über die Kosten. Als ich 1993 auf meine Kontoauszüge schaute, beschlich mich zum ersten Mal das Gefühl: Hier läuft etwas schief. Die Schweiz erlebte Anfang der 1990er-Jahre eine Baukrise. Ausgelöst durch starkes Wachstum und eine sehr lockere Kreditvergabe gab es eine Immobilienblase, die irgendwann platzen musste. Noch gab es zwar einen regelrechten Bauboom, wodurch viele Baugeschäfte hohe Summen investierten, weil aber trotzdem zu wenige Einnahmen zurückkamen, drohten überall Engpässe.

Bei mir äußerte sich dieses Missverhältnis darin, dass ich mein Darlehen in zu geringen Raten abbezahlte. Ich erwirtschaftete zwar immer einen leichten Überfluss, aber der war zu gering, als dass von einer echten Rendite die Rede hätte sein können.

Wie es irgendwie ging, schleppte ich mich durch das Jahr 1995. Der Winter nahte. Die kalte Jahreszeit ist für Baugeschäfte ohnehin hart, weil die Hausbesitzer bei niedrigen Temperaturen kaum Pläne für Renovierungen hegen, zumindest nicht draußen. Bis auf ein paar Arbeiten im Innenbereich blieb in der Regel nichts zu tun: Bad, Küche, Treppen – nicht die großen Deals, die so viel Geld in die Kasse spülten, dass ich den finanziellen Befreiungsschlag hätte wagen können. Auf keinen Fall wollte ich meine beiden verbliebenen Mitarbeiter auf die Straße setzen, daher beschäftigte ich sie weiterhin – wobei »beschäftigen« nicht bedeutet, dass wir viele Umsätze hatten. Wir übernahmen ein paar kleinere Aufträge, ich schickte die Jungs das Lager ausmisten und andere Kleinigkeiten erledigen. Oft saßen wir einfach auch nur da und überlegten, wie es weitergehen könnte.

Trotz meines anfänglichen Erfolgs war ich nicht bekannt genug und hatte zu wenige treue Stammkunden, um mich während der Baukrise über Wasser zu halten. Ich brauchte unbedingt Geld, um weiter meine Rechnungen zu bezahlen. Während meiner Schulzeit hatte es für meine schlechten Mathematiknoten Schläge gehagelt. Doch die Hiebe, die jetzt auf mich einprasselten, sollten mich härter treffen als die Hand meines Vaters. Mir wurde klar, dass ich von Anfang an einen externen Treuhänder mit der Verwaltung der Finanzen und der Buchhaltung hätte beauftragen müssen, aber ich wusste nicht, wie ich das hätte finanzieren können. Dazu kam, dass ich meine persönlichen Grenzen nicht einsehen wollte. Das rächte sich jetzt, und wenn nicht schleunigst etwas geschah, würde ich bankrottgehen.

Noch glaubte ich verbissen daran, dass ich es schaffen würde, dass ich es wieder allen beweisen würde, dass ich diese harte Herausforderung meistern würde, wie damals der starke Wanja im Kinderbuch.

Zunächst jedoch musste ich Klarheit über die Zahlen haben. In meinem Büro tippte ich alle benötigten Beträge in den Taschenrechner ein. Als ich auf das Gleichheitszeichen drückte, konnte ich kaum glauben, welcher Fehlbetrag sich angesammelt hatte: Ich brauchte 100 000 Franken, um wieder einigermaßen durchatmen zu können! Dabei stand ich bei der Bank schon mit 300 000 Franken in der Kreide.

Zum Glück hatte ich einen dicken Fisch an Land gezogen: Für das kommende Frühjahr hatte ich den Zuschlag für eine Neubausiedlung mit mehreren Einfamilienhäusern bekommen. Dieser Vertrag war der Strohhalm, an den ich mich klammerte. Mit einer mächtigen Portion Respekt und noch viel mehr Hoffnung im Herzen füllte ich einen Kreditantrag für die Bank aus, die mir meine Unternehmensgründung ermöglicht hatte. Sie würde mir bestimmt noch einmal helfen.

Wenige Tage später flatterte ein Brief meiner Hausbank in den Briefkasten. Die Herren Bankiers luden mich in die Filiale meiner Heimatgemeinde, um mit mir über mein Vorhaben zu sprechen. Ein Hoffnungsschimmer! Am vereinbarten Termin tauschte ich mein Malergewand gegen ein schickes Hemd und fuhr zur Bank, wo drei Bankangestellte auf mich warteten. Es waren ein Mittvierziger und zwei junge Herren, vielleicht um die 25, alle im dunklen Anzug und Krawatte, Bankiers eben.

Selbstbewusst zog ich den Werksvertrag für die Neubausiedlung aus meiner Aktentasche. »Schauen Sie, das ist ein Großauftrag für das nächste Jahr. Ich brauche nur einen Überbrückungskredit, um bis dahin meine Rechnungen zu bezahlen«, erklärte ich den Herren, die meine Ausführungen regungslos zur Kenntnis nahmen.

»Wir werden Ihr Anliegen prüfen, Herr Szabo. Bitte haben Sie einen Moment Geduld«, bat der Älteste, als ich fertig war, und die drei zogen sich zur Beratung zurück.

Ich malte mir währenddessen aus, wie befreiend ein erneuter Kredit sein würde, für mich, für meine Angestellten, auch für meine Familie. Ich brauchte nur noch das Okay der Bank. Doch darauf wartete ich vergeblich.

Nach einer Weile betraten die Herren mit ernster Miene erneut das Beratungszimmer. Die Kreditanstalt hatte meine sämtlichen Bücher, Einmahmen und Ausgaben auseinandergenommen und penibel geprüft. Der älteste der drei Bankiers rechneten mir mein Versagen als Unternehmer bis auf den einzelnen Franken vor: Wie ich jahrelang über meine Verhältnisse gelebt hätte, wie ich offenbar nichts ahnend ein strukturelles Defizit angesammelt hätte, das ich nicht mehr würde bewältigen können. Die beiden jüngeren Mitarbeiter hörten nur zu, sie sollten wahrscheinlich lernen, wie man Kunden eine schlechte Botschaft überbringt.

»Ihr Geschäft wirft zu wenig ab«, schloss der Bankier. »So leid es uns tut, aber wir können Ihnen keinen weiteren Kredit bewilligen.«

Ich fühlte einen dumpfen Druck auf der Brust und befürchtete, mir würde die Luft wegbleiben. Das konnte nicht sein Ernst sein!

»Aber ich habe einen großen Auftrag fürs nächste Jahr! Sie müssen mir helfen!«

»Herr Szabo, das reicht leider nicht. Ihre Rendite hat auch in den vergangenen Jahren nicht ausgereicht, um die Darlehen ausreichend zu bedienen.«

Ich konnte sagen, was ich wollte, die Entscheidung war gefallen. Doch es kam noch viel schlimmer. Der Mann stockte kurz. »Außerdem …«, er schaute mir mit ernstem Blick in die Augen, »außerdem haben wir errechnet, dass wir auch in Zukunft von Ihnen keine ausreichenden Rückzahlungen zu erwarten haben. Deswegen bleibt uns nichts anderes übrig, als unsere Geschäftsbeziehung mit Ihnen zu beenden.«

Das konnte nicht wahr sein! Ich wollte mich schon umschauen, ob irgendwo Kurt Felix zu sehen war, um mich zu fragen, ob ich Spaß verstehe. Aber dieser Lackaffe schien das tatsächlich ernst zu meinen!

»Sie wollen was tun?«, fragte ich nach.

»Wir kündigen Ihren Kontokorrent, da Sie die vertraglichen Bedingungen nicht eingehalten haben.«

»Aber ich habe fünf kleine Kinder zu versorgen, außerdem muss ich meine beiden Mitarbeiter bezahlen.«

»Dann kündigen Sie denen.«

»Aber zeigen Sie doch bitte Herz, die haben keine Sicherheiten!«

»Die haben wir auch nicht«, antwortete der Mittvierziger, dessen Empathiefähigkeit irgendwo zwischen der eines Baggers und einem Gefrierschrank liegen musste.

Damit war das Gespräch beendet. Und meine Wut begann. Ich fühlte mich betrogen. Diese ganze Knochenarbeit, jeden Morgen pünktlich auf der Baustelle stehen, mit Angestellten in Lohn und Brot – und das war der Dank?

Es war, als habe sich die Sonne mit einem Mal verfinstert. Dunkle Wolken zogen auf, schoben sich in mein Leben, vernebelten die Sicht. Ich verlor Sinn und Ziel.

Ich versuchte bei zwei weiteren Banken mein Glück. Aber wer will schon jemandem ein Vermögen anvertrauen, der von seiner Hausbank hochkant rausgeschmissen worden ist?

Mein einziger Ausweg war der Gang zum Konkursamt. Aber es musste doch noch eine andere Möglichkeit geben!

Damit nicht genug, mit meinem unternehmerischen Niedergang begann auch die Krise in meiner Ehe. Es war das verflixte siebte Jahr, in dem die Streitereien anfingen. Angesichts des finanziellen Engpasses mussten wir als Familie kürzertreten. Auch die Zärtlichkeiten zwischen uns wurden immer seltener. Bei mir fand sie keinen Trost mehr. Aber woanders.

Ich war schon immer schlecht im Tanzen. Offenbar herrscht zwischen dem Musikzentrum in meinem Kopf und den Nerven in meinen Beinen absolute Funkstille, jedenfalls hat das, was meine Füße beim »Tanzen« tun, mit dem Takt der Musik herzlich wenig zu tun. Als auf unserer Hochzeit der Walzer anstand, bedeutete das für mich die Höchststrafe. Nach unserem fünfminütigen Tanz, durch den ich mich nur mit Mühe und höchster Konzentration retten konnte, brauchte ich erst einmal eine Pause. Wenigstens war es das letzte Mal, dass ich eine Tanzfläche betreten musste. Welch ein Glück! Das lästige krampfhafte Schrittzählen konnte ich endlich aus meinen Gedanken verbannen!

Ganz anders Evelyn. Sie tanzte leidenschaftlich gern, bewegte sich dabei grazil und elegant, sie schwang geradezu mit der Musik, als ob ihre Hüften ein weiteres Instrument im Orchester wären. Tanzen war so sehr ihre Leidenschaft, wie es für mich ein Folterinstrument war.

Also ging sie alleine tanzen. Zumindest ohne mich. An ihren Tanzabenden hütete ich unsere Kinder, um ihr dieses Hobby in Form eines Frauenabends am Freitagabend zu ermöglichen. Dass sie mit einem Tanzpartner ein Techtelmechtel beginnen könnte, kam mir nicht in den Sinn. Als sie einmal von einem Open-Air-Festival nach Hause kam, erzählte sie mir, dass sie und einer unserer Nachbarn sich nähergekommen seien. Sehr nahe. Sie hatten miteinander geschlafen.

Im ersten Moment erschütterte mich die Nachricht nicht allzu sehr. Doch je länger ich darüber nachdachte, desto mehr stieg in mir die beklemmende Erkenntnis auf: In unserer Ehe stimmt etwas nicht.

Für mich war es damit noch nicht aus, ich wollte um die Ehe kämpfen, schließlich liebte ich meine Frau. Außerdem sollten unsere Kinder in einer intakten Familie aufwachsen. Deswegen schlug ich eine Ehetherapie vor.

Die erste Sitzung bei dem Pastor, der auch Paartherapeut war, floss äußerst zäh dahin, und nach der zweiten Sitzung war klar, dass wir nicht weiterkamen. Wir brachen die Therapie ab. Danach dauerte es nur noch zwei Wochen bis zur Trennung. Wir machten uns immer mehr Vorwürfe und es wurde überdeutlich, dass unser Kommunikationsverhalten für unsere Beziehung nicht gut war. Die Verbundenheit, die Vertrautheit der vergangenen Jahre – war sie vielleicht nur eine Illusion gewesen?

Beide waren wir zu stolz, einen Schritt auf den anderen zuzugehen. Mit jedem Streit, mit jedem triggernden Vorwurf eskalierte unser Konflikt nur noch mehr. Wir waren beide verletzt und statt unsere Wunden gegenseitig zu verbinden, rissen wir sie weiter auf und warfen uns giftige Worte zu. Keiner wollte dem anderen entgegenkommen. Uns wurde bewusst, dass wir uns total entfremdet hatten.

Wir stritten jeden Tag, sobald wir uns sahen. Ich war ein überaus dominanter Streiter, auch wenn ich dabei nicht aggressiv war, eher bestimmend. Und ich stellte Evelyn ein Ultimatum. Es war einer der größten Fehler meines Lebens: »Wenn du nicht bereit bist, eine Ehetherapie zu machen, lasse ich mich scheiden!«

Doch Evelyn winkte nur ab, sie hatte wahrscheinlich schon aufgegeben. In meiner Wut machte ich meine Drohung wahr und reichte die Scheidung ein. Auf der Arbeit dachte ich an diesem Tag an nichts außer unsere Probleme. Die finanziellen Probleme plagten mich kaum, viel schlimmer schien die Vorstellung, Frau und Kinder zu verlieren.

An diesem Abend hatten wir unsere handgreifliche Auseinandersetzung. Heute, ein Vierteljahrhundert später, wühlt es mich immer noch extrem auf, wenn ich daran denke, und ich schäme mich. Natürlich hatte mich meine Ex-Frau enttäuscht, aber am meisten war ich enttäuscht von mir selbst. Ich hatte mir fest vorgenommen, niemals Schläge auszuteilen, von denen ich als Kind doch so viele bekommen hatte.

Irgendwann hatte sich der Rauch ein bisschen gelegt, auch wenn von Versöhnung keine Spur war. »Evelyn, wir müssen irgendwie miteinander eine Lösung finden«, sagte ich. Meine Hoffnung war noch nicht erloschen, aber ihre Reaktion konnte ich nicht richtig einordnen.

Mit einem mulmigen Gefühl im Bauch fuhr ich am nächsten Morgen zur Arbeit. Den ganzen Tag konnte ich an kaum etwas anderes denken als an unseren furchtbaren Streit. Wir mussten das irgendwie zusammen schaffen. Vor allem ich musste das irgendwie schaffen!

Als ich am Abend nach Hause kam, empfing mich eine ungewöhnliche Stille. Normalerweise hörte ich schon im Treppenhaus die Kinder, die eine Kassette hörten, ein Spiel spielten oder stritten. Doch jetzt: nichts. Ich drückte die Klinke herunter, öffnete vorsichtig die Wohnungstür. »Hallo? Ist da jemand?« Keine Antwort.

Der Eingangsbereich sah anders aus als sonst. Die vielen kleinen Schuhe fehlten. Die von Evelyn auch. Die Jacken der Kinder hingen nicht an den Haken. Hatten sie einen Ausflug gemacht? Ich ging von Zimmer zu Zimmer. Keine Kinder, keine Evelyn, dafür fehlten jede Menge Gegenstände. Ein kalter Schauer lief mir den Rücken herunter, meine Gedanken spielten verrückt. Was war passiert? War Evelyn mit den Kindern abgehauen? Das konnte nicht sein! Wir hätten es bestimmt noch mal geschafft! Klar, wir hatten beide überreagiert, aber das konnte unmöglich das Ende sein! Ich konnte und wollte es nicht wahrhaben.

Bis mein Blick auf einen Umschlag fiel, der auf der Küchenkombination lag. Die 6 200 Franken Alimente, die in dem Formular notiert waren, konnte ich nie und nimmer zahlen.

Nachdem der Überfall auf den Geschäftsmann ein solcher Reinfall gewesen war, war klar: Ich brauchte mehr Geld. Viel mehr. Und ich wusste auch schon, wo ich mir die Kohle holen würden: Von den Raffzähnen, die mir meinen Kredit versagt hatten. Von den Ganoven in Nadelstreifen, die ihr Geld durch Nichtstun verdienten, während wir im Schweiße unseres Angesichts schufteten wie die Brunnenputzer.

Von einer Bank. Das sollte unser nächstes Ziel sein.

Eigentlich hatte ich Sorge, erwischt zu werden. Doch der grausame Überfall auf den Geschäftsmann hatte in mir einen Schalter umgelegt. Am nächsten Tag kauften wir mehrere Zeitungen, um zu sehen, was sie schrieben. Da war von einem brutalen Überfall auf einen Unternehmer die Rede. Bei der Täterschaft tappte die Polizei völlig im Dunkeln. Genau so sollte es ein!

So furchtbar es klingt, aber dieser Überfall gab mir das Selbstvertrauen, einen Schritt weiter zu gehen, meine militärische Ausbildung geschickt zu nutzen und einen groß angelegten Raubüberfall auf eine gut gesicherte Anlage zu planen. Ob dies gelingen würde?

6 – SCHULD

Hittnau, Schweiz, November 1995

Mein Leben als Bankräuber begann mit akribischer Planung. Wir durften unter keinen Umständen erwischt werden. Jeder Fehler, den wir beim Überfall machten, hätte unser letzter in Freiheit sein können. Deswegen plante ich jeden Raub so präzise und professionell wie irgend möglich. Im Gegensatz dazu war mein erster Wutausbruch gegen den Geschäftsmann eine amateurhafte Prügelei gewesen. Ich wollte dauerhaft genug Geld haben, um meine Firma am Leben zu erhalten und die Alimente zu bezahlen, damit ich meine geliebten Kinder sehen konnte.

In meiner militärischen Ausbildung hatte ich enorm viel darüber gelernt, wie man die Umgebung studiert, um genaue Zugangs- und Fluchtwege zu berechnen, welche Ausrüstung aus welchem Grund wichtig ist und dass man sich an einen minutiösen Zeitplan halten muss, damit die Mission gelingt. Wie bei unseren Übungsmissionen wollte ich den Überraschungseffekt nutzen. Bumm! Schon wären wir drin und würden die Kohle einsacken, um nach wenigen Augenblicken wieder zu verschwinden.

Ich plante alles, wie ich es in der Schweizer Armee gelernt hatte, bis auf einen Unterschied: Diesmal waren wir nicht die Guten. Wir waren die Bösen. So sah ich mich damals aber nicht, sondern höchstens als jemand, der gewisse Grenzen überschreiten muss, um zu seinem Recht zu kommen. Wie die meisten Kriminellen suchte ich meine Rechtfertigung für das, was ich vorhatte.

Bevor das große Geld fließen konnte, galt es, geschickt die Region auszuwählen, in der ich meinen ersten großen Coup landen würde. Um die Ermittler nicht auf unsere Fährte zu führen, wollten wir unser Unwesen nicht im selben Kanton wie beim ersten Überfall treiben. Sofort kam mir das Zürcher Oberland in den Sinn. Dort hatte ich schon als Jugendlicher Orientierungsläufe gemacht, vor allem aber kannte ich die dortige Topografie durch militärische Übungen, die wir mit den Grenadieren in dem Gelände absolviert hatten. In dieser Region gibt es viele Hügel und Wälder, kleine Pfade und Waldwege. Und das bedeutet: Fluchtmöglichkeiten, die viel besser sind als in einer klar einsehbaren Ebene. Innerhalb weniger Minuten konnte man sich in die weit verzweigten Wege in den Wald retten, sodass wir schon längst über alle Berge wären, wenn die Polizei anrückte.

Mit meinem Auto fuhr ich durch alle möglichen Dörfchen im Zürcher Oberland und filterte die Objekte heraus, in denen ich viel Geld vermutete. Nicht jede Bankfiliale ist gleich: Die Sicherheitsvorkehrungen unterscheiden sich stark, außerdem natürlich die Lage. Eine Filiale in der Fußgängerzone einer dicht besiedelten Stadt zu überfallen, wäre Wahnsinn. Ganz anders sieht es in einer dörflich geprägten Umgebung aus, wo man in Nullkommanix mit dem Fluchtwagen in der Pampa verschwinden kann. Zudem musste die nächste Polizeistation weit genug vom Tatort entfernt sein. Zu hoch war die Gefahr, dass ein Bankmitarbeiter einen stillen Alarm auslöste und die Bullen so schnell zum Tatort gelangten, dass sie uns sofort hochnehmen konnten.

Nach meiner Rechnung musste die nächste Wache mindestens zehn Minuten entfernt sein, wenn unser Vorhaben gelingen sollte.

Der Überfall selbst durfte maximal vier Minuten dauern, um rechtzeitig mit dem Fluchtwagen türmen zu können.

Ich fuhr jeden Weg einzeln ab und fand nach langer Recherche einen passenden Ort: die Filiale der Kantonalbank in Hittnau. Das Ziel für das vermutlich perfekte Verbrechen. Haufenweise Moneten, lasche Sicherheitsvorkehrungen, ein weit verzweigtes, hügeliges Gelände, und alles weit weg von der nächsten Polizeistation.

Nachdem das Ziel ausgesucht war, ging es an die Feinplanung.

Am ersten Tag der Observierung saß ich in meinem Auto und beobachtete die Hittnauer Post- und Zürcher Bankfiliale aus sicherer Entfernung, aber mit genauem Blick. Es war ein reges Kommen und Gehen und mir wurde klar: Der Haupteingang scheidet aus, hier konnten wir keinen Überraschungseffekt für uns nutzen. Mit Sturmhaube durch eine Drehtür in eine Bank zu stolpern und dann »Hände hoch, das ist ein Überfall« zu brüllen, das gehört wohl eher nach Hollywood als in die Realität. Ein anderer Zugang musste her.

Ich beobachtete weiter. Im November wurde es schon früh dunkel, außerdem zog mit Einbruch der Dämmerung Nebel auf. Zudem gab es kaum andere Häuser in der Gegend. Ich frohlockte innerlich. Wer sollte uns hier schon bemerken?

Um 17.00 Uhr nachmittags war es stockdunkel. Die letzten Kunden machten noch ihre Erledigungen, dann wurde es ruhig. Um 18.30 Uhr gingen die Lichter aus. Ich erwartete, dass die Mitarbeiter die Bank nun ebenfalls durch den Haupteingang verlassen würden. Doch stattdessen kamen sie hinter dem Gebäude hervor. Der Hintereingang! Das war die Schwachstelle. Ich wartete, bis alle das Gelände verlassen hatten, dann schlich ich im Schutz der Dunkelheit um das Haus herum.

Der Hintereingang war eine gesicherte Stahltür, die man nur mit einem speziellen Sicherheitsschlüssel öffnen konnte. Es blieb also nur eine Möglichkeit: Im Dunklen heranpirschen, warten, bis die Tür aufgeht, möglichst unentdeckt hineinhuschen und sofort zuschlagen. So konnte es funktionieren!

Zufrieden fuhr ich nach Hause und erzählte meinen treu ergebenen Mitarbeitern Arian und Andreas von meinem Plan. Schnell hatte ich sie überzeugt und sie waren Feuer und Flamme dafür, mich als Komplizen zu unterstützen. Arian sollte den Fluchtwagen fahren und Andreas das Geld einsacken, während ich die Kommandos gab und die Angestellten in Schach hielt.

Zweiter Tag der Observierung, diesmal begleiteten mich meine beiden Komplizen.

Falls ich am Vortag jemandem aufgefallen war, hatte ich mir andere Kleidung angezogen. Bestimmt würden nach dem Überfall alle Überwachungskameras ausgewertet werden. Also ging ich lieber auf Nummer sicher. Heute würde ich auf jeden Fall gefilmt werden, denn ich musste die Filiale von innen ausspionieren. Die Jungs warteten währenddessen im Auto.

Ruedi Szabo, ein – noch – unbescholtener Schweizer Staatsbürger und fleißiger Handwerker, kam als Kunde zur Tür hereinspaziert, um ein paar Briefmarken zu kaufen. Freundlich grüßte ich die Mitarbeiterin, die ich nur wenig später mit einer Waffe bedrohen würde. Ich sah mich um. Der Schalterbereich war gut gesichert. Das dicke Glas der Schutzscheiben würde ich nicht überwinden können. Doch der Hintereingang führte auf die andere Seite des Sicherheitsglases – genau so sollte es sein. Ich hatte genug gesehen. Dankend steckte ich die Briefmarken ein. Dann schlenderten wir noch beiläufig am Haus vorbei und schauten, wo wir am besten den Wagenwechsel machen konnten. Niemand schöpfte Verdacht. Wir fuhren wieder so nonchalant nach Hause, wie wir gekommen waren.

Dort schmiedete ich meinen Plan weiter. Auf einer detaillierten Landkarte zeichnete ich genauestens die Fluchtwege ein. Natürlich wollten wir Sturmhauben, schwarze Kleidung und schwarze Handschuhe tragen. Ein weiteres, perfides Mittel sollte dazu beitragen, dass wir nicht identifizierbar wären: Wir sprachen mit südosteuropäischem Akzent. Von den Baustellen kannten wir viele Arbeiter, die aus dem Balkan in die Schweiz gekommen waren, darunter einige Flüchtlinge aus dem Kosovo. Wir ahmten ihre Art zu sprechen nach, sodass die Behörden automatisch nach Ausländern fahnden würden. Mein Name für den Überfall war »Mohammed« und Andreas nannte ich »Ibrahim«. In Winterthur klauten wir am Tag vor dem geplanten Überfall Nummernschilder, die wir am Fluchtwagen anbrachten.

Nun fehlten noch die Waffen. Eine Garrotte, die Drahtschlinge aus der Armee, kam nicht infrage, ich wollte ja niemanden töten. Mir ging es nur ums Geld und, so redete ich mir ein, bei unserem Überfall würden wir keinem Menschen etwas zuleide tun. Trotzdem brauchten wir Waffen zur Abschreckung. Ich erzählte meinem Bruder, ich würde gerne mal ein paar Schießübungen mit dem Unteroffiziersverein machen, und er lieh mir seine SIG Sauer.

In meinem Büro gab ich die Pistole Andreas und Arian, um sie diese testen zu lassen. Die beiden Jungs waren kaum erwachsen, sie zitterten mit der Knarre, waren unsicher, kein Griff saß – ganz anders als bei mir, der ich als Grenadier sehr geübt an der Waffe war und kein Problem hatte, sie still zu halten. Nein, wenn die Jungs, vollgepumpt mit Adrenalin, mit einer Waffe vor Menschen stehen würden, würden sie überreagieren und womöglich abdrücken. Deswegen organisierten wir uns Softair-Pistolen. Diese sehen zwar wie echte Waffen aus, doch die runden Kunststoffgeschosse, die von ihnen abgefeuert werden, können kaum ernsthaften Schaden verursachen.

Auch ich hatte kein Interesse daran, meine Knarre abzufeuern. Nicht nur weil ich niemanden verletzen wollte, sondern es gab auch handfeste juristische Gründe dafür. Laut Schweizer Gesetz erhöht sich eine mögliche Gefängnisstrafe auf fünf Jahre, sobald man einen Schuss abgegeben hat. Wer jemanden beim Überfall mit einer

Schusswaffe verletzt oder gar tötet, muss mit einer bis zu lebenslangen Gefängnisstrafe rechnen.

Natürlich hätte ich ebenfalls eine Softair mitnehmen können, das wäre wohl niemandem aufgefallen. Doch ich steckte eine scharfe Waffe ein – für den absoluten Ernstfall. Zwar war die nächste Polizeistation mehr als zehn Minuten entfernt, aber es war möglich, dass zufällig eine zivile Streife durch Hittnau fuhr, durch einen stillen Alarm gerufen wurde und in Windeseile am Tatort ankam.

In diesem Fall würde es mindestens eine Verfolgungsjagd geben. Ich stellte mir vor, wie ich mich wie im Kinofilm aus dem Fenster lehnen und dem Streifenwagen die Reifen zerschießen würde, um ihn abzuschütteln. Noch viel schwieriger wäre eine handfeste Schießerei gewesen, der schlimmste aller Fälle. Deswegen lud ich meine Waffe mit Mannstopp-Munition. Das sind Hohlspitz-Geschosse, bei denen die Spitze abgesägt ist. Das vordere Ende deformiert sich beim Einschuss sofort und das Geschoss verbreitert sich im Körper. Es gibt ein kleines Einschuss- und ein großes Austrittsloch und die Person ist sofort kampfunfähig.

Natürlich wollte ich die Waffe nur im äußersten Notfall gegen Menschen einsetzen. Aber zur ganzen Wahrheit meiner Überfälle gehört auch, dass ein verletzter oder gar toter Polizist im Bereich meiner Vorstellungskraft lag.

Ich betrachtete die Waffe in meiner Hand. Hoffentlich würde ich sie nicht gebrauchen müssen. Ich dachte an meine Kinder. Sie sollten doch ihren Papa haben! Ich musste es tun. Und wir durften uns nicht erwischen lassen. Ich atmete tief durch. »Jungs«, sagte ich zu meinen Mitarbeitern, »morgen wird es ernst.«

Für die meisten Menschen in der Gegend war es ein Tag wie jeder andere. Bei Tageslicht lädt die Naturidylle rund um den Pfäffikersee zum Wandern ein. Feld reiht sich an Feld, die saftigen Wiesen werden durch schmale Pfade geteilt, auf denen es sich wunderbar flanieren lässt und wo man die saubere Luft des Zürcher Oberlandes genießen kann. Doch die Sonne war längst untergegangen, denn es war bereits kurz nach 18.00 Uhr abends an diesem 1. Dezembertag des Jahres 1995. Nebelschwaden hatten sich langsam von den Wäldchen und Feldern der hügeligen Landschaft in das Dorf geschlichen. Sie zogen sich durch die kleinen Gässchen und Straßen von Hittnau bis in die Vorgärten der Einfamilienhäuser mit ihren akkurat getrimmten Thujahecken.

Der Nebelschleier behinderte die Sicht, man konnte gerade bis zum milchigen Lichtschimmer der nächsten Laterne schauen. Deswegen bemerkte auch niemand die beiden Gestalten in Schwarz, die in einem Gebüsch auf der Lauer lagen und Richtung Postfiliale spähten.

»Wann ist es so weit?«, fragte Ibrahim, der eigentlich Andreas hieß.

»Geduld«, flüsterte ich.

Es nieselte leicht, hinter uns plätscherte ein Bach, sonst war kaum etwas zu hören. Konzentriert starrte ich auf den etwa 30 Meter entfernten Hintereingang. Wir warteten fünf Minuten, zehn Minuten, fünfzehn. Es war kurz vor Ladenschluss, jetzt musste langsam etwas passieren. Wir mussten den Moment abpassen, in dem so gut wie keine Kunden mehr im Haus waren, aber noch genug Mitarbeiter, die den Safe mit dem Bargeld öffnen konnten.

Ein gelbes Paketauto bog auf den Parkplatz ein und hielt an. Nun öffnete sich die Tür des Hintereingangs, heraus kam eine Frau, die eine Art Bollerwagen hinter sich herzog. Wahrscheinlich wollte sie die Pakete entgegennehmen, die morgen verschickt werden sollten.

»Oh Scheiße, was ist das?«, hauchte ich. Es saßen zwei Kinder im Bollerwagen, ein Mädchen und ein Junge. Was sollten wir tun? Mit Kindern, zumal so kleinen, hatte ich nicht gerechnet. Der Chauffeur stapelte die Pakete aus seinem Auto in den Handwagen. Die Kinder blieben sitzen, für sie war das Herumgekarre wohl vor allem ein Spiel. Der Wagen fuhr weg und die Frau machte sich wieder auf den Weg zum Hintereingang und öffnete die Tür. Es waren Momente, die sich wie eine Ewigkeit anfühlten, denn ich musste eine Entscheidung treffen.

»Jetzt?«, fragte Ibrahim.

»Gleich. Bleib liegen.«

Ich zögerte. In meinem Kopf ratterte es. Ich wollte die Frau nicht niederschlagen, die Kinder sowieso nicht. Würde mein Plan noch funktionieren?

Die Frau machte die Tür weit auf und zog den Handwagen umständlich über die Schwelle. Gleich würde die Tür wieder zufallen. Ich dachte: »Jetzt oder nie«, sprang auf, sprintete über den Vorplatz zur Tür und konnte sie gerade noch mit den Spitzen meiner schwarzen Lederhandschuhe aufhalten. Eine Sekunde später, und ich hätte es nicht geschafft. Eine Sekunde früher, und die Frau hätte mich wohl entdeckt.

Mucksmäuschenstill hielt ich die Tür einen Spalt offen und bedeutete Ibrahim mit einer Armbewegung, dass er kommen sollte. Wir standen neben der Tür und blickten uns in die Augen. Vier Minuten sollte alles dauern. 240 Sekunden, in denen nichts schiefgehen durfte.

»Auf drei!«

Durchatmen.

»Eins, zwei, drei!«

Ich schleiche zuerst durch die Tür, hinter mir Ibrahim, wir eilen durch einen schmalen Gang, an dessen Ende sich eine große Halle mit Regalen für die Pakete befindet. Die Frau steht dort mit den Kindern. Eine durchsichtige Schiebetür trennt uns vom Schalterraum und dem Tresor. Wir brauchen eine Geisel, um die Mitarbeiter zum Öffnen der Tür zu zwingen.

Ich denke keinen Moment nach, sondern packe das Mädchen, das ungefähr fünf Jahre alt sein muss, an den Haaren und halte ihr die Pistole an die Schläfe. Die Mutter schreit auf. »Tun Sie ihr nichts an!«

Ich schaue in die weit aufgerissenen Augen der Frau, in denen panische Angst steht. Der Elitesoldat in mir hat jedes Mitleid abgeschaltet. »Wenn jeder spurt, passiert nix«, raune ich ihr zu. Sie zittert und heult, ihr Lidschatten verschmiert, sie streckt ihre Arme nach dem Mädchen aus. Ibrahim rennt weiter bis zur Schiebetür, die den Schalterraum und den Tresor schützt. Ohne Zahlencode kommen wir nicht vorbei.

In dem Moment kommt der Filialleiter um die Ecke und starrt uns entsetzt durch die durchsichtige Schiebetür an. Später erfahre ich, dass er der Vater der beiden Kinder ist. Er ist völlig schockiert, als er sieht, wie seine kleine Tochter von einem maskierten Mann brutal mit einer Pistole bedroht wird. Ibrahim brüllt ihm im Pseudoakzent zu: »Machst du Tür auf, sofort!«

Hektisch öffnet der Filialleiter die Tür, zum Dank rammt Ibrahim ihm die Softair in den Bauch. Der Filialleiter ächzt. Ibrahim drückt ihm die Softair an den Rücken: »Tresor aufmachen! Alles reinstopfen in Sack!« Ibrahim hat einen großen 110-Liter-Abfallsack dabei, der hoffentlich so voll wie möglich werden wird. Die anderen Mitarbeiter, die eben noch Kasse gemacht haben, zittern hinter dem Sicherheitsglas.

»Mohammed, komm!« Ibrahim macht eine Handbewegung.

Ich lasse das Mädchen los, das sofort zu seiner Mutter auf den Arm flüchtet. Das Kind weint herzzerreißend, auch der kleine Bruder wimmert.

Trotzdem wirkt meine Pistole weiterhin extrem überzeugend auf die eingeschüchterten Menschen. Ich kommandiere sie in den Pausenbereich, alle Mitarbeiter, auch die Mutter mit den Kindern, sollen sich auf die Stühle setzen, einer kauert an der Küchenkombination. Ibrahim bringt den Filialleiter dazu, die Kohle einzupacken, während ich alle in Schach halte. Ein Dutzend Augenpaare stiert auf das kalte Metall der SIG Sauer. Meine Hand hat die Waffe fest umschlossen. Ich weiß, dass die Mitarbeiter in Schulungen gelernt haben, den Anweisungen von Räubern in jedem Fall Folge zu leisten, um eine Eskalation zu verhindern.

Ibrahim ist nervöser. Im Hintergrund hört man ihn immer wieder aufgebracht schreien: »Schneller!«

»Gut, dass er keine scharfe Waffe dabeihat, das könnte bei noch größerem Stress schiefgehen«, denke ich.

Ich selbst bin voll konzentriert, es fühlt sich genauso an wie auf einer militärischen Mission mit den Grenadieren. Dort habe ich gelernt: Wir sind die Guten, die sind die Bösen. Der einzige gültige Filter war: Gefahr oder keine Gefahr. Mehr Kategorien gab es nicht. So ist es auch jetzt. Meine Geiseln zittern. Ich, der ein Meter sechsundachtzig großer Ex-Elitesoldat, habe alles unter Kontrolle. Alles läuft nach Plan. Die Uhr habe ich im Blick, wir sind gut in der Zeit. Die Polizei wird noch lange brauchen, bis sie hier ist.

Und dann ist da dieser Moment.

Während ich mit ausgestreckter Pistole meine Geiseln in Schach halte, fällt mein Blick auf die beiden Kinder. Das Mädchen mit dem dunkelbraunen Haar klammert sich an seine Mutter, der kleine Junge ebenfalls. Noch Sekunden zuvor habe ich dem Mädchen die Knarre an die Schläfe gehalten. Die beiden weinen. Durch die Sehschlitze meiner Sturmhaube schaue ich das Mädchen an. Unsere Blicke treffen sich. Ihre Augen sind weit aufgerissen. Da durchzuckt mich ganz kurz der Gedanke: »Das könnte dein Kind sein.«

Meine jüngste Tochter ist zu diesem Zeitpunkt drei Jahre alt, mein jüngster Sohn viereinhalb, etwa das Alter der beiden Kinder, die nun schluchzend in den Armen der Mutter liegen. Sie haben niemandem etwas getan, weder mir noch sonst jemandem. Dennoch müssen sie nun diesen Schrecken miterleben. Schuld daran bin ich, dieser schwarze, gesichtslose Hüne, der sich vor ihnen aufgebaut hat und der mit einer kontrollierten Bewegung seines Abzugsfingers das Leben eines Menschen beenden kann. Wie würden sich meine Kinder wohl fühlen, wenn sie in derselben Situation wie die beiden Kleinen wären? Wie würde ich reagieren, wenn irgendein Typ meine Kinder mit einer Waffe bedrohen würde?

Doch der Soldat in mir legt reflexhaft den Empathieschalter im Kopf um: Gefühle verboten. Ich lasse keinen Gedanken zu, der mich vom Erfolg abhalten will. In weniger als einer Minute ist alles vorbei, und weh tun wir ohnehin niemandem. Mit diesen Gedanken beruhige ich mich.

Endlich kommt der Filialleiter mit der Beute um die Ecke, gescheucht von Ibrahim und dessen Softair. Ich entreiße dem Mann seinen Schlüsselbund, wer weiß, welche Alarme und Sicherheitsvorkehrungen er damit noch aktivieren könnte. Ibrahim schnappt sich den Abfallsack mit dem wertvollen Inhalt, wir springen durch den Hintereingang, immer die Geiseln im Blick, knallen die Tür zu und sprinten zu Arian, der im Fluchtwagen auf uns wartet. Die Schlüssel der Bank landen im Gebüsch.

»Weg hier!«, keuche ich.

Wie besprochen fährt Arian ganz normal und gemächlich, wir wollen ja kein Aufsehen erregen. Wir fahren die Landstraße herunter, biegen in einen Kiesweg ein und fahren einen Kilometer durch den dunklen Wald. Da steht unser Kastenwagen von der Arbeit. Die erste Etappe haben wir erreicht. Glücksgefühle.

Wir ziehen uns hektisch um, tauschen die schwarze Ganovenkleidung gegen unsere weißen Malerlatzhosen. In einer Minute verwandeln wir uns vom Gangster zum einfachen Handwerker. Beute, Kleidung, falsche Kennzeichen, Waffen, alles schmeißen wir in den Kastenwagen. Wir decken die Ausrüstung und die Beute ab, legen Leitern, Farbkessel und Säcke darüber, die perfekte Tarnung.

Wagenwechsel, wir teilen uns auf. Ibrahim, also Andreas, fährt mit Arian im Fluchtwagen, der wieder die echten Nummernschilder trägt, ich lenke das Malerauto mit der Beute. »Schön ruhig fahren, auf keinen Fall zu schnell!«, bläue ich ihnen ein. »Wenn wir die Tarnung wahren können, haben wir schon so gut wie gewonnen! In einer Stunde treffen wir uns in Winterthur.« Die beiden Jungs fahren über Zürich, ich auf einem anderen Weg über ein Seitental.

In Winterthur treffen wir uns. Erleichterung: keine Bullen, kein Blaulicht, keine Sirene. Wir haben es geschafft! »Mann, das war cool, das war geil!«, brüllen wir uns vor Freude an. Wir zählen die Beute. Es sind 60 000 Franken in Banknoten, für jeden 20 Riesen, dazu ein großer Stapel Schweizer Autobahnvignetten und Briefmarken. »Wahnsinn, Leute«, juble ich meinen Komplizen zu.

Wir teilen durch drei. Die ganze Beute hat einen Gesamtwert von etwa 100 000 Franken, wobei es schwierig sein wird, die Briefmarken und die Autobahnvignetten zu verhökern.

Der erste echte Überfall: ein voller Erfolg. Wir hatten es geschafft!

So verstörend es klingt, aber wir fühlten uns wie Robin Hood, als Helden im Kampf gegen das Böse, als Retter der Entrechteten. In diesem Fall von uns selbst. Geschossen hätten wir nicht, jedenfalls nicht auf die Geiseln, wir waren schließlich keine Unmenschen. Uns ging es um das Geld.

»Banknoten haben keine Gefühle«, dachte ich. »Meine Frau hat mich mit unseren fünf Kindern verlassen und will 6 200 Franken Alimente. Das Geld, das die gierigen Banker uns vorenthalten, steht eigentlich mir zu. Ich hole mir nur, was mir gehört.«

Mit meinem Überfall wollte ich Stärke demonstrieren und – vor allem mir selbst – zeigen: Ich bin immer noch Herr der Lage. Was für ein Quatsch!

Heute weiß ich, dass es Lebenslügen waren, mit denen ich meine Raubzüge rechtfertigte. Ich war kein Robin Hood, sondern ein Monster. So froh ich auch über den Erfolg war, so gab es dennoch etwas, das nicht ins Bild passte: Als ich nach Hause fuhr, musste ich an die beiden Kleinen denken, die sich weinend an ihre zitternde Mutter klammerten. Sie gingen mir nicht aus dem Kopf. Meine Kinder waren es, für die ich kriminell geworden war. Und nun hatten ausgerechnet Kinder darunter zu leiden. Ich schaltete das miese Gefühl aus, schluckte es runter. Es musste weitergehen.

Noch Jahrzehnte später stehen mir die Bilder vor Augen, als sei alles eben erst geschehen. Erst in der Haft habe ich erfahren, dass diese wenigen Augenblicke das kleine Mädchen nachhaltig traumatisierten und sein Leben komplett veränderten. Vielleicht wird es dieses Trauma sein Leben lang mit sich herumschleppen.

Damals hielt ich mich für stark, doch in Wahrheit war ich ein Feigling. Es sollten Jahre vergehen, bis ich das verstand. Im Knast habe ich viele Knackis kennengelernt, die sich auf ähnliche Weise einredeten, sie hätten niemandem zu Unrecht wehgetan. Die Umstände hätte sie dazu gezwungen, sie hätten gar nicht anders gekonnt, außerdem hätten sie ihr Leben lang Zurückweisung erfahren. In der Tat ist es für einen Täter wichtig, seine Vergangenheit aufzuarbeiten und den Weg nachzuzeichnen, der ihn in die Kriminalität geführt hat. Trotzdem – oder gerade deshalb – will ich eines unmissverständlich sagen: Nur einer trägt die Verantwortung für das, was ich getan habe: ich.

Diese Gedanken machte ich mir jedoch nicht, als ich die 20000 Franken in der Hand hielt. Jetzt fühlte es sich erst einmal einfach nur gut an. Die neue Freiheit, der dicke Batzen Kohle, er verschaffte mir Luft zum Atmen. Ich zahlte sofort die Alimente, zur Verwunderung meiner Ex-Frau drückte ich ihr das Geld bar in die Hände. Sie schöpfte keinen Verdacht. Endlich konnte ich meine geliebten Kinder wiedersehen! Und sie freuten sich genauso, mich zu sehen. Wir genossen jede Sekunde zusammen, machten Unternehmungen, echte Familienzeit eben. Sie endlich wieder in die Arme schließen zu können, war ein unbeschreibliches Gefühl. Ich, der liebevolle Vater. Und der brutale Bankräuber. Gegensätzlicher geht es nicht. In diesem Doppelleben sollte ich noch auf ein paar weitere Raubzüge gehen.

Wir hatten in Hittnau zwar 60 000 Franken in Bargeld erbeutet, doch unser Hunger nach Geld war längst nicht gestillt. Zwei Wochen später planten wir das nächste Ding. Ich fuhr auf der Suche nach einem neuen Ziel wieder im Kanton Zürich herum, nicht in St. Gallen, wo ich wohnte. Ich wollte die Polizei bewusst auf eine falsche Fährte locken.

In Uetikon am See fand ich unser nächstes Opfer: die örtliche Postfiliale. Der Überfall klappte und diesmal war unser Selbstbewusstsein sehr viel größer. Als der Alarm ausgelöst wurde, fuhren wir ins nur fünf Minuten entfernte Männedorf und raubten dort einen Migros-Supermarkt aus, nur um anschließend nach Uetikon zurückzufahren und dort das Coop-Geschäft zu überfallen, neben Migros der größte Lebensmittelhändler in der Schweiz – und das alles binnen einer Stunde!

Wir zogen umher wie Raubritter auf Speed, und es schien einfach alles zu gelingen. Nur die Beute reichte nicht aus: Wir konnten nur ein paar Tausend Franken erbeuten. Das lag auch daran, dass wir uns nicht mehr für Banken als Zielobjekte entschieden hatten, aus einem schlichten Grund: Sicherheit. Postfilialen verfügen über sehr viel geringere Sicherheitsvorkehrungen, ganz zu schweigen von Supermärkten, die ja zum Hereinspazieren geradezu einladen. Zwar war es ein Risikospiel, aber ich vermutete richtig, dass die Polizei durch den ersten Überfall in Uetikon gebunden war und wir so ungestört die anderen Überfälle begehen konnten.

Der Liebhaber meiner Ex-Frau. Die Kantonalbank in Hittnau. Die Post in Uetikon. Der Migros in Männedorf. Der Coop in Uetikon. Fünf Überfälle. Fünfmal Beute. Und fünf schwere Straftaten.

Wenn wir eine Postfiliale überfielen, warteten wir bis kurz vor Feierabend, damit genug Geld im Tresor, dieser aber noch nicht automatisch verriegelt war. Nicht immer schafften wir es rechtzeitig – dann blieben nur 2 000 bis 3 000 Franken in den Geldschubladen des Schalterraums übrig. Zu wenig. Doch schon bald verbuchten wir den nächsten Erfolg.

Nach ein paar Wochen war erneut eine Postfiliale dran, wieder im Kanton Zürich, diesmal in Grüningen. Wir gingen nach einem ähnlichen Muster wie in Hittnau vor. Wir warteten die Dunkelheit ab, der Bereich um den Hintereingang war stockfinster. Gegen Feierabend schlugen wir zu, sprangen durchs Gebüsch, sprinteten über den Platz, konnten durch die Hintertür eindringen, den Überraschungseffekt nutzen und mehrere Zehntausend Franken erbeuten. Danach war die Post in Elgg dran.

Ich genoss mein neues Leben, das ja in Wahrheit ein Doppelleben war. Ich gab einerseits den liebevollen Vater und – offensichtlich – erfolgreichen Inhaber eines Baugeschäfts, andererseits überfiel ich maskiert und bewaffnet Geschäfte. Wobei: In Wahrheit überfiel ich natürlich Menschen, ohne Rücksicht auf Verluste, ohne Empathie, mit dem Trugbild im Kopf: Das ist doch gar nicht so schlimm, du tust ja niemandem etwas zuleide. Doch, es war schlimm. Ich war schlimm.

Gleichzeitig hatte mein Leben auch auf einer anderen Ebene eine radikale Wendung genommen. Etwa drei Monate nach der Trennung von Evelyn begann ich eine neue Beziehung. Über das Internet lernte ich Paula, eine hübsche Deutsche, kennen. Mich verband manches mit ihr. Sie war ebenfalls geschieden und hatte zwei Kinder. Wir fanden schnell zueinander, auch körperlich. Ab und zu mietete ich einen Wagen – Geld hatte ich ja –, fuhr über die Autobahn nach Wiesbaden und verbrachte ein schönes Wochenende bei meiner neuen Flamme. Ob wir durch die Straßen der hessischen Landeshauptstadt spazierten, in Restaurants einkehrten oder etwas anderes unternahmen: Ich war immer äußerst spendabel, schließlich konnte ich mir das leisten. Paula musste mich für eine ganz große Nummer halten – spätestens, als ich ihr einen riesigen Fernseher schenkte. Ich nahm sie sogar mit in einen tollen Sizilienurlaub in einen Robinsonclub. Einfach so. Bezahlt von meinen Beutegeldern.

Der achte Überfall sollte in Embrach stattfinden, einem malerischen Städtchen, das von kleinen Wäldchen umgeben ist. Arian und ich fuhren auf der Suche nach einem geeigneten Zielobjekt durch die Gegend. Auch wenn wir Banken sonst mieden, fiel unser Blick auf das Gebäude der Zürcher Kantonalbank. Es schien für unsere Zwecke überaus geeignet. Ich betrat auch hier unbekümmert und mit freundlichem Blick die Filiale und kaufte Briefmarken, während meine Augen den Innenraum abtasteten. »Perfekt«, dachte ich. »Hier könnten wir vielleicht so viele Moneten ergaunern wie in Hittnau!«

Zwei Tage später schlugen wir zu. Wir gingen vor wie sonst auch. Ungewöhnlich viele Mitarbeiter, etwa zehn, warteten noch vor den Kassen. Für den Tresor waren wir zu spät gekommen, also blieb nur noch der Griff in die Schubladen der Schalter. Arian stopfte die Banknoten in den Abfallsack. Ich stand wie gewohnt breitbeinig mit der erhobenen Pistole dabei und bewachte das Personal. Plötzlich kam eine Frau auf mich zu, bis auf zwei Meter näherte sie sich mir. Keine gute Idee, wenn man gerade mit einer Knarre bedroht wird!

Warum tat sie das? Die Frau musste wissen, dass es keine gute Idee war, nicht zu kooperieren. Ich richtete die Waffe auf sie. Sie würde doch wohl nicht die Heldin spielen? Sie war einen Kopf kleiner als ich, daher schaute ich über sie hinweg. Wenn es ein Ablenkungsmanöver war, musste ich auf alles gefasst sein.

Obwohl sie vor Angst zitterte, schaute die Frau mich durchdringend an, während sie sagte: »Ich habe große Angst vor Ihnen und der

1995

Kurz nach der Trennung von meiner Ex-Frau

1995

In Wiesbaden – zu dieser Zeit schon als Bankräuber unterwegs

Raubüberfall-Serie in Züri

lob. Beamte der Kantonspolizeien von Zürich und St. Gallen haben vier gefährliche Serienräuber verhaftet. Den Männern wird vorgeworfen, zwischen dem 13. November 1995 und dem 5. Februar 1996 in den Kantonen Zürich und St. Gallen mehrere Raubüberfälle verübt zu haben. Wie ein Sprecher der Kantonspolizei St. Gallen auf Anfrage erklärte, sind die Täter weitgehend geständig; sie wurden in Untersuchungshaft gesetzt.

Wie die Kantonspolizei Zürich im Einvernehmen mit der Bezirksanwaltschaft Bülach mitteilte, konnten die beiden Täter des Überfalls in der Post Embrach vom 25. Januar 1996 auf Grund eines Hinweises aus der Öffentlichkeit verhaftet werden. Die polizeilichen Ermittlungen ergaben

«Gefährliche Serienräuber verhaftet»:
«NZZ»-Bericht vom 2./3. März 1996

Ein Zeitungsausschnitt aus meiner Bankräuber-Zeit

Dieses Foto meiner Kinder trug ich während der Inhaftierung immer bei mir.

Ein Bild, das ich malte, als ich in Untersuchungshaft war, und das später zu einer Wendung in meinem Leben beitrug

Liber Papa wi gez dir.

ch hbe ein bild vür dich ein bild gemalt.

GABRIEL

Ein Brief meines Sohnes an mich während des Strafvollzugs

1998

Radtour von Buchs bis Schaffhausen mit Margrit Ruprecht, die mir eine Lektion über Gefangenschaft und die Freude am Leben erteilte

Lieber Papi ich hofe es
get dir gut! Also mir get es
gut. dein gabriel

gabriel, Samuel, Benjamin,
Joselle, David,

Briefe von meinen Kindern während meiner Haft

Meine fünf Kinder und ich, als endlich Besuche wieder möglich waren

Während eines Hafturlaubs im Haus meiner Eltern kurz vor der Entlassung

1999

Mein Sohn Benjamin und ich beim Rapperswiler Stadtlauf, einem Eltern-Kind-Lauf, der zu meiner sozialen Integration in die Gesellschaft beitrug

Zwei meiner Zeichnungen kurz vor der Entlassung

Zusammen mit meinem Bruder kurz nach der Entlassung bei der Geburtstagsfeier unseres Vaters – endlich wieder brüderlicher Frieden

Bei einem Opfer-Täter-Gespräch mit dem Vater der kleinen Kinder, die ich bei einem Überfall bedroht hatte

Waffe. Bitte, bitte schießen Sie nicht! Und wenn Sie doch schießen, dann bitte nicht auf meine Mitarbeiter. Sondern auf mich.«

Ich war völlig verblüfft über diese Frau, die mit ihrer Aktion viel mehr Mut bewies als ich, der ich unerkannt mit einer geladenen scharfen Waffe eindeutig im Vorteil war.

»Ich schieße nicht ohne Grund«, erwiderte ich barsch. »Wenn alle machen, was wir sagen, passiert nix.«

Das stimmte. Aber wenn sich jemand widersetzt hätte, hätte ich ohne Zögern abgedrückt. Die Gefahr war real.

Erst Jahre später sollte ich diese Frau wiedertreffen und erfahren, dass diese wenigen Minuten ihr gesamtes Leben zerstört hatten. Sie hatte sich freiwillig in die Schusslinie begeben! Unfassbar. »Niemand hat größere Liebe als die, dass er sein Leben lässt für seine Freunde«, sagt Jesus in Johannes 15, Vers 13. Diese Frau hätte ihr Leben für ihre Angestellten geopfert, obwohl sie selbst von Furcht zerfressen war. Mich hat diese Szene nie wieder losgelassen.

Der Überfall endete so schnell wie immer. Wir jubelten über die frischen Devisen, teilten durch drei und fuhren freudig nach Hause. Was wir nicht wussten: Im Gegensatz zu unseren anderen Überfällen waren wir dieses Mal von einer Überwachungskamera gefilmt worden. Unser ganzer Coup war auf Band aufgenommen und wurde später als Beweismittel eingesetzt. Davon ahnten wir noch nichts, aber vielleicht wäre uns die Filmaufnahme auch egal gewesen, denn erkennen konnte man uns darauf nicht. Aber unser Verbrecherleben sollte trotzdem bald ein Ende finden.

Es begann mit dem trotteligsten Fehler, den man sich vorstellen kann. Arian und Andreas, die beiden Jungspunde, fuhren mit ein paar Tausend Franken nach Winterthur, um Party zu machen: saufen, tanzen, was junge Leute eben so tun. Das wäre auch nicht weiter schlimm gewesen. Doch Arian, betrunken, wie er war, fing eine Schlägerei an. Es kam, wie es kommen musste: Der Wirt rief die Polizei und er wurde festgenommen. Die Beamten dachten wohl an eine der Routineaufgaben, die man eben so erledigt, wenn mal wieder ein Partygast über die Stränge geschlagen hat, als sie Arian zu seinem Auto führten.

Natürlich hatten wir vereinbart, dass die Jungs alle Utensilien, die mit dem Überfall zu tun hatten, sofort an einen sicheren Ort bringen sollten, die Beute sowieso. Doch die Freude über den gelungenen Coup hatte die beiden wohl leichtsinnig gemacht. Die Polizisten öffneten die Heckklappe des Autos und erstarrten, als sie den Inhalt sahen: schwarze Klamotten, Sturmmasken, die Tatwaffen, einen schwarzen Plastiksack mit haufenweise Moneten, darunter vor allem die Münzrollen, auf denen passenderweise auch noch der Name der Postfiliale aufgedruckt war.

Natürlich hatten die Polizisten den Fahndungsaufruf registriert und wussten sofort, mit welchem Halunken sie es hier zu tun hatten. Arian hätte auch gleich ein Geständnis unterschreiben können, so erdrückend war die Beweislast in seinem Kofferraum. Die Handschellen klickten, und er war dingfest gemacht.

Andreas war zwar auch vor Ort gewesen, aber er hatte sich noch vor Erscheinen der Polizei aus dem Staub gemacht. Voller Angst rief er mich an. Völlig außer sich erzählte er: »Ruedi, Ruedi! Sie haben Arian!« Dann berichtete er mir von der Schlägerei, der Polizei und der unfassbaren Dummheit, die sie begangen hatten.

Ab diesem Zeitpunkt litt ich regelrecht unter Verfolgungswahn. Ich wusste, dass ich jeden Moment hochgenommen werden konnte. Arian war ein treuer Mitarbeiter, aber ich hätte es ihm nicht übel genommen, wenn er sich verplappert hätte. Schließlich konnte er als Kronzeuge von einer geringeren Strafe profitieren, wenn er mich verpfiff. Im Militär hatte ich im Nachrichtendienst ein Verhörtraining absolviert und ich wusste, dass die Polizei noch geübter darin war. Arian, fast noch ein Kind, würde höchstwahrscheinlich singen.

Ein paar Tage des Grübelns vergingen. Ich rief immer wieder meine Eltern und meine Ex-Frau an, um mich nach ihrem Wohlbefinden zu erkundigen. In Wahrheit wollte ich wissen, ob die Polizei sich bei ihnen gemeldet hatte. Hatte sie nicht. Ob sie mir wohl doch noch nicht auf den Fersen war?

Schließlich hielt ich es nicht mehr aus. Ich nahm mir einen Mietwagen und düste ab Richtung Deutschland. Ich kannte den Übergang bei Schaffhausen sehr gut und fuhr vorsichtshalber nicht über den Zoll, sondern über die grüne Grenze. Alles lief gut.

In Wiesbaden, wo meine Freundin Paula wohnte, ist der hessische Landtag ebenso zu Hause wie verschiedene Ministerien und andere Ämter, deren große Bauten das Stadtbild prägen – darunter auch eine Bundesbehörde, die ich von nun an wie nichts anderes fürchtete: das Bundeskriminalamt, kurz BKA. Das Zentrum der Bundespolizei in unserem großen Nachbarland Deutschland. Die Höhle des Löwen für einen Verbrecher wie mich. Als ich mit Paula durch die Straßen Wiesbadens spazierte, dachte ich ständig: »Gleich haben sie dich.« Vielleicht lief über Europol schon längst eine länderübergreifende Fahndung nach dem brutalen Schwerverbrecher aus der Schweiz. Und ausgerechnet hier zog es mich freiwillig hin! War ich eigentlich verrückt geworden?

Die Angst wuchs mit jedem Tag. Wenn ich mit dem Auto unterwegs war, hatte ich ständig den Rückspiegel im Blick. Fuhr dieser schwarze Kombi nicht schon mehrere Minuten hinter mir her? Warum bog er nicht ab? Verfolgte er mich? Oft fuhr ich absichtlich ab, um zu prüfen, ob der Wagen weiterfahren würde, ob es harmlose Bürger oder Polizisten in Zivil waren, die mir, so fühlte es sich an, auf den Fersen waren. Wenn ich zu Fuß ging, schaute ich mich immer wieder um, ob nicht ein Bulle hinter mir stand. Mir saß buchstäblich die Angst im Nacken. Sie begleitete mich, wo ich auch war. Mir war bewusst, dass alles ganz schnell zu Ende sein konnte.

Jeden Moment rechnete ich mit einem lauten »Hände hoch, Sie sind verhaftet!« Sah mir ein vorbeigehender Mann ernst in die Augen, schoss mir durch den Kopf: »Das könnte ein Bulle sein.«

Sosehr ich mich auch selbst belog und mir einredete, dass ich mit meinen Verbrechen im Recht gewesen sei, sosehr konnte ich diese Schuldgefühle und Verfolgungsängste nicht abschütteln. Wer Mist gebaut hat, weiß darum. Man kann versuchen, vor seiner Verantwortung, seinen Fehlern, seinen Verbrechen, seiner Sünde davonzulaufen. Aber irgendwann holt sie einen ein. Und dann fällt das Kartenhaus in sich zusammen und alles entpuppt sich als sorgsam entworfene Traumwelt.

Schließlich machte ich mich wieder auf die Heimreise. Ich konnte nicht ewig bei Paula bleiben. Den Rückspiegel beobachtete ich besonders, um zu sehen, ob mich ein Fahrzeug verfolgte. Wenn ein Auto, das schon länger hinter mir war, an einer Ausfahrt rausfuhr, atmete ich auf.

Dieser Arian! Vielleicht war er doch zäher, als ich ihn eingeschätzt hatte. Während ich mich der Grenze näherte, stieg Vorfreude in mir auf. Dieses Wochenende würde ich mit meinen fünf Kindern verbringen. Sie begrüßten mich begeistert, als ich bei ihnen zu Hause mein Gepäck ablud – mitsamt der Pistole im Koffer. Anschließend brachte ich das Auto zurück zur Mietstation. Mit dem Schlüssel in der Hand betrat ich das Häuschen der Autovermietung.

»Ich würde gern den Wagen zurückgeben.«

»Dankeschön«, sagte der Angestellte und nahm den Schlüssel entgegen. »Irgendwelche Probleme?«

»Alles bestens«, erwiderte ich.

»Schön. Einen Moment, ich muss Ihnen noch ein Dokument mitgeben.« Der Angestellte verschwand im Nebenzimmer. Die Tür fiel ins Schloss. Klack. Das Signal für die Polizei.

Bäm! Überraschung! Durch alle Türen und Fenster sprangen die Spezialeinheiten. Binnen Sekunden waren zig Pistolen auf mich gerichtet. Hätte ich mich gewehrt, wäre ich sofort tot gewesen.

»Hände hinter den Kopf!« Ich gehorchte.

»Auf den Boden knien!« Zwei Spezialkräfte drückten mich mit voller Wucht zu Boden und durchsuchten mich. Ich kannte das vom Militär, normalerweise jedoch von der anderen Seite.

»Wo ist Ihre Waffe?«, rief der Einsatzleiter.

»Bei meinem Gepäck bei meinen Kindern«, antwortete ich, meine Wangen auf den kalten Boden gepresst. Meine Kinder, die ihren Papa erwarten und stattdessen von einem Sturmkommando der Polizei traumatisiert werden? Eine Horrorvorstellung! Plötzlich war ich der Vater, der seine Kinder verteidigen musste. »Bitte tun Sie ihnen nichts. Rufen Sie meine Ex-Frau an, damit sie sie wegbringt!«

Die Polizei hielt meine Warnung für einen billigen Trick. Sie glaubten, Evelyn sei meine Komplizin und ich wollte sie warnen, damit sie abhauen konnte.

Arian hatte tatsächlich ausgesagt. Und nicht nur das. Er hatte die Polizei gewarnt, ich sei Grenadier, bis an die Zähne bewaffnet, Kampfsportler, hochaggressiv und zu allem bereit. Das war natürlich völlig übertrieben, aber die Polizei hatte ihn ernst genommen. Das Häuschen der Autovermietung war komplett umstellt. Ich hätte keine zwei Meter auf dem Parkplatz gehen können, ohne dass mich eine Kugel erwischt hätte.

Nachdem ich ins Polizeifahrzeug gestiegen war, brauste dieses los. Ich konnte kaum fassen, was ich durch die Scheibe sah. Die Polizei hatte zwei weitere Verteidigungsringe im Abstand etwa 80 Metern gebildet. Zwei Scharfschützen hatten das Gebäude im Visier. Sie mussten wirklich denken, ich sei eine Art Rambo, der sich mit Granaten und Maschinengewehren seinen Weg durch die Reihen der Polizei ballern würde. Ich kam mir vor wie in einem Actionfilm.

Während ich auf die Wache gebracht wurde, stürmten die Polizisten die Wohnung, in der meine Kinder mit meiner Ex-Frau lebten. Sie wollten keine Zeit verlieren. Sollte es weitere Mitwisser oder Komplizen geben, mussten sie sofort verhaftet und isoliert werden.

Als die Polizei in die Wohnung eindrang, trafen sie jedoch nur auf meine Kinder, die sie völlig verängstigt anstarrten. Die Beamten nahmen auf der Suche nach Beweisen die komplette Wohnung auseinander und schlitzten sogar das Sofa auf. Die Kinder weinten und weinten. Erst sehr spät kümmerte sich eine Polizistin um sie, die kinderpsychologisch geschult war.

Nein, ich hege keinen Groll gegen die Verfolgungsbehörden. Ich habe meine Strafe verdient. Aber dass meine Kinder dermaßen traumatisiert wurden, hätte mit etwas mehr Sensibilität verhindert werden können.

Auf der Fahrt zur Polizeiwache schwieg ich. Im Revier wurde ich mit Handschellen an den Tisch gefesselt. Ein Kommissar fragte mich, ob ich diese und jene Verbrechen begangen hätte.

»Ich will einen Anwalt«, sagte ich.

»Das gibt's nur im Film«, antwortete der Kommissar barsch. »Wir sind hier in der Schweiz. Wir können Sie auch ohne Grund festhalten, und zwar bis zu 30 Tage.«

»Ich möchte zu den Anschuldigungen nichts sagen. Punkt.«

Der Protokollant notierte meine Worte und damit begann die Untersuchungshaft.

Ich ahnte nicht, was vor mir lag. Als meine Firma den Bach runtergegangen und meine Frau mit den Kindern verschwunden war, dachte ich, das sei der Tiefpunkt meines Lebens gewesen. Doch nun ging es noch weiter bergab. Tiefer, als ich je für möglich gehalten hätte. Ich landete im Keller.

7 – SÜHNE

St. Gallen, Kriminalgefängnis im Karlstor, 1996

Das wuchtige Gebäude aus dem 16. Jahrhundert war einst Teil der Stadtmauer von St. Gallen. Seit der Mailänder Erzbischof Karl Borromäus 1570 durch das Stadttor hindurchgeritten war, hieß es »Karlstor«. In den Räumen über dem Tor nächtigten jedoch keine Geistlichen, sondern Sünder, und zwar hinter Gitterstäben. Schon Generationen von Verbrechern hatten hier eingesessen.

Ich landete zuerst in einer Durchgangszelle im Keller, mehr ein Verlies als eine Zelle. Maximal zwei Tage sollte ich hierbleiben, bis der Untersuchungsrichter entschieden hatte, wo er mich unterbringen würde.

Die Zelle sah aus wie in einem schlechten Film. Dicke Quader bildeten die kalten Wände, es stank erbärmlich, der Boden war unglaublich dreckig. In der Decke zeugten eingebrannte Namen von Schurken, die sich mit dem Feuerzeug verewigt hatten. Aufgrund der dicken Wände fiel durch das kleine Fenster nur wenig Licht in den engen Raum, die dicken Gitterstäbe taten ihr Übriges. Angeblich waren sie hohl und standen im Innern unter erhöhtem Luftdruck. Falls jemand versuchte, die Gitterstäbe durchzusägen, würde er durch die entweichende Luft einen Alarm auslösen. Ob das stimmte, konnte ich nicht beurteilen. Ausbrechen wollte ich ohnehin nicht und eine Säge hatte ich auch nicht.

Das Schlimmste an dieser Behausung war das Bett, in dem eine ekelhafte Schurwolldecke aus der Armee lag, die wohl aus dem letzten Jahrhundert stammte. Sie stank nach Pisse und Erbrochenem und sah aus wie ein Schweizer Käse, weil Häftlinge mit ihrer brennenden Kippe eingeschlafen waren und Brandlöcher darin hinterlassen hatten. Ich fragte mich, ob mit dieser Ekeltour mein Wille gebrochen werden sollte. Angewidert zog ich die Decke mit den Fingerspitzen vom Bett runter. Nie und nimmer würde ich mich damit zudecken! Dann legte ich mich auf die schäbige Matratze.

Es war aus. Mein Leben war gescheitert. Physisch war das spürbar. In der Einsamkeit und Kälte der Zelle grübelte ich, wie es nun weitergehen würde.

In diesem Moment geschah etwas Seltsames. Es fühlte sich an, als würde mir jemand eine Maske vom Gesicht reißen und mein wahres Ich zum Vorschein bringen. Ruedi, der Verbrecher. Das war ich nun. Die Fassade gegenüber der Außenwelt, den Eltern, Paula, meiner Ex-Frau: Alles war hin. Raus aus der Traumwelt, rein in die bittere Realität.

Schon in den ersten Tagen in meiner Zelle fasste ich den Beschluss, zu kooperieren. Leugnen hätte nichts gebracht, wahrscheinlich wusste die Polizei von Arian und Andreas sowieso schon alles. Außerdem wollte ich mich zu den Taten stellen.

Die Ungewissheit machte mich trotzdem fertig. Ich machte Liegestütze, Klimmzüge, damit ich irgendetwas zu tun hatte. Dennoch quälte mich fortwährend die Frage: Welche Zukunft wirst du haben? Wirst du überhaupt eine haben?

Nach zwei Tagen wurde ich endlich von einer Polizeipatrouille abgeholt und zu dem Justizgebäude gebracht, wo die Untersuchungsrichter ihre Büros hatten.

Warten musste ich in einer Art Besenkammer. Ich platzierte mich auf einer in die Wand eingemauerten Sitzgelegenheit, wobei meine Füße an die Tür stießen, so eng war das Räumchen. Eine Stunde ließ mich der Untersuchungsrichter Herr Feineis warten.

Als das Verhör schließlich begann, antwortete ich nach bestem Wissen und Gewissen auf alle Fragen, die mir Herr Feineis stellte. Bereitwillig gab ich Auskunft über jedes Detail meiner Überfälle, schließlich wollte ich ja kooperieren und alles möglichst schnell hinter mich bringen. Aber da hatte ich mich geschnitten.

Als ich die erste Antwort gegeben hatte, wurde ich Zeuge eines kaum erträglichen Schauspiels. Eigentlich hat eine Computertastatur den großen Vorteil gegenüber Zettel und Stift, dass man einen Text deutlich schneller in gedruckte Worte fassen kann. Ich war besonders geübt darin, hatte ich doch während meiner Lehre einen Zehnfinger-Schreibmaschinenkurs belegt. Der studierte und angesehene Richter hingegen hatte eine besondere Technik entwickelt, die man eigentlich nur als »Adler-System« bezeichnen kann. Wobei »Adler« hier nicht für die alte Schreibmaschinenmarke steht, sondern für das edle gefiederte Tier. Als Herr Feineis zum Schreiben ansetzte, erhob er seinen rechten Zeigefinger und ließ ihn über der Tastatur kreisen wie einen stolzen Greifvogel über seinem Revier. Mit scharfen Augen verschaffte er sich einen Überblick über die zahlreichen Buchstaben, bis er wie aus dem Nichts zum Sturzflug ansetzte und zielsicher die Beute ergriff: »A«.

Mein Mund stand offen. Ich konnte nicht fassen, dass jemand tatsächlich so langsam tippen konnte. Wenn das so weiterging, konnte ich direkt nach der ersten Vernehmung ein Gnadengesuch einreichen, um meinen Lebensabend in Freiheit zu verbringen. Es dauerte Ewigkeiten, bis wir auch nur zwei Fragen durchgesprochen und dokumentiert hatten. Am liebsten hätte ich mich selbst an die Tastatur gesetzt, aber das ging schon allein deswegen nicht, weil ich mit Handschellen an den Tisch gefesselt war.

Die erste Einheit ging von 8.00 bis 9.00 Uhr. Dann: Kaffeepause. Für den Untersuchungsrichter natürlich, nicht für mich. Ich durfte mich stattdessen wieder in meine geräumige Besenkammer zurückziehen. Um 10.00 Uhr ging es weiter, diesmal war es eine heroisch lange Einheit von ganzen 90 Minuten bis halb zwölf, in der sich der Untersuchungsrichter mit seinem Zweifingersystem für Recht und Gesetz geradezu verzehrte – bis es Zeit für die Mittagspause wurde. Ich war echt sauer. »Da verschwinden unsere Steuergelder also«, dachte ich. »In den Kaffeepausen dieses feinen Herrn. Eine Schlaftablette wäre schneller, als dieser Mann in seinem Kampf mit der Tastatur!«

Ich ahnte nicht, wie sehr ich mich in diesem Untersuchungsrichter täuschte. Wenigen Menschen habe ich in der Haft mehr zu verdanken als ihm. Doch jetzt war er für mich nur ein Apparatschik, der Dienst nach Vorschrift machte.

St. Gallen, Bezirksgefängnis, 1996

Er schrie und schrie. Trommelte gegen die Türen seiner Zelle, warf sich dagegen und rief: »Ich will raus! Lasst mich raus!«

Der Mann war gegen 21.00 Uhr in meine Nachbarzelle gebracht worden, seitdem brüllte er ohne Unterbrechung. Keiner wusste, was los war, aber alle im Zelltrakt bekamen die Schreie des Typen mit. Die Nerven lagen blank. »Wir reißen dir die Eier raus, halt deine Scheißfresse!«, brüllten meine Mithäftlinge, die wie ich um ihren Schlaf gebracht wurden. Ich kam mir vor wie im Irrenhaus.

Etwa eine Woche war ich nun im Bezirksgefängnis St. Gallen, der nächsten Station meiner Untersuchungshaft. Mir wurde bewusst: Ich bin in einer völlig neuen Welt gelandet. Hier, in der Unfreiheit, gelten andere Spielregeln. Du machst nicht einfach das Licht aus und legst dich friedlich schlafen. Du kriegst alles mit, jedes Herunterdrücken der Türklinken, jeden Schlüssel, der sich im Schloss umdreht, jedes Schnarchen, jeden Schrei. Hier sitzt jeder im selben Boot des Elends.

Dem Schreihals waren die Drohungen völlig egal. Er plärrte weiter, Minute um Minute, Stunde um Stunde. Ich dachte, ich würde wahnsinnig werden. Noch heute höre ich sein schreckliches Gejammer, das durch Mark und Bein ging. Der Mann litt furchtbar, und das über mehrere Stunden. Ich hielt es durchaus für möglich, dass er so lange mit dem Kopf gegen die Tür rennen würde, bis er an seinen Wunden verblutete. Seine Hände mussten schon geschwollen sein, so heftig hämmerte er gegen die Tür.

Gegen 3.00 Uhr traf endlich ein Notfallpsychiater ein. Ich hörte, wie sich die Tür öffnete. Die Wärter hielten den Mann wohl fest, bis der Psychiater ihm ein Beruhigungsmittel gespritzt hatte. Seine Schreie wurden leiser, bis er schließlich verstummte. Nun war Ruhe, aber nicht für mich, denn im Kopf hörte ich immer noch die Schreie. War das mein neues Leben?

Später traf ich den jungen Mann, er wirkte ganz anders, gefasst, quasi normal. Er erzählte mir, dass er mit Cannabis gedealt hatte, weil er Geld für den nächsten Schuss Heroin brauchte. Dummerweise hatte er ein Säckchen Hasch einem zivilen Drogenfahnder andrehen wollen, da klickten die Handschellen. Am Abend seiner Einlieferung hatte er einen kalten Entzug durchgemacht und deshalb schlimmste Qualen erlitten – stundenlang ohne Betreuung und dringend nötige Hilfe. Er sagte, er habe so starke Schmerzen gespürt, als ob ihm Tausende heiße Nadeln von innen heraus gegen die Haut gestochen hätten.

Jeder Knast ist anders. Und jeder ist ein eigenes Königreich. Oben thront der König, der Gefängnisdirektor, und die Untertanen in ihren Zellen sind von seiner Gunst abhängig. Das habe ich in jeder Vollzugsanstalt erfahren, in der ich eingesessen habe, und es waren viele. Im Königreich des Bezirksgefängnisses St. Gallen herrschte ein Direktor, der Freude daran zu haben schien, Gefangene zu schikanieren. Das wirkte sich auch darauf aus, wie die Zellen aussahen.

Um die neun Quadratmeter maßen diese. Den harten Klinkerboden musste ich wöchentlich durchwischen. Die offene Toilette befand sich mitten in der Zelle. Zwar hatte sie eine einzige Seitenwand, aber keine Tür. Wenn man seine Notdurft verrichtet hatte, stank es entsprechend lange, denn das winzige vergitterte Fenster konnten wir nicht öffnen. Im Winter war es saukalt. Auch tagsüber wurde es nicht wärmer als 15 Grad. Zwar gab es Heizungen, aber die Monteure hatten sie ausgerechnet zum Gang hin neben der Zellentür angebracht. Der wärmste Ort war daher direkt neben der Zellentür. Im harten Winter 1996 waren die Scheiben gefroren. Um die Kälte wenigstens ein bisschen draußen zu halten, beklebte ich sie mit Zeitungspapier, das durch das Kondenswasser sofort an den Scheiben anfror. Dadurch kam noch weniger Tageslicht in die Zelle, doch das nahm ich in Kauf. Ich schlief unter ausgedienten Militärdecken, darunter trug ich so viele Klamotten wie möglich. Tagsüber versuchte ich, mich warm zu halten, indem ich Turnübungen machte.

Der Tagesablauf war immer gleich. Um 6.30 Uhr wurden wir geweckt, um 7.00 Uhr wurde das Frühstück durch die Klappe gereicht. Zwei Scheiben Brot, Butter und etwas Konfitüre, Kaffee. Nach einer halben Stunde sammelten die Wärter die Teller wieder ein. Eigentlich heißen sie ja »Vollzugsbeamte«, denn Wärter gehören in den Zoo. Doch für uns Knackis schien »Wärter« gerade deswegen der passende Ausdruck zu sein. Nein, Tiere waren wir nicht, aber eingesperrt und gefüttert wurden wir schon, der Geruch tat sein Übriges. Das Mittagessen kam schon zwischen 11.00 und 11.15 Uhr, weil die Angestellten um 12.00 Uhr selbst essen wollten. Gegen 17.30 Uhr wurde das Abendessen gebracht. Egal, was es gab, es schmeckte alles gleich, weil das Essen schon Tage vorher zubereitet worden war. Anfangs freute ich mich über ein Stück Fleisch, doch es schmeckte genau wie das Apfelkompott, der Kartoffelbrei und die Karotten. So ging es tagein, tagaus.

Die Straftaten der Insassen umfassten eine riesige Bandbreite: Zuhälter, die ihre Prostituierten schlugen und vergewaltigten, nigerianische Drogendealer, rumänische Räuberbanden. Einer hatte seine Frau mit einer Bratpfanne erschlagen, er bekam lebenslänglich. Ein anderer musste dagegen nur drei Jahre sitzen, nachdem er seine Frau mit einem Stuhl totgeprügelt hatte. Ein einfacher Buchhalter hatte es faustdick hinter den Ohren. Er hatte vier Millionen Franken auf die Bahamas geschafft und überlegte, wie er nach seiner Haftentlassung wieder an die Moneten kommen würde.

Das war also die Truppe, zu der ich nun gehörte, der Abschaum der Gesellschaft. Ja, ich konnte mich aufregen über miserable Haftbedingungen, über schlechtes Essen, Gerüche und zynische Gefängnisdirektoren. Aber ich wollte von Anfang an zu meinen Taten stehen. Hätte ich die Verbrechen nicht begangen, wäre ich schließlich nicht in diese elende Zelle geraten, sondern hätte mich draußen meiner Freiheit gefreut. Ich dachte oft daran, wie es wohl meinen Kindern ging.

Ich befand mich in Isolationshaft. Diese konnte angeordnet werden, wenn Flucht- oder Kollusionsgefahr bestand, das heißt, die Gefahr, dass der Täter sich mit seinen Komplizen abspricht oder gar Zeugen unter Druck setzt und die Taten damit verdunkelt werden. Das musste die Justiz natürlich ausschließen. Das bedeutete auch, dass keine Informationen über meine Taten die Gefängnismauern verlassen durften.

Zwar durfte ich Briefe verschicken, doch jedes einzelne Schriftstück ging durch die strenge Kontrolle der Gefängniszensur. Jede Zeile, die Informationen über die Straftat enthielt, wurde sofort geschwärzt. Während der Zeit der Beweisaufnahme und Einvernahmen wusste daher tatsächlich niemand, welche Taten mir vorgeworfen wurden, weder meine Freundin Paula noch meine Ex-Frau oder die Kinder. Und auch nicht meine Mutter.

Meine Mutter. Es gibt wohl kaum eine größere Scham für einen Mann, als seiner eigenen Mama aus dem Gefängnis heraus zu gestehen, dass er riesigen Mist gebaut hat. Klar, sie ahnte etwas, weil die Polizei vorübergehend meinen Bruder festgenommen hatte, weil ich die Überfälle mit seiner Pistole verübt hatte. Wo ich war, wusste sie jedoch nicht. Sosehr ich mich auch schämte, sosehr wuchs in mir dennoch zaghaft der Wunsch, mit meiner Mutter Kontakt aufzunehmen.

Seit zwei Wochen trug ich dieselben Klamotten, weil ich nur das mit in den Knast hatte nehmen können, was ich am Leib trug. Eine Wäscherei gab es nicht, meine Unterwäsche wusch ich notgedrungen mit einem Stück Kernseife aus, das uns zur Verfügung gestellt worden war. Meine Wäschenot nahm ich zum Anlass, meinen Eltern zu schreiben.

Wie fängt man so einen Brief an? »Liebe Mama, lieber Papa, ich bin im Knast«? Ich tat mich schwer. Einen schwierigeren Brief hatte ich wohl noch nie geschrieben. Doch es musste raus. Ich schrieb meinen Eltern, dass ich ein paar schlimme Dinge gemacht und gegen das Gesetz verstoßen hatte. »Deswegen bin ich nun inhaftiert.« Ich dürfe nicht über die Details meiner Taten schreiben, da dies in der U-Haft verboten sei. »Mir geht es einigermaßen gut, aber ich brauche unbedingt Wäsche«, schrieb ich weiter. »Wenn ihr mich besuchen wollt, müsst ihr zuvor beim Untersuchungsrichter Feineis eine Besuchsbewilligung beantragen.«

Wie sie wohl auf meinen Brief reagieren würden? Mein Verhältnis zu meiner Mutter war etwas distanziert. Ich erinnerte mich nur zu gut, dass sie es völlig ignoriert hatte, wenn mein Vater mich verprügelte. Um mich selbst zu schützen, hatte ich spätestens mit der Teenie- und Jugendzeit jede Nähe abgelehnt. Und nun schrieb ich ihnen aus dem Knast!

Mein Vater war wegen meiner Inhaftierung dermaßen enttäuscht und wütend, dass er mich verstieß. »Ich habe keinen Sohn mehr, der Ruedi heißt«, sagte er. Er strich mich aus seinem Stammbaum, sein eigen Fleisch und Blut. Der Ärger meines Vaters über meine schlechten Noten, über die Träumerei und den Ungehorsam in meiner Kindheit, die Enttäuschung über die aus seiner Sicht minderwertige Malerausbildung, sie hatte sich mit dem Bekanntwerden meiner Verbrechen zu einem traurigen Höhepunkt gesteigert: der Verleugnung des eigenen Sohnes. Das schmerzte. Unendlich.

Meine Mutter dagegen kündigte einen Besuch an. Schon bald stand sie mit einem großen Wäschesack vor den Gefängnismauern und bat um Einlass. Die Beamten filzten die Wäsche nach Drogen, Bargeld oder Waffen, das übliche Prozedere.

Ich wurde in den Besuchsraum gebracht, wo eine dicke Glasscheibe jede Nähe zwischen dem Besucher und dem Häftling verhinderte. Meine Gedanken rasten, während ich dort saß und auf meine Mutter wartete. Ich schämte mich unheimlich für das, was ich getan hatte. Und ich hatte keine Möglichkeit, ihr die Taten zu gestehen, denn um sicherzustellen, dass keine Informationen nach außen drangen, saß ein »Anstandsonkel« im Hintergrund. Seine Aufgabe war es, genau darauf zu achten, dass ich mich nicht verplapperte. Ich durfte nicht einmal sagen, dass ich Menschen ausgeraubt hatte. Gleich würde meine Mutter mich sehen. Mich, den Nichtsnutz, den Häftling, der ihr Sohn war.

Die Tür ging auf, meine Mutter kam rein und setzte sich. Sie sah mich durch das dicke Glas der Sicherheitsscheibe an und griff nach dem Telefonhörer, über den wir miteinander sprechen konnten.

»Hallo, Ruedi.« Ihre Stimme klang leiser als sonst.

»Hallo, Mama.«

Schweigen. Es standen so viele Fragen zwischen uns, dass meine Mutter gar nicht wusste, wo sie anfangen sollte.

Sie schaute mich besorgt an. »Was hast du getan?«

»Sie dürfen diese Frage nicht stellen!«, raunte der Aufseher aus dem Hintergrund. »Herr Szabo, Sie wissen, dass Sie ihr nichts erzählen dürfen.«

Ich stockte. »Ich darf dir nichts sagen, Mama.«

Sie begann zu weinen. »Du musst irgendetwas Schlimmes getan haben, sonst wärst du nicht hier.«

Ich hätte sie so gerne umarmt und getröstet. Ja, ich hatte etwas Schlimmes getan. Nun sah ich, wie sehr meine Mutter darunter litt, dass ihr ältester Bub ein Verbrecher geworden war, dass er hinter Gittern saß.

»Hast du ein Verbrechen begangen?«, fragte Mama.

»Hören Sie auf mit diesen Fragen!« Der Aufseher war hellwach. »Wenn Sie so weitermachen, brechen wir den Besuch ab. Halten Sie sich daran!«

Ich sagte nichts über meine Taten, sprach aber von meiner Geldnot, wegen der ich verbotene Dinge gemacht hatte.

Für meine Mutter brach eine Welt zusammen. Sie hatte gedacht, dass ihr Ruedi ein erfolgreicher Unternehmer war. Doch ich war gescheitert, als Ehemann sowieso.

»Was haben wir falsch gemacht, Ruedi, dass du nun hier sitzt?«

»Mit euch hatte das nichts zu tun, ihr konntet nichts dafür.«

Natürlich hatte ich in meiner Kindheit unter den Versäumnissen meiner Eltern gelitten. Aber sie dafür verantwortlich machen, dass ich auf brutale Raubzüge gegangen war? Das lag außerhalb meiner Vorstellungskraft. Ich war verantwortlich für diesen Scheiß, niemand sonst.

»Weißt du, ich habe einfach eine saublöde Entscheidung getroffen. Ich habe mich wie ein Idiot verhalten. Ich war ein Monster.«

»Ein Monster? Hast du jemanden umgebracht?«

»Frau Szabo, ich warne Sie!«

Meine Mama schluchzte. Dann rief sie: »Ach, es ist mir völlig egal, was du getan hast. Ich liebe dich, du bist mein Sohn.«

Ich musste schlucken. Sie hatte mich lieb. Trotz all dem Mist. Mich, ihren Versagersohn, der von seinem Vater verstoßen worden war, den hatte sie lieb. Obwohl sie nicht einmal wusste, was mir vorgeworfen wurde. Sie liebte mich bedingungslos.

Die Gefühle überwältigten mich, ich kämpfte mit den Tränen. Ich hatte mich in meiner Mutter vollkommen getäuscht. Sie war nicht die distanzierte, zeitweise verantwortungslose Frau, die sich nicht um ihren Sohn scherte. Sie war eine liebevolle Mutter, die ihren Sohn am selbst verschuldeten Tiefpunkt seines Lebens annahm und liebte. Meine Mama hatte mich immer geliebt. Ich hatte es nur nicht gewusst.

Im Kinderheim war ich immer mit einem Märchenbuch herumgelaufen, in dem es auch um Liebe gegangen war. Wahrscheinlich hatte ich mir gewünscht, diese Liebe zu erfahren. Damals hatte meine Mutter mich oft besucht und nun besuchte sie mich im Knast. Es war ihre Art, mir ihre Liebe zu zeigen, doch das verstand ich erst jetzt.

Ein Vierteljahrhundert ist seither vergangen. Noch immer beschämt mich diese Erfahrung völlig unverdienter Liebe. Aber sie gibt mir auch Trost und Kraft. Meine Mutter ist vor wenigen Jahren verstorben. Ich bin ihr unendlich dankbar für ihre Liebe und dafür, dass sie mich nicht im Stich gelassen hat.

Jede Woche brachte meine Mutter mir frisch gewaschene Wäsche und holte die schmutzige Kleidung ab. Immer sprachen wir miteinander. Unsere Verbindung war nie so intensiv wie in dieser Zeit. Ich musste erst ins Gefängnis gehen, bis ich eine befreite Beziehung zu meiner Mutter leben konnte!

Sonst war der Alltag im St. Gallener Bezirksgefängnis ätzend langweilig. Es geschah schlicht nichts. Gar nichts. Keine Erlebnisse, keine Unternehmungen, einfach nur die Ödnis der grauen Zelle.

Wie in jedem Königreich muss man sich auch als Knacki bewähren, um in den Genuss gewisser Privilegien zu kommen. In den ersten vier Wochen durfte ich für 30 Minuten auf dem Hof auf und ab gehen. Das war die größte Abwechslung meines Knastalltags. Als ich bewies, dass ich mich benehmen konnte, durfte ich pro Tag eine ganze Stunde auf den eng bemessenen Spazierhof.

Diese ätzende Langeweile. Mit jedem Tag der grauen Tristesse wuchs meine Verzweiflung. Ich rechnete damit, dass ich wegen meiner Taten jahrelang einsitzen würde. Jahrelang? Sollte das nun immer so weitergehen? Falls ja, würde ich wahnsinnig werden, so viel war klar. Ich fühlte mich als absoluter Versager, als jemand, der auf allen Ebenen gescheitert war. Nun hatte ich nichts mehr, womit ich meine angebliche Stärke demonstrieren konnte, wie ich es früher getan hatte. Ich schwebte im Vakuum, in einer trüben Suppe aus Ungewissheit und Machtlosigkeit, aus der es kein Entrinnen zu geben schien. Sobald mich solche Gedanken packten, versuchte ich, sie abzuschütteln und an etwas anderes zu denken. Irgendwie musste ich mich ablenken, sonst würde ich in eine Depression abrutschen.

In der gesamten Zeit der Isolationshaft hatte ich nur ein einziges Gespräch mit einem Seelsorger. Damit war ich keine Ausnahme, sondern die Regel. Psychologische Unterstützung bekamen nur diejenigen, die ernsthafte Suizidgedanken hegten. Es ging lediglich darum, das Allerschlimmste zu verhindern. Dabei hätten einige Inhaftierte dringend eine Therapie nötig gehabt. Ohne eine Aufarbeitung ihrer Taten bestand keine Aussicht auf eine erfolgreiche Wiedereingliederung in die Gesellschaft.

Wie so manches andere hat die mangelnde seelsorgerliche Betreuung in Schweizer Gefängnissen jedoch einen Grund: Viele Häftlinge versuchen, über vorgetäuschte psychische Erkrankungen eine sogenannte »Haftunverträglichkeit« zu erwirken – obwohl sie kerngesund sind. Dass dabei viele andere auf der Strecke bleiben und mit ihrer zerstörerischen Gedankenwelt allein gelassen werden, ist der Preis, den die Gesellschaft dafür zahlt.

Mir ging es psychisch verhältnismäßig gut und wer sich einigermaßen benahm, bekam ein bisschen Abwechslung vom tristen Knastleben. Wer schon in der Zelle wild um sich schlägt, wird mit Sicherheit im Gruppenraum kein Engel sein.

Nachdem ich die ersten Wochen überstanden hatte, erhielt ich nach und nach Privilegien. Ich bat um Arbeit und bekam sie. Mit den anderen Häftlingen baute ich Kugelschreiber zusammen, Hunderte, Tausende, Zehntausende, gefühlte Millionen. Irgendwann hatte ich den Eindruck, ich hätte für jeden Schweizer Staatsbürger mindestens einen Kugelschreiber montiert. Außerdem verpackten wir Duftbäume fürs Auto, falteten Prospekte und steckten sie ins Kuvert. Einfachste Arbeiten waren das, aber wenigstens hatten wir etwas zu tun. Das Extrataschengeld konnte ich zudem gut gebrauchen. Wer Geld verdiente, es waren drei bis fünf Franken pro Tag, konnte ein Fernsehgerät mieten und in seine Zelle stellen. Ich sah so viel fern, bis ich das komplette TV-Programm auswendig konnte. Außerdem durfte ich nun ab und zu mit anderen Tischtennis spielen und mit ihnen gemeinsam im Speiseraum essen. Wenigstens ein bisschen menschlicher Kontakt.

Ein Kuschelklub war es trotzdem nicht, wir saßen schließlich immer noch im Knast. Das musste auch ein geschniegelter Typ erfahren, der gerade frisch eingeliefert worden war, so ein richtiger Lackaffe. Ihm wurden »Vermögensdelikte« vorgeworfen. Er war einer dieser Schreibtischtäter, die den Hals nicht voll bekamen, kriminell wurden und deshalb ihr Luxusleben gegen einen dreckigen Untersuchungsknast tauschen mussten. Wir schraubten gerade Kugelschreiber zusammen, natürlich in unseren ganz normalen Alltagsklamotten, als plötzlich der Neuling den Raum betrat – mit Anzug und Krawatte! Als er erfuhr, dass er wie die anderen Knackis Kugelschreiber montieren sollte, weigerte er sich. Das sei unter seiner Würde, meinte er. Da stand ein fetter Typ auf, der passenderweise wegen Körperverletzung eingebuchtet worden war. »Du riechst nach Banker«, zischte er dem Lackaffen zu, »du stinkst ja richtig nach Geld! Wenn du hier durchkommen willst, dann riech mal meine Faust, du Lusche!« Der mutmaßliche Banker wurde kreidebleich, dampfte sofort ab und verschwand in seiner Zelle. Zwei Wochen blieb er verschwunden, bis er sich wieder raustraute. Ohne Krawatte.

Unterdessen gingen mir meine Kinder nicht aus dem Kopf. Seit Wochen hatte ich sie nicht gesehen. Ich kauerte in meiner Zelle, in der einen Hand hielt ich ein Foto meiner Kinder, mit der anderen wischte ich mir die Tränen aus dem Gesicht. Würde ich sie jemals wieder in den Arm schließen können? Wie würden sie reagieren, wenn sie hörten, dass ihr Papa im Knast saß und dass er die schönen Wochenendunternehmungen mit geraubtem Geld bezahlt hatte? Diese Gedanken machten mich fertig.

In der kalten Gefängniszelle kamen immer Erinnerungen hoch, die mein Herz wärmten, aber auch schwer machten. Damals, in der Freiheit, hatte ich es geliebt, meinen Kindern die Zärtlichkeit zu geben, die ich als Kind kaum erfahren hatte. Wenn ich von der Arbeit kam, stürzten sie sich jeden Abend auf mich und erzählten mir mit Inbrunst, was sie im Kindergarten und in der Schule erlebt hatten. Am schönsten war das tägliche Ritual beim Abendessen. Die Kinder halfen mir bei der Vorbereitung des Essens, deckten den Tisch ein und ab, dann zogen alle fünf den Pyjama an und kuschelten sich zu mir auf die Couch. Es war Zeit für die Abenteuer der drei Frösche Flips, Flaps und Flups. Die Kinder hingen mir an den Lippen, während sie den spannenden Geschichten lauschten, die ich mir ausgedacht hatte.

Flips, Flaps und Flups wurden als Kaulquappen von ihren Eltern liebevoll aufgezogen. Später lernten sie, wie man mit den langen Froschzungen eine Fliege fangen und verspeisen kann. Eines Tages kam ein Junge und fing die drei Frösche. Flips, Flaps und Flups landeten im Terrarium, schrien bitterlich um Hilfe – ich habe das sehr dramatisch geschildert –, doch niemand kam.

Im angrenzenden Terrarium lag die große Panzereidechse. Die Frösche neckten sie und streckten ihr die Zunge heraus. Das ging so lange, bis die Panzereidechse so in Rage geriet, dass sie Anlauf nahm und mit ihrem wuchtigen Körper das Glas in tausend Splitter zerschmetterte. Nun waren die Frösche frei, und sie schlugen sich mit viel Witz und Schlauheit durch. Immer, wenn es am spannendsten wurde, erklärte ich: »Und wie es weiterging, das erfahrt ihr morgen Abend.«

»Aber Papa, wir wollen wissen, ob sie es geschafft haben«, klagten die Kinder im Chor.

Ich unterbrach die Erzählstunde genauso ungern wie meine Kinder, aber sie mussten schlafen. Einer musste ja vernünftig sein.

In den Urlaub nach Spanien ging es mit dem großen Lieferwagen. Wo später meine Sturmmaske und meine Pistole lagerten, saßen früher meine Frau und unsere fünf Sprösslinge. Wir fuhren die Nacht durch, damit die Kleinen schlafen konnten, und hielten uns mit literweise Cola wach, bis wir in der Gegend um Roses an der spanisch-französischen Grenze ankamen. In Spanien erkundeten wir Schlösser und Burgruinen, wo die Kinder herrlich klettern konnten, genossen die Sonne des Mittelmeers und das maritime Flair der Küstenregion.

Die Zeit mit meinen Kindern war das Erfüllendste in meinem Leben. Und nun schienen sie mir unendlich weit weg zu sein. Umso schöner und wichtiger war es, wenigstens in Gedanken den dicken Gefängnismauern zu entfliehen.

Im Laufe der Zeit bekam ich einen Zellkameraden. Thomas war psychisch instabil. Er war wegen Drogendelikten eingeliefert worden. Junkies waren mit die Schlimmsten im Knast. Nicht weil sie brutaler waren als andere, sondern weil ihre Sucht sie vollständig kontrollierte. Es gab keine professionell begleiteten Entzüge. Junkies rauchten ständig Zigaretten, um ihre Sucht wenigstens etwas zu kompensieren. Immer wieder versuchten sie, Drogen reinzuschmuggeln, was natürlich meistens auffiel – und bisweilen zu Kollektivstrafen führte. Der größte Fehler, den man in Bezug auf Junkies machen kann, ist, ihnen Geld zu leihen. Selbst wenn sie beteuern, es am nächsten Tag zurückzuzahlen, könnte man das Geld genauso die Toilette hinunterspülen.

Auch wenn Thomas psychische Probleme hatte, steckte er mich mit einem Traum an. Als ich ihn in einer Zeitschrift blättern sah, fragte ich neugierig: »Was liest du da?«

»Das sind Bootszeitschriften, die meine Mutter mir geschickt hat. Ich liebe Segelboote.«

Ich nahm mir eine der Zeitschriften vor, schließlich gab es ja sonst kaum Ablenkung von der gähnenden Langeweile, die hier herrschte, und war von Anfang an fasziniert. Weiße Segel, türkisfarbenes Meer, die Freiheit des Ozeans – das wollte ich auch! Ich kannte die Malediven von meinem Tauchurlaub, manche Bilder kamen mir bekannt vor.

Je weiter ich blätterte, desto stärker wuchs in mir das Fernweh, das Verlangen nach der ganz großen Freiheit. Und so unrealistisch erschien es mir gar nicht, selbst einmal ein Boot zu haben. Ich würde mir einen schicken Katamaran kaufen, einen richtig großen, damit würde ich im Sommer im Mittelmeer herumschippern. Vor Ort könnte ich den Touristen Tauchlehrgänge anbieten und mir so meinen Lebensunterhalt verdienen. Im Winter würde ich einfach in die Karibik fahren und meine Kurse dort anbieten. Ich hatte damals lange Haare und stellte mir vor, wie ich im Surferlook auf der Reling meines blütenweißen Katamarans stand, mit Pilotbrille und aufgeknöpftem Leinenhemd, die Brise des Ozeans im Haar. Keine Gefängnismauern mehr, sondern unendliche Wellen bis zum Horizont. Im Hintergrund Palmen und hübsche Mädels – was für ein Leben! Wenn ich hier erst einmal raus war, würde ich Segler werden, so viel stand fest.

Nichts davon ist wahr geworden. Doch die Sehnsucht ist eine unfassbar starke Kraft, das Verlangen nach letzter Befriedigung, nach Freiheit, nach einem Leben ohne Druck, ohne Geldsorgen, ohne Rosenkriege und Verletzungen. Ich wollte weg. Weit weg. In die Freiheit. Die Bootzeitschriften halfen mir, eine Weile den Gefängnismauern zu entfliehen.

Gut, dass meine Mutter, die treue Seele, wirklich jede Woche zum Besuch kam. Das gab mir Halt. Ich grübelte darüber nach, ob es eine gute Idee war, auch meine Kinder zu sehen. Oder besser gesagt: Ob es eine gute Idee war, dass sie mich sahen. Ihren Vater, den Häftling. Es wäre bestimmt ein Schock für sie.

Für einen echten Besuch hinter der Glasscheibe und ein Gespräch über den Telefonhörer hätte meine Ex-Frau die Kinder anmelden müssen. Und selbst dann wäre fraglich gewesen, ob überhaupt so viele Kinder kommen dürfen. Resigniert legte ich meinen Wunsch ad acta.

Aber ich hatte nicht damit gerechnet, dass die Kinder mich unbedingt sehen wollten. Und noch weniger damit, dass meine Ex-Frau mit ihnen zum Knast fahren würde. Aus dem Hof des Gebäudes hörte ich mit einem Mal Kinderstimmen. »Papiiiiii! Papiiiiii!« Das werden doch wohl nicht … – sie waren es. Ich stand gebannt am Fenster und stierte nach draußen, obwohl ich nicht auf den Hof schauen konnte. Die vergitterten Fenster waren so hoch eingebaut, dass wir uns nicht sahen, die Kinder wussten auch nicht, in welcher Zelle ich einsaß.

»Hallooooo! Ich bin hier!«, rief ich, so laut es ging. »Kommt hierher!«

Die Kinder stürmten lautstark in die Richtung, aus der sie meine Stimme hörten. Wir sahen uns nicht, aber wir hörten einander. Die Stimmen meiner Kinder, wie sehr hatte ich sie vermisst! Mit einem Mal scherte ich mich nicht darum, dass ich ein Häftling war, dass ich im Knast saß und eine lange Strafe absitzen würde. Es zählte nur noch die jauchzende Kinderschar da draußen, die ihren Papa offensichtlich nicht verstoßen hatte, sondern besuchen wollte, auch wenn das eigentlich nicht ging. Wie wunderschön!

Wir konnten uns auf die Distanz sogar richtig unterhalten. Wir erzählten, wie es uns ging, was uns beschäftigte, was die Schule und der Kindergarten machten und was ich im Gefängnis alles erlebte. Eine Frage nach der nächsten beantwortete ich, bis einer der Knirpse fragte: »Papi, wenn chunsch hei?« (»Papi, wann kommst du heim?«) Ich stockte. »Ich weiß es nicht, mein Schatz. Aber ich hoffe, sehr schnell.«

»Papi, wann kommst du heim?« – Als wir uns schon längst herzlich verabschiedet hatten, ging mir dieser Satz noch nach. Er drückte mein ganzes Versagen als Vater aus: Ich konnte nicht für meine Kinder da sein. Ich konnte nicht einmal sagen, wann wir uns wiedersehen würden. Würde ich die Einschulung meiner jüngeren Kinder erleben? Wann würden sie mich besuchen können? Ging das überhaupt? Ich hatte auf all das keine Antwort. Aber ich wollte unbedingt Kontakt zu den Kindern haben. Deshalb stellte ich einen Antrag, damit ich ihnen Briefe schreiben durfte, und das tat ich fortan regelmäßig.

Nach diesen schmerzhaften Worten verspürte ich außerdem den Wunsch, meine Gefühle sichtbar zu machen, in ein Bild zu fassen. Deshalb griff ich zu Papier und Bleistift und es entstand eine Zeichnung, die später noch eine Rolle spielen sollte. Zwei Hände, die sich krampfhaft an dicke Gitterstäbe klammern, dahinter das offene Fenster und die schmerzhaften Worte: »Papi, wenn chunsch hei?«

Diese Ohnmacht. Ich konnte nichts tun, was meine Lage veränderte. Und Gott? Der war mir herzlich egal. Ich hatte null Beziehung zu ihm. Wenn ich mal an ihn dachte, dann weil ich stinksauer auf ihn war, weil er mir nicht geholfen hatte. Er war doch allmächtig! Warum hatte er mich nicht davor bewahrt, dass unsere Ehe den Bach runterging? Warum hatte er nicht eingegriffen, als ich begann, auf der Arbeit den Überblick zu verlieren? Warum hatte er nichts daran geändert, dass ich diese irrwitzig hohen Alimente zahlen sollte, die ich mir gar nicht leisten konnte? Warum hatte er mir kein Stoppsignal geschickt, als ich meine kriminellen Pläne ausheckte?

Natürlich spürte ich meine Schuld. Aber noch mehr als ich hätte Gott die ganze negative Entwicklung verhindern können. Deshalb hegte ich einen tiefen Groll gegen ihn.

Neben meiner Familie gab es eine weitere Person, zu der ich regelmäßig Kontakt hatte: meine Freundin Paula. Ich schrieb ihr regelmäßig Briefe, und wenn ich eine Antwort aus Wiesbaden bekam, freute ich mich unheimlich darüber. Dass Frauen zu den Inhaftierten stehen, ist extrem selten, die meisten Knackis verlieren ihre Partnerinnen, sobald sie gefasst werden.

Besuchen durfte Paula mich nicht, schließlich liefen ja noch die Einvernahmen. Weil ich mit ihr zusammen war und bei meiner Verhaftung gerade von einem Besuch bei ihr zurückgekehrt war, galt sie zudem als potenziell an den Taten beteiligt – oder zumindest als Mitwisserin. Anfangs hatte nur meine Mutter als nahe Verwandte, die unbeteiligt war, ein Besuchsrecht. Ich vermisste Paula und wartete auf den Tag, an dem wir uns wiedersehen durften.

Bald ging meine Zeit im Bezirksgefängnis St. Gallen zu Ende, die Einvernahmen waren abgeschlossen. Doch das hieß noch lange nicht, dass endlich Anklage erhoben und mir der Prozess gemacht wurde. Die Untersuchungshaft hatte auch nach Monaten gerade erst begonnen. Meine leise Hoffnung, dass die Mühlen der Justiz etwas schneller mahlen würden, damit ich bald wüsste, welche Strafe ich wo abzusitzen hatte, wurde rasch zerstört. So schnell ging das nicht, vor allem nicht in einem föderalen System wie der Schweiz, auf das die Eidgenossen unglaublich stolz sind.

Jeder Kanton hat eigene hoheitliche Aufgaben. Da ich meine Verbrechen in zwei verschiedenen Kantonen, nämlich in St. Gallen und in Zürich, verübt hatte, leitete der Kanton Zürich eigene Ermittlungen gegen mich ein. Deshalb erhielt ich eines Tages die Nachricht, dass ich verlegt werden würde, und zwar direkt nach Zürich. Da sollten alle Einvernahmen noch einmal von vorne beginnen – obwohl ich gegenüber dem Untersuchungsrichter Herrn Feineis schon alles haarklein berichtet hatte. Ich hatte sogar detaillierte Lagepläne mit Gebäudegrundrissen, Fluchtwegen, Tathergang und so weiter gezeichnet, es blieb wirklich keine Frage offen. Die Herren Justizbeamten hätten auch einfach den Stapel mit meinen Aussagen einen Kanton weiter schicken können. Doch die Züricher wollten lieber alles noch mal von Neuem aufrollen.

Ein fensterloser Kastenwagen der Justiz holte mich vom Gefängnis ab. Die ganze Fahrt über war ich angekettet. Flucht? Unmöglich.

Zürich, Kasernengefängnis, 1996

Diese Schmach. Selten habe ich mich mehr gedemütigt gefühlt!

In Zürich durften wir draußen spazieren gehen, doch so hatte ich mir das nicht vorgestellt. Wir trabten jeweils in Viererkolonnen durch den grünen Park, der früher als Exerzierplatz gedient hatte. Unsere Handschellen waren durch Ketten miteinander verbunden, an den Füßen hatten wir Fußfesseln. Dadurch kamen wir nur mit Trippelschritten vorwärts, fast im Gleichschritt, immer begleitet vom rhythmischen Rasseln unserer Ketten. Die Aufseher, junge Polizeirekruten mit Pumpgun, achteten peinlich genau darauf, dass niemand Anstalten machte, abzuhauen.

Der Park war groß, 500 mal 300 Meter. Doch er war für alle offen, nicht nur für uns Knackis. Spielplätze, Schaukeln, Rutschen. Kinder spielten im Sand. Mütter schauten ihnen dabei zu. Als wir an ihnen vorbeimarschierten, sagte eine Frau zu ihrem Kleinen: »Siehst du, wenn du nicht brav bist, passiert so was auch mit dir!« Sie zeigte mit dem Finger auf uns, den Abschaum der Gesellschaft. Wir waren das, was aus denen wird, die im Leben vollständig versagt haben.

Dass ich vollständig versagt hatte, war mir mehr als bewusst. Ich selbst war für die Scheiße verantwortlich, in der ich steckte. Viele meiner Knastkollegen waren von einem tiefen Hass gegen das Justizsystem, die Gesellschaft und gegen überhaupt jeden geprägt, den sie in irgendeiner Weise verantwortlich machen konnten. Das ist ein typischer Verleugnungs- und Abwehrmechanismus: Ich putze andere herunter und beschimpfe sie, um mich selber besser zu fühlen. Das tat ich nicht, auch wenn ich manchmal sauer auf so einige Menschen war.

Einerseits ist Selbsterkenntnis und das Anerkennen der eigenen Schuld wichtig, andererseits war meine Identität im Gefängnis dadurch geprägt von einem ständigen Gefühl der Minderwertigkeit, des Gescheitertseins, des Versagens.

»Du bist ein Versager.« – Die Worte meines Vaters, wenn er mich wegen schlechter Zensuren verprügelte, hallten in mir nach. Und ich gab ihm Recht. Ich war ein Versager.

Das Kasernengefängnis in Zürich hatte früher dem Militär gedient, später dann für die Erstabklärungen in der Untersuchungshaft. Wer kam, blieb nicht lange hier, dementsprechend war es ein ständiges Kommen und Gehen.

Zu den Zellen ging es erst einmal zwei Stockwerke in die Tiefe. Sonnenlicht gab es nicht, nur kalte Neonlampen erhellten den Zelltrakt, wahrhaftig ein Verlies. Die Zellen waren für zwei Personen ausgelegt, wir lagen mit bis zu sechs Männern darin. Wenn es zu viele Insassen gab, rollten die Wärter eben ein zweites Hochbett herein. Die, die auf einfachen Matratzen auf dem Boden schlafen mussten, waren die Gelackmeierten. Trotz der Enge gab es für alle nur eine einzige – offene – Toilette. Duschen durften wir einmal die Woche für jeweils zwei Minuten. Wer als Letzter drankam, dem blieb nur noch kaltes Wasser. Die Zellen stanken entsprechend penetrant. Ich kam mir vor wie im Knast von Nairobi. Dort hätte ich solche Zustände erwartet, aber nicht im reichen Zürich. Heute, 25 Jahre später, haben sich die Bedingungen deutlich gebessert, aber damals schien sich kaum jemand dafür zu interessieren.

Manche Wärter waren in Ordnung, andere eine Katastrophe und manche regelrecht sadistisch. Einmal fügte ein Wärter einem älteren Mithäftling bestialische Schmerzen zu. Dieser war ein Geschäftsmann, der aus seiner Heimat Jugoslawien geflohen war, nachdem dort das System zusammengebrochen war. Er hatte zwei Töchter und hoffte, in der Schweiz genug zu verdienen, um seiner Familie Geld zu schicken. Nachdem er wegen illegalen Grenzübertritts festgenommen worden war, geschah jedoch das Gegenteil: Er musste seine arme Familie bitten, ihm Geld in die Schweiz zu schicken, damit er sich einen Anwalt nehmen konnte. Der Mann war also alles andere als ein gewiefter Schwerverbrecher. Besagtem Wärter war dies egal.

Als wir für kurze Zeit Ausgang hatten, trug der Geschäftsmann eine besonders kantige Form von Handschellen, die extrem schmerzen können, wenn sie angezogen werden. Und das waren sie. Der ältere Mann fragte den jungen Polizeiaspiranten, der uns beaufsichtigte, in gebrochenem Deutsch, ob er die Handschellen vielleicht ein bisschen lockern könne, seine Hände würden so schmerzen. Der Wärter ging lächelnd auf ihn zu, griff nach den Handschellen – und drückte sie noch weiter zu. Der ältere Herr zuckte zusammen und schrie vor Schmerz laut auf. Mir schwoll der Kamm. Wie pervers muss man sein, um sich als Ordnungshüter an den Schmerzen eines wehrlosen alten Mannes zu ergötzen? Pfui!

Es war das letzte Mal, dass der Geschäftsmann draußen war. Drinnen gab es zwar kein Tageslicht, aber dafür schmerzten die Hände dort nicht so. Viel Schatten. Aber es gab auch Licht. So wie die beiden Zürcher Kriminalkommissare, die mit mir die Einvernahmen machten. Ich stellte mich auf quälend lange Verhöre ein, doch hier erwartete mich ein ganz anderes, freundlicheres Gesicht des Staates. Das Kommissariat lag dem Kasernengefängnis gegenüber. Ich wurde durch einen Tunnel hinübergebracht und fuhr dann im Aufzug hoch zur Polizeistation, wo die Beamten, beide um die vierzig, auf mich warteten. Um 9.00 Uhr ging es los. Als ich den Verhörraum betrat, konnte ich kaum glauben, was ich sah: Auf meiner Seite stand ein Tellerchen mit einem leckeren Croissant, daneben dampfte eine Tasse Kaffee. Immer wenn ich morgens in der Polizeistation erschien, erwartete mich ein solcher kulinarischer Empfang. Ich war gerührt. Das pampige Gefängnisessen schmeckte immer gleich. Frikadelle, Kartoffelbrei, Karotten – alles war schon so alt – es stammte meist aus Geschäftskantinen –, dass der Geschmack sich angeglichen hatte. Dagegen war dieses Leckerli zur Frühstückszeit schon fast Haute Cuisine.

»Warum sind Sie so freundlich zu mir?«, fragte ich die beiden Polizisten.

»Ganz einfach: Sie kooperieren, das macht unseren Job leichter. Und wie man in den Wald hineinruft, so schallt's heraus.«

Ich war nicht am Tisch angekettet wie in den vorigen Einvernahmen, hatte Beinfreiheit, und die Einvernahmen gingen zügig voran. Hier waren zwei motivierte Männer am Werk, bei denen ich mich das erste Mal seit Monaten wieder als Mensch angenommen fühlte, und nicht als Nummer oder bloßes Inhaftierungsobjekt.

Die meisten Häftlinge warnten mich: »Die wollen dich nur beeinflussen mit dieser vorgeheuchelten Freundlichkeit, nur damit du kooperierst!«

»Na und?«, entgegnete ich. »Ich habe Scheiße gebaut, und wenn du Scheiße baust, musst du dazu stehen.«

Die beiden freundlichen Polizisten waren so schnell fertig mit ihren nicht minder umfassenden Fragen, dass ich schon bald meine Sachen packen konnte. Nachdem die Erstabklärung erledigt war, ging es zur zweiten Station in Zürich. Nur 500 Meter vom Kasernenknast entfernt liegt das Bezirksgefängnis. Wieder kam der Kastenwagen, wieder wurde ich angekettet. Diesmal war die Fahrt sehr kurz.

Zürich, Bezirksgefängnis, Helvetierplatz, 1996

Auf seinem Schädel prangte eine große Tätowierung, die Zahl 88. Alle sagten, der Fettkloß sei ein Rechtsradikaler. Der achte Buchstabe des Alphabets ist das H, und zwei hintereinander stehen bei den Neonazis für »Heil Hitler«.

Der Glatzkopf war nicht etwa ein Knacki, sondern Wärter. Ein rechtsradikaler Staatsdiener, der auf Kriminelle aufpassen sollte. Passend zum Klischee eines stumpfen Neonazis widmete er sich mit großer Aufmerksamkeit einer Schrift, die ihn intellektuell nicht überforderte: einem Micky-Maus-Heftchen. Eigentlich hätte er uns, die wir gerade im Hof frische Luft schnappen durften, beaufsichtigen sollen. Doch er saß lieber in seinem Wachhäuschen, um seinen Verstand von den Comics aus Entenhausen schärfen zu lassen. Der Platz maß etwa 80 mal 80 Meter, da hatten wir durchaus Platz. Es tat gut, ein paar Runden im Kreis zu laufen, den Kreislauf mit Sauerstoff zu fluten, auch einfach mal ein paar Sprünge in die Luft zu machen. Vormittags und nachmittags durften wir bis zu eine Stunde raus.

Als ich so meine Runden drehte, sah ich, wie ein Inhaftierter plötzlich zusammenbrach und sich vor Schmerzen auf dem Boden krümmte. Ich spurtete sofort zu ihm und tastete ihn ab, wie ich es in der Sanitäterausbildung gelernt hatte. Er schrie aus Leibeskräften. Da stimmte etwas ganz und gar nicht. Ich eilte sofort zu dem Wärter, um ihn zu alarmieren.

»Schnell, da ist jemand zusammengebrochen. Ich glaube, er hat einen Blinddarmdurchbruch!«

Der Fettkloß lugte mit trüben Augen über die bunten Seiten seines Micky-Maus-Heftchens. »Okay.« Dann widmete er sich dem Inhalt der nächsten Sprechblase.

»Tun Sie doch was! Sie müssen Hilfe holen!«

»Nein.«

»Aber er könnte sterben, dann wären Sie verantwortlich!«

»Ja, ist so. Am Sonntag ist immer reduzierter Betrieb.«

Ich war stinksauer. Dieses Schwein wollte einen Menschen lieber sehenden Auges verrecken lassen, als Hilfe zu holen! Ihm schien alles völlig egal zu sein.

Ich sah mich um, wer sonst helfen könnte und fand einen anderen Wärter. Der Mann mit den starken Schmerzen wurde auf die Sanistation gebracht. Als die Sanitäter ihn untersucht hatten, riefen sie umgehend den Arzt und der Mann wurde sofort operiert. Es war tatsächlich ein Blinddarmdurchbruch. Er hätte sterben können. Der Fettkloß hätte tatsächlich um ein Haar das Leben dieses Mannes auf dem Gewissen gehabt!

Ich überlegte, ob ich eine förmliche Beschwerde wegen unterlassener Hilfeleistung gegen ihn einreichen sollte. Aber wenn ich das tat, würde man mich vielleicht in einen noch härteren Vollzug stecken. War es das wert? Der Mann war gerettet. Und ich konnte nicht die ganze Welt retten. Ich ließ die Sache auf sich beruhen. Manchmal siegt eben auch der Selbstschutz.

Es gab jedoch auch freundliche Wärter in diesem »Königreich«. Einer von ihnen kümmerte sich wirklich vorbildlich um uns. Er erkundigte sich oft danach, ob es uns gut ging oder ob wir gerne arbeiten würden.

Manchmal brachte er uns sogar einen Kaffee, einfach so. Wir schätzten das sehr. Für ein paar Momente fühlten wir uns nicht degradiert, sondern wertgeschätzt – wahrgenommen als Menschen, nicht als Knackis.

Meine Zelle war ein Luxusapartment im Vergleich zu dem Dreckloch vorher. Ich hatte zunächst sogar eine eigene Zelle für mich! Privatsphäre! Frische Luft!

Viele meiner Knastkollegen registrierten diese etwas freundlicheren Haftbedingungen und wussten sie zu schätzen. Es gab allerdings immer ein paar Versprengte, die gegenüber jeder Nettigkeit verschlossen waren. »Die wollen sich nur einschleimen, pass genau auf!«, warnten sie. Wir hatten genug zu essen, doch auch darin konnten manche etwas Negatives finden: »Die geben uns nur so viel, damit wir fett werden und nicht wegrennen können!« Tatsächlich nahmen viele Insassen in der Haft ziemlich zu. Ich hielt mich durch sportliche Übungen fit, ging laufen, so gut es ging, Liegestütze, Klimmzüge.

Zu den notorischen Meckerern gehörte auch ein bemitleidenswert einfältiger Franzose. »Ich bin ein Killer!«, verkündete er, wo er hinkam. Ein Geschäftsmann hatte seine Frau loswerden wollen und den Franzosen mit dem Mord beauftragt. 20 000 Franken für ein Menschenleben. Warum er seine Frau so sehr gehasst hat, weiß ich nicht. Mir blieb sie vor allem in Erinnerung, weil der Franzose sich dabei unfassbar dilettantisch angestellt hat. Er hatte geplant, sie mit einem Messer abzustechen, jedoch nicht in einem Hinterhalt, nicht in ihrer Wohnung, sondern auf offener Straße. Zunächst verfehlte er sie mit der Klinge, schließlich rang er sie nieder und schlachtete sie regelrecht ab mit unzähligen Messerstichen. Die Frau muss unglaublich gelitten haben. Der Mörder floh mit blutiger Kleidung, er wurde natürlich sofort geschnappt und ins Gefängnis gebracht, wo er sehr lange würde bleiben müssen.

Trotz dieser totalen Niederlage sah er sich als Held, als Auftragskiller, dem niemand etwas anhaben konnte. Es war vollkommen klar, dass er allein schon durch die DNA-Analyse des Blutes an seinen Händen vor Gericht keine Chance auf einen Freispruch haben würde, doch der Mann hielt trotzdem an der Vorstellung fest, dass er am Ende als Sieger hervorgehen würde. Er folgte einem kruden und psychotischen Weltbild, das mit der Realität nichts zu tun hatte.

Der französische »Superkiller« verkörperte allerdings nur eine besonders verrückte Form der Wirklichkeitsverweigerung, wie sie die meisten Häftlinge betreiben. Sie stellen sich nicht zu ihren Taten, sehen ihre Schuld nicht ein, erklären den Staat und die Justiz zu ihren Feinden – und sich selbst zum Opfer.

Ich habe immer wieder erlebt, wie dieser Schuss nach hinten losgeht. Selbsterkenntnis ist bekanntlich der erste Schritt zur Besserung. Wer nicht erkennt, dass er selbst verantwortlich ist für den Scheiß, den er verursacht hat, wird dem Teufelskreis des Verbrechens nie entfliehen. Auf Opferdenken folgt Verbrechen, auf Verbrechen folgen Verhaftung und Gefängnisstrafe, die das Opferdenken verstärken – und wieder zum Verbrechen führen, sobald der Häftling die Gefängnismauern verlassen hat.

Es gibt einen Weg heraus aus dieser Spirale, das habe ich selbst erfahren. Doch ohne ein Schuldeingeständnis vor den Gerichten, vor Menschen, vor Gott geht es nicht. Wer wirklich frei sein will, muss Verantwortung für seine Taten übernehmen. Vollkommen. Ohne Ausreden. Ohne Wenn und Aber.

Dennoch kann ich nachvollziehen, wie Häftlinge einen Hass auf die Justiz entwickeln können. Nun saß ich schon Monate lang im Knast und wusste immer noch nicht, wie es weitergehen sollte. Im Hintergrund tobte ein Rechtsstreit, von dem ich kaum etwas mitbekam. Weil ich die Verbrechen in verschiedenen Kantonen begangen hatte, zankten sich die Bürokraten darum, welcher Kanton mir den Prozess machen und in welchem Gefängnis ich verwahrt werden sollte. Ich erhielt darüber so gut wie keine Informationen. Ich fühlte mich als Objekt der Strafverfolgung und hatte den Eindruck, dass es den Schreibtischtätern herzlich egal war, in welcher Kloake ich ersaufen würde.

Der Stempel »Verbrecher« haftete mir spürbar an im Umgang mit vielen Wärtern, mit Untersuchungsrichtern, Anwälten und Staatsanwälten. Juristen verdienen wahnsinnig viel Geld damit, Sätze vom Alltagsdeutsch in Juristensprech zu übersetzen. Die Häftlinge selbst sitzen mit Kulleraugen dabei und haben keine Ahnung, worum es gerade geht. Ständig fühlt man sich bevormundet, wenn man um alles bitten muss und auf nur wenige Dinge überhaupt ein Anrecht hat. Verbrecher sind Verbrecher, natürlich. Aber sie sind auch Menschen. Vor allem die, die in ihrer Kindheit und Jugend schwere Defizite erlebt haben, entwickeln nach solchen negativen Erfahrungen mit der Obrigkeit eine immer stärkere Wut auf die Strafverfolgung.

Deswegen konnte ich mich gut in den Büchern wiederfinden, die ich in der Gefängnisbibliothek las. Sie handelten von Menschen, die wegen berechtigter oder unberechtigter Vorwürfe inhaftiert worden waren. Neben Schriften von Mahatma Gandhi und Nelson Mandela beeinflusste mich vor allem »Les Misérables« von Viktor Hugo. Die Geschichte spielt im Frankreich des 19. Jahrhunderts. Sie handelt von Jean Valjean, der als junger Mann ein Stück Brot stiehlt und deshalb für mehrere Jahre im Gefängnis landet. Als er freikommt, leidet er weiter unter dem Stempel des ehemaligen Häftlings. Er legt sich eine neue Identität zu, die jedoch auffliegt. Das Etikett des Knackis wird er nie los.

In der deutschen Variante heißt der historische Roman »Die Elenden«. Eine messerscharfe Beschreibung für aufgeflogene Verbrecher. Ich konnte mich mit vielen Situationen in Valjeans Geschichte identifizieren, weil ich diese Gefühle der Zurücksetzung, der Demütigung und Behandlung als Mensch zweiter Klasse nur zu gut kannte. Ich heulte mit Jean Valjean, wenn er wieder einmal gedemütigt worden war, weil er den Stempel »Verbrecher« trug. Die »Elenden«, das waren wir.

Auf unserer weißen Weste waren nicht nur ein paar Flecken, sondern sie war tiefschwarz. Räuber, Zuhälter, Betrüger, Mörder – wir waren die Schwarzwesten, die Gescheiterten, der Abschaum – die Elenden eben. Die meisten Leute wissen, dass sie keine weiße Weste haben. Die meisten laufen mit Farbtupfern herum und das ist auch vollkommen in Ordnung. Viele Menschen, gerade aus dem Justizapparat, schienen aber stolz darauf zu sein, dass sie eine weiße Weste trugen – oder das zumindest dachten.

Diese Weißwesten ließen uns Schwarzwesten bei jeder Gelegenheit wissen, dass wir nicht zu ihnen, den unbescholtenen Vorzeigebürgern, gehörten, sondern dass wir auf der anderen Seite der roten Linie des Verbrechens standen, die sie nie überschritten hatten. Sie fühlten sich als etwas Besseres und sie waren stolz darauf. Sie schienen sich regelrecht daran hochzuziehen, dass wir ihnen moralisch unterlegen waren, sie benutzten uns Schwarzwesten, um ihre eigenen Defizite zu kompensieren. Innerlich wussten sie vermutlich um ihre falschen Taten, schließlich hat jeder in irgendeiner Weise Dreck am Stecken.

Und genau darin besteht eine Gemeinsamkeit zwischen den Weißwesten und vielen Häftlingen, die nicht zu ihren Taten stehen wollen. Denn unter den Weißwesten gibt es eine beträchtliche Anzahl von Menschen, die sehr wohl dicke schwarze Sprenkel auf ihrer Weste tragen. Besudelt haben sie ihre Moral nicht mit justiziablen Delikten. Sie haben niemanden ausgeraubt oder getötet, aber sie haben sich auf andere Weise gegen ihre Mitmenschen versündigt. Sie suchen ihren eigenen Vorteil, verhalten sich rücksichtslos, behandeln ihre Kinder gefühlskalt und lieblos, mobben Arbeitskollegen. All das läuft unter dem Radar des Gesetzes, doch trotzdem verursacht es Leid und Schmerz.

Sünde. So nennt das die Bibel. »Sie sind allesamt Sünder und ermangeln des Ruhmes, den sie vor Gott haben sollen«, schreibt Paulus im dritten Kapitel des Römerbriefs. Alle Menschen sind Sünder, nicht nur die scheinbar besonders bösen. Alle sind befleckt, alle sind in einer gewissen Weise Schwarzwesten.

Dass ich eine Schwarzweste war, war mir sehr bewusst, und dieses Gefühl des Gescheitertseins war mein ständiger Begleiter. Lichtblicke waren die Besuche meiner Mutter. Als die Einvernahmen auch im zweiten Kanton abgeschlossen waren, durfte ich endlich Besuch von einer zweiten Person empfangen: von meiner Freundin Paula. Lange hatten wir uns nicht sehen können, doch nun wurde ihr Antrag bewilligt. Monatelang hatte sie an mir festgehalten, obwohl sie noch nicht einmal wusste, was ich getan hatte. Ich schrieb ihr bergeweise Briefe, schrieb über meine Gefühle, meine Ängste und meine Liebe zu ihr.

Die Verhaftung war für Paula aus heiterem Himmel gekommen. Ich hatte gehofft, dass sie nicht behelligt worden war, aber für die Polizei war sie eine potenzielle Mitwisserin. Die Wiesbadener Polizei hatte ihre gesamte Wohnung auf den Kopf gestellt und sie anschließend verhört. Obwohl dies für sie sehr traumatisch war, hatte sie mich nicht aufgegeben.

Paula war der Strohhalm, an den ich mich klammerte. Auf irgendetwas musste ich ja hoffen. Hätte ich mich meinen selbstanklagenden Gedanken dauerhaft hingegeben, ich wäre wohl in die Depression gerutscht und hätte mich in der Zelle erhängt.

Und jetzt war es tatsächlich so weit, Paula durfte mich besuchen!

Ich zog mir gute Kleidung an, rasierte mich fein säuberlich und wartete eine Stunde, bis ich endlich aufgerufen wurde und im Verbindungsraum Platz nehmen durfte. Mehr als 400 Kilometer war Paula gefahren, um mich zu sehen. Nach zwei Minuten ging die Tür auf, und sie stand im Raum.

Mein Herz frohlockte. »Ich liebe dich«, war das Erste, was ich ihr sagte. Ihre Augen glänzten, sie trug ein Lächeln auf den Lippen.

Wir legten unsere Hände auf die Scheibe, als könnten wir die Wärme des anderen durch das dicke Glas spüren. Gut, dass nun kein Anstandsonkel mehr im Hintergrund saß und darauf achtete, dass ich nichts über meine Taten ausplauderte. Auch die Telefone wurden nicht mehr abgehört, sodass wir relativ frei miteinander sprechen konnten.

Natürlich wollte Paula endlich wissen, was ich verbrochen hatte. Ich erklärte ihr alles, mein Scheitern als Geschäftsmann, die zerbrochene Ehe, die hohe Alimentenforderung. Ich gestand ihr, dass ich nicht der vermögende Geschäftsmann war, der seiner neuen Flamme einen schicken Fernseher aus der Portokasse bezahlen konnte, sondern dass das Geld aus brutalen Raubzügen stammte.

Was sie enttäuschte, waren vor allem die vielen Lügen, mit denen ich ihr eine Traumwelt vorgegaukelt hatte. Natürlich war ich immer noch Ruedi, aber ich hatte sie glattweg belogen.

»Warum hast du das gemacht?«, fragte sie.

Ich druckste herum, entschuldigte mich tausendmal, vor allem dafür, dass ich sie mit hineingezogen hatte. Ja, ich stand zu meinen Taten. Dennoch versuchte ich gleichzeitig, sie durch äußere Umstände zu erklären. Ich hätte es doch nur für die Kinder gemacht. Die gelackten Banker hätten mir eben kein Geld leihen wollen. Die Alimente seien zu hoch gewesen.

»Aber umgebracht hast du keinen, oder?«

»Nein«, antwortete ich wahrheitsgemäß. »Aber fast.« Das Bild des Liebhabers meiner Ex stand mir immer noch vor Augen. Sein Gesicht war ein einziger blutiger Brei gewesen.

Auch wenn ich zu meinen Taten stand, schwang immer noch eine Selbstrechtfertigung mit, die ich aufarbeiten musste. Aber hier im Untersuchungsgefängnis gab es keine Psychologen, Seelsorger oder gar Pfarrer, denen ich mich hätte anvertrauen können.

Paula besuchte mich noch ein zweites Mal. Das letzte Mal. Sie machte Schluss. Sie erklärte mir, dass sie nicht mehr mit dieser Ungewissheit leben konnte, wie unsere Beziehung weitergehen würde. Ich konnte sie verstehen und versuchte nicht, sie zu überreden, die Beziehung weiterzuführen. Sie hatte ja recht mit ihren Sorgen. Trotzdem wurde mein Herz schwer. Ich hatte eine weitere Frau verloren und wurde damit noch ein Stück einsamer. Eine bittere Erfahrung.

Zwar waren die Einvernahmen nun endlich alle abgeschlossen, aber Zürich war längst nicht die Endstation meiner Reise durch die Schweizer Gefängnisse. Bis zur Anklageerhebung würde es noch etwas dauern, denn der Untersuchungsrichter Herr Feineis hatte ein psychiatrisches Gutachten bezüglich Gemeingefährlichkeit und Fluchtgefahr angeordnet. Anschließend erhielt der Staatsanwalt alle Akten, damit er die Anklageschrift formulieren konnte. Es muss eben alles seine Richtigkeit haben in der Bürokratie.

Für mich ging es weiter, diesmal nach Gossau.

Gefängnis Gossau, 1996

Wir hielten uns so lange im Arm wie noch nie zuvor. Meine Mutter drückte mich ganz fest, und ich sie noch viel fester. Wie peinlich war es mir als 16-Jähriger gewesen, wenn meine Mutter mir einen Kuss gab. Ich war schließlich kein Mamasöhnchen! Doch, das sind wir alle. Zumindest wenn man nach Monaten in Isolationshaft zum ersten Mal wieder menschliche Nähe erfährt.

An diesem Tag durfte ich zum ersten Mal meine Mutter ohne dickes Sicherheitsglas zum Besuch empfangen. Was für andere eine Alltäglichkeit ist, bedeutete mir unfassbar viel. Ich konnte meine niedergeschlagene Mutter trösten, ihre Hände streicheln, die Tränen abwischen. Monatelang hatte ich das nicht gekonnt, war einen eher schroffen Umgangston gewohnt, war nur von harten Männern umgeben. Und jetzt diese Umarmung von meiner Mutter – ein hammermäßiges Gefühl. Erst jetzt merkte ich, wie sehr mir diese Nähe gefehlt hatte. Die Haft brachte mich meiner Mutter so nahe wie nie zuvor.

Dass dieses Treffen ohne Sicherheitsglas überhaupt möglich war, war auch ein Zeichen dafür, dass der Direktor dieses neuen »Königreichs« ein netterer Zeitgenosse war als seine Kollegen in anderen Gefängnissen. Hier sollte also mein psychiatrisches Gutachten für den Prozess erstellt werden. Gutachter war ein junger Arzt, der wirklich freundlich war, seine Aufgabe allerdings auch sehr ernst nahm. Zum dritten Mal gab ich detaillierte Auskunft über meine Vergangenheit. Ich erzählte von meiner Familie, meinen geliebten Kindern, wie meine Baufirma so gut wie pleiteging, ich von der Alimentenzahlung überfordert war und in einem unfassbar dummen Entschluss auf die schiefe Bahn geriet.

Der Psychiater machte sich viele Notizen, wir trafen uns immer und immer wieder. Ein geschlagenes halbes Jahr dauerte es, bis wir fertig waren. Das Ergebnis: »leicht verminderte Zurechnungsfähigkeit«. Das bedeutete nicht, dass ich verrückt war, aber immerhin, dass mich meine familiäre und berufliche Situation emotional enorm belastet hatten und dass ich aus einer starken Verletztheit heraus gehandelt hatte. Das Ergebnis des Gutachtens konnte sich durchaus strafverkürzend auswirken.

Meine Gefängnisreise ging weiter: zurück nach St. Gallen.

St. Gallen, Bezirksgefängnis, 1996

Eine Frage beschäftigte mich besonders: Wo würde ich meine Strafe verbüßen, wenn sie einmal verkündet worden war? Der Erste Staatsanwalt, sozusagen der Boss des Ostschweizer Strafvollzugskonkordats, hatte mir ein Schreiben geschickt, das mich zutiefst schockierte. Nachdem er meine Akte gelesen und meine furchtbaren Straftaten registriert hatte, war die Sache für ihn eindeutig: »Gemeingefährlich« – das war der Stempel, den er mir aufdrückte. Er verfügte, dass ich in das Hochsicherheitsgefängnis nach Pöschwies in Regensdorf in der Nähe von Zürich eingeliefert werden sollte. Das ist die größte geschlossene Justizvollzugsanstalt in der Schweiz. Hier kommen die besonders harten Fälle hin, bei denen Hopfen und Malz verloren ist. Sie war gerade in Betrieb genommen worden, ein hochmodernes Alcatraz für fast 400 Männer.

Der Herr Staatsanwalt Marcel Bertschi musste mich nach Aktenlage für eine Art Hannibal Lecter halten, einen gemeingefährlichen Psychopathen, der jederzeit abhauen und Menschen quälen könnte. Er sah weiterhin eine hohe Kollusions- und Fluchtgefahr bei mir, weshalb er sich für eine scharfe Form der Inhaftierung entschieden hatte. Das war freilich fernab von jeder Realität. Der Herr Staatsanwalt hatte mich nie im Leben gesehen, geschweige denn einmal mit mir gesprochen.

Mit dem Schreiben kam eine Einverständniserklärung, die ich mit meiner Unterschrift quittieren sollte. »Eine typische Weißweste!«, dachte ich. »Er sitzt hinter seinem großen Schreibtisch auf seinem gemütlichen Ledersessel und mit ein paar Zeilen hat er die Macht, über meine Zukunft zu entscheiden.«

Seine Einstellung machte mir große Angst. Wenn ich tatsächlich im Hochsicherheitsgefängnis Pöschwies landete, würde ich meine Kinder nicht in den Arm nehmen können, bis ich entlassen würde. Jeder Besuch wäre mit einer großen Belastung verbunden. Ich wollte ihnen den Anblick des Sicherheitsglases und das Erleben der strengen Vorkehrungen so gerne ersparen. Ich wusste nicht, wie sie damit umgehen würden, vor allem die Kleinen. Den Papa im Knast besuchen, ihn jahrelang nur durch die Scheibe anschauen wie einen Fisch im Aquarium – eine erschreckende Vorstellung.

Schon so lange vermisste ich sie, schrieb ihnen Briefe, und ich juchzte jedes Mal, wenn ich ein selbst gemaltes Bild von ihnen zugeschickt bekam. Die Kunstwerke landeten sofort an der Wand meiner Gefängniszelle, wo ich sie jeden Tag bewundern konnte. So waren sie mir wenigstens ein bisschen nahe, trotz der dicken Gefängnismauern. Dabei schwang auch immer die Hoffnung mit, dass ich sie bald wieder in die Arme würde schließen können. Wenn ich die Erklärung unterschrieben hätte, wäre das unmöglich geworden.

Wie gut, dass ich einen wirklich fähigen Rechtsanwalt hatte: Paul Rechsteiner. Er ist nicht nur Rechtsanwalt, sondern auch aktiver Politiker der Sozialdemokratischen Partei der Schweiz, der SP, also der Schwesterpartei der deutschen SPD. Mein Fall hatte ihn besonders interessiert, sodass er meine Mandantschaft übernahm. Paul Rechsteiner riet mir dringend ab, die Erklärung zu unterschreiben. Daher legte ich Einspruch ein und fortan beschäftigte sich ein hochkarätig besetztes Gremium mit der Frage, wie es mit mir weitergehen sollte.

Unbehagen erfüllte mich. Natürlich rechnete ich mit einer mehrjährigen Freiheitsstrafe. Und das war gerecht. Ich hatte mir die Suppe eingebrockt, nun musste ich sie auslöffeln. Doch Knast ist nicht gleich Knast. Das hatte ich ja schon in den fünf Gefängnissen erlebt, in diesen sehr unterschiedlich regierten »Königreichen«, in denen ich für meine Untersuchungshaft eingesessen hatte. Trotz der unterschiedlichen Bedingungen waren alle Einrichtungen, in denen man auf Dauer verödet, vereinsamt, verblödet. Wenn das Ziel einer Haftstrafe wirklich die Wiedereingliederung in die Gesellschaft ist und nicht eine bloße Vergeltung für schlimme Taten, dann musste es einen anderen Weg geben!

Während ich über meine Situation grübelte, reifte im Hintergrund eine Entscheidung heran, von der ich zunächst nichts mitbekam. Es gab einen Menschen, der besonders großen Einfluss auf die Entscheidung hatte: Joe Keel. Als Vollzugschef war er für alle im Kanton St. Gallen verurteilten Straftäter zuständig. Und eines Tages stand er auf einmal in meiner Zelle, um mich zu besuchen.

Joe Keel ist ein zugewandter Typ, alles andere als ein Bürokrat, keine Weißweste, sondern jemand, der den Menschen in den Blick nimmt. Sein Job erfüllte ihn, das merkte ich bei unserer Begegnung deutlich. In einem Interview mit dem Schweizer Fernsehen sagte er vor wenigen Jahren, ihn würden nicht so sehr die Gefängnisse interessieren, sondern die Menschen darin. Das waren keine leeren Worte, das hat er mir damals gezeigt.

Die Menschen. Die Häftlinge. Mich. Er nahm mich als Menschen wahr, nicht als Nummer. Ich fühlte mich wertgeschätzt. Hoffnung keimte auf, dass ich nicht ins Hochsicherheitsgefängnis verfrachtet würde, wo ich jahrelang meine Kinder nicht sehen würde. Joe Keel hätte es machen können wie sein Kollege, der Erste Staatsanwalt, der mich nach Aktenlage als gemeingefährlich eingestuft hatte. Doch Keel hatte sich mit den Berichten nicht zufriedengegeben, sondern sich extra ins Auto gesetzt und die dunkle Welt des Gefängnisses betreten, um sich fernab vom Papierkram ein Bild von mir zu machen. Von Angesicht zu Angesicht. Ich war beeindruckt.

Ich erzählte ihm meine Geschichte, sprach davon, dass ich zu meinen Taten stehe und sie zutiefst bereue. Dass ich nicht aus Habgier gehandelt hätte, sondern weil ich meine Niederlage als Ehemann und Vater nicht akzeptieren wollte. Dass ich meine Kinder so gerne auf den Schoß nehmen und umarmen wollte, um ihnen wenigstens irgendwie ein Vater zu sein – trotz der Umstände, die ich selbst verursacht hatte. Der junge Psychiater in Zürich hatte notiert, dass ich eine besonders enge Bindung zu meinen Kindern hatte, und Joe Keel bemerkte dies ebenfalls.

Nachdem er mir lange zugehört hatte, erklärte er: »Herr Szabo, die Sache ist folgendermaßen. Der Erste Staatsanwalt würde Sie auch gegen Ihren Willen nach Pöschwies stecken. Es gibt aber gewisse Kräfte, die sich einen anderen Weg für Sie vorstellen können.«

Einen anderen Weg? Ich war gespannt, was er mir vorschlagen würde.

Ich befand mich immer noch in Untersuchungshaft und das würde bis zur Urteilsverkündung so bleiben, so lange also, bis ich meine tatsächliche Haftstrafe antrat. Die nächste Station nach der Untersuchungshaft wäre für mich der »vorzeitige Strafvollzug« gewesen. In den kommt man, wenn das zu erwartende Strafmaß länger ist als die bisher abgesessene Untersuchungshaft. Das war in meinem Fall klar, obwohl die Untersuchungshaft insgesamt eineinhalb Jahre währte.

»Sie zeigen sich kooperativ, das könnte für Sie ein großer Vorteil sein. Ein Gefängnisdirektor kann sich vorstellen, Sie aufzunehmen. Er leitet ein Gefängnis im offenen Vollzug in Saxerriet.«

Ich war baff. Damit hatte ich nicht gerechnet. Offener Vollzug? Das bedeutete: keine Mauern, kein Stacheldraht, Ausgang, freundliche Menschen. Saxerriet war bekannt für seinen liberalen Umgang, auch für seine Erfolgsquoten, was die niedrige Rückfälligkeit anging.

Joe Keel fuhr fort: »Allerdings, Herr Szabo, müssen wir eine Sache unbedingt klären: Der größte Teil des Gremiums will Sie nicht nach Saxerriet bringen, sondern nach Pöschwies. Ich würde mich also gegen den Ersten Staatsanwalt und mehrere andere wichtige Personen stellen, wenn ich mich für Sie einsetze.« Der freundliche Joe Keel blickte mich sehr ernst an. »Wenn Sie Mist bauen sollten, wenn Sie zum Beispiel abhauen, dann bekomme auch ich ein ernsthaftes Problem. Deswegen müssen Sie mir versprechen, dass Sie sich an alle Auflagen halten werden. Wenn Sie dagegen verstoßen, landen Sie auf jeden Fall im Hochsicherheitsgefängnis.«

Ich dachte keine Sekunde darüber nach. »Ich verspreche, dass ich mich an alle Regeln halten werde«, sagte ich. Wir besiegelten unseren Deal per Handschlag. Allein dieser Handschlag und die Tatsache, dass er mein Ehrenwort, das Ehrenwort eines Verbrechers, akzeptierte, bewirkten in mir mehr als tausend Regeln. Wer sich freiwillig verpflichtet, trägt eine hohe Eigenverantwortung. Daran hatte Keel appelliert und er hatte mir Vertrauen entgegengebracht. Dieses Vertrauen wollte ich nicht aufs Spiel setzen.

Die nächsten Tage wartete ich unruhig, ob sein Vorschlag angenommen würde. Endlich kam die erlösende Botschaft: Das Gremium hatte den Vorschlag tatsächlich akzeptiert! Was für eine wunderbare Nachricht! Ich durfte in den offenen Strafvollzug, ich kam nicht in den Hochsicherheitstrakt und durfte sogar raus aus diesem Loch! Ich freute mich über die Maßen.

Joe Keel hatte es zusammen mit anderen geschafft, das Gremium zu überzeugen, das sich mehrheitlich gegen mich ausgesprochen hatte. Als ich erfuhr, wer sich noch für mich eingesetzt hatte, klappte mir die Kinnlade herunter. Einer meiner heftigsten Unterstützer war ein Mensch, den ich zu Beginn meiner Zeit im Gefängnis noch als Paradebeispiel einer ineffektiven Verwaltung gesehen hatte: der Untersuchungsrichter Herr Feineis. Der Mann, der alles ganz genau wissen wollte, alles fein säuberlich und in verstörender Langsamkeit notiert hatte, den ich für den Inbegriff eines Bürokraten hielt, war es, der am Ende mit den Ausschlag dafür gegeben hatte, dass ich in den offenen Vollzug kam. Wie wenige andere hatte er ausführlich mit mir gesprochen und mich in der Tiefe kennengelernt. Er sprach sich für mich aus, weil er mich als jemanden einschätzte, der gute Aussichten auf Rehabilitation hatte. Wie sehr hatte ich mich in Herrn Feineis getäuscht! Ich war berührt und beschämt zugleich.

An diesem Tag lernte ich, wie einfach man Menschen in die falsche Schublade stecken kann. Hinter dem akribischen Beamten verbarg sich in Wahrheit ein aufrichtiger und verantwortungsbewusster Mensch, der das Herz am rechten Fleck hatte. Ich verdanke ihm sehr viel. Seine Kaffeepausen gönnte ich ihm fortan von Herzen. Möge er sie in vollen Zügen genießen!

Menschen wie Joe Keel, Herr Feineis und der Gefängnisdirektor Paul Brenzikofer, der mir eine Chance in Saxerriet geben wollte, haben einen echten Unterschied in meinem Leben gemacht. Letztlich verdanke ich es auch meinem Verteidiger Paul Rechsteiner, dass ich in den offenen Strafvollzug verlegt wurde.

8 – HOFFNUNG

St. Gallen, Bezirksgefängnis, Mai 1997

Offener Vollzug. Ich wusste noch nicht, ob ich es mir richtig vorstellte, aber in meinen Gedanken war das hundertmal besser als die Untersuchungsknäste, die ich bisher kennengelernt hatte. Endlich war es so weit: Ich packte meine Sachen, um in mein neues Zuhause überführt zu werden.

In meiner Zelle hatte ich nicht viel, das meiste lagerte in der Effektenkammer zusammen mit den Habseligkeiten der anderen Häftlinge. Auf einer Liste war mein Hab und Gut fein säuberlich aufgelistet. Erst wenn ich eine Sache aus der Effektenkammer abgeholt hatte, hakte der zuständige Wärter die Zeile ab.

Stück für Stück packte ich alles zusammen, Bücher, Schreibmaterialien, Zeichnungen der Kinder, Schuhe, Hosen, Hemden – doch was war das? Ausgerechnet mein Wintermantel fehlte. Das durfte nicht wahr sein! Den Mantel hatte ich in Deutschland gekauft, auf einer der Shoppingtouren mit Paula, die hauptberuflich als Stilberaterin arbeitete. Sie hatte mir einen edlen Mantel aus feinstem Kaschmir herausgesucht, hellbraun, elegant geschnitten, er stand mir, als hätte ich nie etwas anderes getragen. Er kostete umgerechnet mehr als 1 000 Franken, eine Stange Geld, aber Geld hatte ich ja genug.

Ausgerechnet dieser edle Stoff, der mehr kostete als der Rest meines Kleiderschrankes zusammen, fehlte nun. Ich fragte den Mitarbeiter, wo der Mantel abgeblieben sei.

»Weiß ich doch nicht! Den hast du bestimmt verkauft!«

Ich war ganz verdattert ob dieser Dreistigkeit. Ich hatte den Mantel nicht abgeholt, außerdem hätte das Personal ihn in diesem Fall in der Liste abhaken müssen. Es lag der Verdacht nahe, dass wir Knackis in diesen Gemäuern nicht die einzigen Kriminellen waren. Schon länger machte das Gerücht die Runde, dass es im Bereich der Effektenkammer Langfinger gab. Was sollte ich tun? Anzeige gegen unbekannt erstatten? Ausrasten und rumbrüllen?

Bevor ich mich zu etwas entschließen konnte, tippte der Polizist, der mich abholen wollte, auf die Uhr und mahnte: »Wir müssen los.« Ich ließ die Sache auf sich beruhen.

Die Reise in die offene Vollzugsanstalt Saxerriet begann – wie so oft – damit, dass mir Handschellen angelegt wurden. Wir fuhren zum Bahnhof St. Gallen, wo ich, für alle umstehenden Menschen sichtbar, an den Händen gefesselt auf den Zug wartete. Einerseits war es nett, wenigstens ein Stück am normalen Leben teilzuhaben, indem ich mit anderen Menschen auf einen Zug wartete. Andererseits fühlte ich mich unwohl ob der Blicke der Passagiere. Ich hatte noch die Stimme der Mutter im Park vor dem Kasernengefängnis im Ohr: »Siehst du, wenn du nicht brav bist, passiert so was auch mit dir!«

Ein Verbrecher wie ich fuhr natürlich nicht im normalen Abteil, in dem die unbescholtenen Staatsbürger sitzen. Für mich war der Postwagen reserviert beziehungsweise eine kleine Zelle darin. Dort wurde ich angekettet und ein mitreisender Polizist bewachte mich.

Zuerst ratterten wir am Bodensee vorbei, weiter nach Süden, bis wir schließlich in Buchs ankamen. Das kleine Städtchen ist ein Verkehrsknotenpunkt, einen Steinwurf entfernt beginnt das winzige Fürstentum Liechtenstein. Wir stiegen aus, ein zweiter Polizist lud meinen Koffer und zwei weitere Taschen mit meinem ganzen Hab und Gut aus und stellte sie auf dem Bahnsteig.

»Los jetzt«, befahl der Polizist, der mich übergeben sollte.

»Was ist mit meinem Gepäck?«, fragte ich den jungen Mann, denn mit den Handschellen konnte ich meinen Koffer und die Taschen unmöglich tragen.

»Sehe ich aus wie ein Kofferjunge?«, giftete der Polizist mich an.

»Das geht ja gut los«, dachte ich. Mir blieb nichts anderes übrig, als dem Kerl hinterherzudackeln und mein Gepäck am Bahnsteig zurückzulassen. Ich empfand Wut, denn in meinen Taschen waren nicht nur all meine Habseligkeiten, sondern auch mein größter Schatz: die vielen Briefe der Kinder, die mir in dunklen Zeiten ein wenig Hoffnung gaben.

Auf der anderen Seite der Bahnhofsunterführung wartete ein Angestellter der Justizvollzugsanstalt Saxerriet, sehr korpulent, um die 50, in der Hand eine Zigarette. Er begrüßte uns und meinte beiläufig: »Jetzt können Sie ihm die Handschellen abnehmen«, während er gemütlich einen tiefen Zug nahm.

Der andere Polizist, eine reinrassige Weißweste, antwortete verdutzt: »Wie bitte, der ist doch ein Schwerverbrecher!«

»Nur Ruhe. Ich habe seine Akte gelesen, der gehört jetzt zu Saxerriet.« Der Beamte schaute mich an. »Wenn er davonläuft – selbst schuld.«

Mein Begleiter holte widerwillig die Schlüssel raus. Endlich wurde ich diese blöden Handschellen los! Ich rieb mir die Handgelenke.

»Haben Sie noch Gepäck?«, fragte der Mann aus Saxerriet.

»Äh, ja, das steht da drüben beim anderen Bahnsteig.« Ich deutete auf das Gleis, an dem wir eben angekommen waren.

»Na, dann holen Sie es mal. Ich rauche noch zu Ende.«

Ich dachte, der Mann mache einen Scherz, und wartete kurz darauf, dass er ihn auflöste. Tat er nicht. Meinte er das etwa ernst? Ich ging vorsichtig zwei Schritte nach vorne, während ich dem Saxerrieter einen prüfenden Blick zuwarf. Das schien ihn nicht zu stören, er inhalierte einfach eine weitere Ladung Nikotin.

Nun ging ich tatsächlich die Unterführung hindurch, wie ein freier Mann, wie ein Bürger, wie ein ganz normaler Mensch eben. Es fühlte sich seltsam an, wie wenn man auf einer Hochzeitsfeier auftaucht, zu der man nicht eingeladen ist. »Ich könnte jetzt ohne Weiteres weglaufen«, dachte ich. Ich kannte die Gegend gut, weil wir auch hier Militärübungen gemacht hatten. Ein paar Schritte in die Natur und ich wäre verschwunden.

Doch der Gedanke an die Flucht wurde nicht alt, ich begrub ihn gleich wieder. Schließlich hatte ich meinem Vollzugschef Joe Keel hoch und heilig versprochen, mich an alle Regeln zu halten, damit ich meine Kinder sehen konnte. Fliehen, das wäre so ziemlich der größte Mist gewesen, den ich hätte bauen können. Stattdessen holte ich mein Gepäck vom Gleis und marschierte brav zu meinem Chauffeur zurück, der seine Zigarette nun zu Ende geraucht hatte. Er öffnete die Heckklappe des Polizeiwagens, wir verstauten das Gepäck und fuhren los.

Strafanstalt Saxerriet, Mai 1997

Gut gelaunt meinte der Beamte: »Wir fangen jetzt ein neues Kapitel an, oder?«

Oh ja, das wollte ich, ein neues Kapitel. Hoffnung.

Wir kamen ins Plaudern. Er fragte mich, wie es meinen fünf Kindern gehe, und erzählte, dass er selbst sogar sechs Racker habe.

Ich verstand die Welt nicht mehr. Mit einem Schlag war ich nicht mehr der Schwerverbrecher, der in Ketten im Postwagen von bewaffneten Polizisten eskortiert wurde. Dieser Mann unterhält sich mit mir, wie man das eben mit jemandem tut, den man gerade erst kennengelernt hat. Ich fühlte mich wertgeschätzt. Ja, das war tatsächlich ein neues Kapitel!

Die offene Vollzugsanstalt Saxerriet. Der Name ist Programm. Das Gefängnis liegt nicht in der Stadt, sondern außerhalb, inmitten von Wiesen und Feldern mit viel Landwirtschaft, in der Idylle des wunderschönen Rheintals. Allein die Architektur des Gefängnisgeländes symbolisiert Weite und Freiheit. Keine Mauer, kein Stacheldraht, dafür ein Bauernhof mit Milchkühen, Pferden und eine Schafzucht, wo die Gefangenen arbeiten dürfen. Mehrere quaderförmige Gebäude mit großzügigen, gitterlosen Fenstern bilden die Zelltrakte. Das Ganze wird eingerahmt vom Alpenpanorama, von Bäumen und Wiesen.

Es mag sich komisch anhören, aber ich fand das Gefängnis unglaublich schön, auch wenn die quaderförmigen Klötze nicht sonderlich ästhetisch gestaltet sein mögen. Die Anstalt war besonders für Erstlingstäter gebaut worden, die eine einigermaßen gute Prognose hatten. Zwar gab es auch Ausnahmen, aber Saxerriet war bekannt für seine mutigen, innovativen und liberalen Projekte, die immer wieder Erfolge vorweisen konnten.

Für mich war es an diesem freundlichen Frühlingstag im Mai 1997, als führe ich ins Paradies. Die Apfel- und Birnbäume blühten. Die sattgrünen Wiesen standen voll im Saft. Zuvor hatte ich lange Zeit nur graue Wände und Türen gesehen, wenn ich Glück hatte, auch mal einen blauen Himmel. Doch hier bimmelten die Kuhglocken, Störche nisteten in der Nähe, die Vögel sangen – ein Geräusch, das ich im Knast nie vernommen hatte. Es war eine ganz neue Welt für mich und ich fühlte mich wie neugeboren.

In einem der Gebäude bekam ich mein Zimmer zugewiesen, ich sage bewusst nicht »Zelle«, denn dafür war es zu schön. Und es war nicht nur schön, sondern auch offen. Nur zwischen 22.00 und 7.00 Uhr wurden die Türen abgeschlossen, sonst konnte man frei ein und aus gehen!

Der erste Morgen war der blanke Wahnsinn. Ich war glücklich, aber trotzdem aufgeregt eingeschlafen und schon um 5.00 Uhr morgens wieder aufgewacht. Die Sonne schien durch das gitterlose Fenster, das ich sperrangelweit öffnen konnte, welch ein Luxus!

Draußen jagte eine Katze Mäuse, alles blühte. Das Fenster lag nach Südwesten. Im Hintergrund sah ich das Gebirgsmassiv des Alpsteins, ein beliebtes Ausflugsziel mit Seilbahn zum Säntis, dem höchsten Gipfel der Ostschweiz. Über den Berggipfeln der Kreuzberge hatten sich Regenwolken verfangen. Von Vorarlberg her schien die Morgensonne genau in diese Richtung. Ein Regenbogen erstreckte sich über das Land. Ich musste vor Rührung weinen. Ob Gott mir ein Zeichen geschickt hatte?

Der Regenbogen in der biblischen Geschichte von Noah kündigt einen Neuanfang zwischen Gott und Mensch an. Die Flut ist vorbei, jetzt wird es besser, und es wird nie wieder so schlimm wie einst, so lautet die Botschaft. Ja, einen Neuanfang, den wünschte ich mir. Was hatten sie um mich gerungen, den gemeingefährlichen Schwerverbrecher. Um ein Haar wäre ich im strengen Strafvollzug gelandet, weil mir manche Gremiumsmitglieder meine kooperative Haltung nicht abnahmen. Es war anders gekommen, Gott sei Dank!

Ein Teil der Last, die ich als gebrandmarkter Schwerverbrecher mit mir rumgeschleppt hatte, fiel nun ab. Ich wusste immer noch, dass ich furchtbare Taten zu verantworten hatte, aber ich war wieder ein Mensch, zumindest in diesen Räumen.

Gleich am ersten Tag ging es zum Direktor. Paul Brenzikofer war ein großer hagerer Mensch mit Halbglatze, der kurz vor der Pensionierung stand. Er galt als einer der wichtigsten Reformatoren des Schweizer Strafvollzugs. Seine Überzeugungen schöpfte er nicht nur aus einer menschenfreundlichen Haltung, sondern er war auch evangelikaler Christ. Jeder Mensch hat eine zweite Chance verdient – daran glaubte er mit jeder Faser seines Körpers. Das galt auch für mich. Deshalb hatte Herr Brenzikofer meine Akte gelesen. Als es darin um meine fünf Kinder ging, wusste er genug. Er wollte mich haben.

»Herr Szabo, es gehört zu unserem Konzept, dass Sie arbeiten müssen«, erklärte er mir nach der Begrüßung.

»Kein Problem, ich habe schon 300 Millionen Kugelschreiber zusammengesetzt.«

»Wunderbar, dann sind Sie ja gut vorbereitet. Haben Sie eine Vorliebe? Ich könnte Sie mir gut in der mechanischen Werkstatt vorstellen.«

Natürlich sagte ich zu – ich war für alles dankbar, wo ich mich betätigen durfte. Als erste Aufgabe sollte ich gegossene Aluminiumteile für Motoren entgraten, zum Beispiel Zylinderdeckel, aber auch sehr viel komplexere Teile. Der beim Gießen zurückgebliebene Grat musste mit einer Feile abgeschliffen werden, eine staubige Angelegenheit. Der feine Metallstaub setzte sich überall fest. In der Nase, in den Haaren, selbst auf der Zunge und in der Pospalte. Ich war sehr dankbar für die tägliche Dusche, an die in den anderen Gefängnissen nicht mal zu denken war.

Pro Teil bekamen wir 50 Rappen und wir veranstalteten jeden Tag einen Wettkampf, wer wohl die meisten Teile fertigstellen würde. Die Zeit verging dadurch wie im Flug und pro Monat sprangen dabei bis zu 1 000 Franken heraus. Eine irre Summe für einen Knacki.

In der Freizeit durften wir Sport machen und Weiterbildungskurse besuchen: Töpfern, Malen, Zeichnen. Auch Saxerriet war ein Königreich. Eines mit einem guten König, der sich um seine Untertanen kümmerte, weil sie ihm wichtig waren. Paul Brenzikofer setzte sich mit ganzem Herzen dafür ein, uns dabei zu helfen, die schiefe Bahn zu verlassen und wieder neu anzufangen. Ein zutiefst christlicher Gedanke, woraus er keinen Hehl machte.

Häufig hielt Paul Brenzikofer Abendveranstaltungen, bei denen es immer um ein Thema ging, das mit der Haft zu tun hat. Der erste

Vortrag, bei dem ich dabei war, handelte von einem argentinischen Hochsicherheitsgefängnis, in dem mehrere Tausend Verbrecher einsaßen. Ich muss nicht erwähnen, dass auch meine schlimmeren Knasterfahrungen gegen die brutale Wirklichkeit eines südamerikanischen Hochsicherheitsknastes Kindergarten waren. Dieses argentinische Gefängnis hatte sich in zwei Lager gespalten. Der Grund dafür war die Evangelisierung eines einzigen Pastors, der immer mehr Menschen auf den rechten Weg brachte. Er erzählte im Gefängnis von Jesus, von seiner wirklich freimachenden Botschaft und davon, dass jeder Mensch in seinen Augen wertvoll und geliebt ist. Er gründete eine christliche Gruppe, die sich fortan in einem gesonderten Raum zum Beten traf. Die Inhaftierten strichen die Wände und bastelten ein Kreuz, um den Raum als Gottesdienstsaal herzurichten. Aus Dankbarkeit für ihr neues Leben mit Gott renovierten sie sich gegenseitig die Zellen. Mit den dunklen Machenschaften der anderen Inhaftierten wollten sie nichts mehr zu tun haben.

Die neu bekehrten Christen wurden von den Wärtern gefördert, sie renovierten immer mehr Räume, organisierten Putzdienste, ihre Arbeit florierte. Angesprochen durch die tätige Nächstenliebe fanden immer mehr Häftlinge zu Jesus und begannen ein neues Leben. Die Hälfte der Insassen des Gefängnisses wurden Christen, die anderen blieben verhaftet in den alten Gangsterstrukturen von Angst und Gewalt. Die christlichen Häftlinge schrieben ihren Familien Briefe, worauf diese ebenfalls Anschluss an eine Kirchengemeinde suchten und neue Stabilität in ihrem Leben erfuhren.

Der Film, den Paul Brenzikofer dazu zeigte, beeindruckte mich zutiefst. Er war einfach der Hammer. Die Kraft des Glaubens sprengt alte Kreisläufe von Gewalt und Enttäuschung, das konnte man deutlich sehen. Noch ließ ich mich davon aber nicht sonderlich beeinflussen. Zwischen mir und Gott herrschte weitgehend Funkstille. Die Geschehnisse im argentinischen Gefängnis speicherte ich zwar als etwas Besonderes im Hinterstübchen ab, setzte aber meinen Fokus auf die Arbeit.

Dabei nahm ich nicht wahr, dass Paul Brenzikofer einer in einer Reihe von Christen war, die mich auf ihre jeweils eigene Weise immer näher zu Jesus führten. Während ich in der Metallwerkstatt arbeitete, arbeitete Gott still an meinem Herzen. Immer ein bisschen mehr.

Das Beispiel aus Argentinien ist kein Einzelfall, in anderen Ländern finden sich ebenfalls viele Christen in den großen Gefängnissen und auch im deutschsprachigen Raum gibt es großartige Bekehrungsgeschichten von Gefängnisinsassen. Von Menschen, die auf die schiefe Bahn geraten sind und im Knast zu Jesus finden, ihr Leben komplett umkrempeln, um fortan ein vorbildliches Christenleben zu führen.

Doch die Realität in den Gefängnissen, die ich kennengelernt habe, sah ganz anders aus. Die allermeisten Häftlinge lehnten Gott ab. Das heißt nicht, dass sie Atheisten waren, aber sie waren unglaublich sauer auf Gott. Auch ich. Er war aus meiner Sicht letztlich daran schuld, dass ich hier gelandet war. Er hätte alles verhindern und zum Guten wenden können! Er hatte mir nicht geholfen, obwohl er mir hätte helfen können.

Die meisten Gefangenen um mich herum sagten über Gott in etwa Folgendes: »Der hockt da oben mit seinem langen Bart, wir strampeln uns ab und flehen auf den Knien um Erlösung. Der lacht doch nur über uns! Milliarden von Menschen hungern – und dann sollen wir ihn auch noch anbeten!«

Mit heutigem Abstand glaube ich, dass wir damals unsere ganze Schlechtigkeit und die schlimmen Folgen unserer Taten noch gar nicht wahrgenommen hatten. In Wahrheit waren vor allem wir selbst dafür verantwortlich, wie wir gehandelt hatten. Gott sieht und kennt alles. Laut der Bibel hat er jedes Haar auf unseren Köpfen gezählt. Er steht jedem Menschen bei, doch er lässt auch jedem von uns die Freiheit, sich für oder gegen das Böse zu entscheiden. Natürlich können wir von Schicksalsschlägen heimgesucht werden: Krebs, Naturkatastrophen, menschliche Tragödien – darunter leiden auch Christen. Aber was das Verbrechen angeht, haben wir unser Glück selbst in der Hand – und damit auch die Verantwortung. Wir können sie nicht einfach auf Gott abschieben.

Trotzdem tat ich dies weiterhin, auch unter den verbesserten Haftbedingungen. Deswegen waren meine Erwartungen eher gering, als ein gewisser Georg Schmucki meine Zelle betrat. Es war in den ersten Tagen des offenen Vollzugs in Saxerriet. Schmucki war gut einen Kopf kleiner als ich, hatte eine Brille und einen Vollbart, ein sportlicher Typ, obwohl er bestimmt 15 Jahre älter war als ich. Er trug ganz normale Alltagskleidung und kein Amtsornat, weshalb er nicht direkt als Geistlicher erkennbar war.

»Sali, Ruedi. Ich heiße Georg Schmucki und bin hier der katholische Gefängnispfarrer«, stellte er sich mit gütiger Miene vor.

»Hallo, Georg.« Ich war anfangs etwas reserviert, obwohl die Chemie stimmte. Wir waren sofort per Du. In den eineinhalb Jahren zuvor hatte ich ein einziges Gespräch mit einem Seelsorger geführt. Ich wusste nicht, was ich erwarten sollte. Aber ich fand es schön, dass sich jemand für mich interessierte.

»Wie geht es dir denn so in der Haft?«

»Den Umständen entsprechend.«

»Das war bestimmt eine harte Zeit in den vergangenen Monaten. Wie hast du das alles denn verkraftet?«

Ich berichtete Georg von meiner bisherigen Tour durch die verschiedenen Schweizer Gefängnisse, von den Taten, die ich begangen hatte. Ja, hier stand ein Mann Gottes vor mir, aber um den Glauben ging es gar nicht. Er hörte einfach zu. Das tat gut. Wir sprachen knapp eine Stunde, dann ging er weiter zum nächsten.

Immer wenn ein neuer Häftling kam, stellte Georg Schmucki sich ihm vor und bot an, mit ihm zu sprechen. Wenn er bei dem

Häftling auf eine gewisse Offenheit stieß, kam er öfter zu Besuch. Wenn nicht, dann nicht. Niemand wurde gezwungen. Ich schätzte sehr an ihm, dass er nicht gleich versuchte, mich zu bekehren. Die meisten Knackis wissen bewusst oder unbewusst, dass sie durch ihre Verbrechen Sünder sind. Da brauchen sie nicht noch einen, der daherkommt, ohne eine Ahnung von diesem Leben zu haben, und etwas davon labert, dass sie nur an Jesus Christus glauben müssen und ihnen alle Sünden vergeben sind. Wenn man die Erlösung noch nicht selbst erlebt hat, denkt man fast automatisch: »Ja und? Dann sitze ich immer noch im Knast! Schöne Vergebung, nur leere Worte.«

Schmucki war Domherr von St. Gallen, ein prestigeträchtiger Posten. Dadurch zählte er zu den Personen, die sich Chancen auf das Bischofsamt ausrechnen konnten. Er wollte aber lieber mit Menschen arbeiten. Einmal fragte ich ihn, warum er ausgerechnet in den Knast kam, wenn er das doch gar nicht musste. »Ach, weißt du, als Stadtpfarrer hat man mit mehreren Tausend Leuten zu tun. Die haben alle ihre Problemchen. Aber ihr im Gefängnis, ihr habt die echten Probleme. Wenn ich bei euch bin, dann erdet mich das. Jesus hat den Jüngern gesagt: Ihr habt mir Kleidung gegeben, ihr habt mich im Gefängnis besucht, obwohl die Jünger das gar nicht gemacht hatten. Was Jesus damit sagen wollte, war: Das, was wir für einen seiner geringsten Brüder tun, das tun wir für ihn.«

»Wow«, dachte ich, »der Mann meint es wirklich ernst mit seinem Glauben.«

Etwa ein Jahrzehnt war vergangen, seitdem ich der Kirche den Rücken gekehrt hatte. Dass der junge Kaplan, den wir so bewunderten, einfach so versetzt worden war, das Machtdenken und die Arroganz der Kirchenfürsten, die ich damals erlebt hatte, hatten mich angewidert. Doch in Georg Schmucki lernte ich einen Pfarrer kennen, der ganz anders war. Er schien wirklich zu versuchen, Jesus nachzufolgen.

Schmuckis Ernsthaftigkeit und Wohlwollen waren der Türöffner zu meinem Herzen. Ich sprach regelmäßig mit ihm, und wenn wir uns unterhielten, hatte ich nie den Eindruck, er wolle mich missionieren. Er zitierte nicht Bibelstelle um Bibelstelle, sondern hörte mir zu, fragte nach, machte mir Mut. Wenn es sich anbot, dann zog er eine Parallele von unserem Leben zur Bibel und die Verse wurden dadurch so greifbar, als seien sie für mich geschrieben worden.

Der Alltag im offenen Vollzug in Saxerriet war nicht mit der Untersuchungshaft zu vergleichen. Ich brachte mich in die Gemeinschaft ein und gründete einen Joggingkreis, mit dem ich regelmäßig draußen mit weiteren Laufbegeisterten trainieren durfte. Ohnehin trieb ich viel Sport und war topfit wie zu meiner Militärzeit. Ich war dankbar, arbeiten und mir etwas dazuverdienen zu dürfen. Die Angebote für Häftlinge waren hervorragend, die Bedingungen vorbildlich. Ein gut geführtes Königreich eben.

Doch das durfte nicht darüber hinwegtäuschen, dass in Saxerriet auch Schwerverbrecher einsaßen, Kriminelle, die vielleicht eine etwas bessere Aussicht auf Wiedereingliederung in die Gesellschaft hatten, es aber immer noch faustdick hinter den Ohren hatten.

Als ich in Saxerriet ankam, hatte einer meiner Mithäftlinge nur noch zwei Wochen abzusitzen. Er hatte mit Cannabis gedealt und war dann für drei Monate eingebuchtet worden. Er war einer der typischen Knastbrüder, wie ich sie zuvor schon erlebt hatte. Er prahlte mit seinen Taten, leugnete seine Verantwortung, zeigte kein ernsthaftes Interesse an einer Änderung. Wir verabschiedeten den Kerl in die Freiheit und ich dachte, ich würde ihn nie wiedersehen. Nach einem halben Jahr war er erneut da. Diesmal war er mit mehreren Dutzend Kilo Kokain erwischt worden, die er ins Tessin schmuggeln wollte. Drei Jahre bekam er aufgebrummt. »Nix gelernt«, dachte ich. »Vielleicht kapiert er es ja diesmal.«

Aber er war völlig durchgeknallt, lebte in seiner eigenen Welt und meinte: »Das nächste Mal mache ich das viel besser! Die Scheißbullen werden mich nie kriegen!« Er hielt sich für cool, und überspielte mit seinem Machogehabe, dass er in Wahrheit ein armes Würstchen war. Ich fragte ihn: »Sag mal, wenn du so saucool bist, warum sitzt du dann hier ein?« Schweigen. Dann erklärte er: »Ach, mein Kumpel hat mich verpfiffen.«

Nach drei Jahren kam er frei, von Besserung keine Spur. Er selbst war Schweizer, doch er hatte noch in der Haft Kontakte mit türkischen Dealern geknüpft. Die hatten ihn für ein besonderes Projekt gewonnen. Sein Auftrag war, einen Lkw mit Drogen in die Schweiz zu fahren. An der Schweizer Grenze wurde er sofort von den Grenzwächtern gestellt – und bekam zehn Jahre aufgedrückt. Ob er sich danach immer noch für cool hielt? Ich weiß es nicht.

Trotz meiner guten Haftbedingungen und der regelmäßigen Gespräche mit dem Seelsorger war auch ich weit entfernt von einem gesunden Umgang mit meiner Vergangenheit. Auf meine Ex-Frau hatte ich einen enormen Hass entwickelt, weil so viele Dinge schiefliefen. Ich fühlte mich hilflos, ohnmächtig und ausgenutzt.

Doch wenigstens konnte ich jetzt endlich meine Kinder sehen! Es war ein unbeschreiblich schönes Gefühl, die Kinder wieder bei mir zu haben, und das ohne dicke Sicherheitsscheibe, ohne Telefon, ohne Aufpasser.

Ich war furchtbar aufgeregt, als sie das erste Mal nach Saxerriet kamen. Von meinem Geld hatte ich Zeichenblöcke, Bastelbögen und kleine Modellflugzeuge gekauft, ganz so, wie ich sie selbst als Kind gebaut hatte. Wir umarmten einander zur Begrüßung, so fest es ging, die Kinder waren ganz aufgedreht und berichteten überschwänglich von ihren neusten Erlebnissen. Sie waren glücklich, dass sie ihren Papa hier in Saxerriet sehen konnten, wo alles irgendwie viel normaler zu sein schien als in anderen Knästen. Die Tiere auf dem angeschlossenen Bauernhof, das offene Gelände – es wirkte von außen mehr wie ein Heim als ein Gefängnis. Wir gingen in einen Gruppenraum, bastelten zusammen, malten aus, ich half beim Kleben und Schneiden, es war wirklich eine Wonne. Jedes Mal, wenn ich die Kinder wieder für mehrere Wochen verabschieden musste, wurde mein Herz ganz schwer, und ich glaube, auch ihres. Ich liebte – und liebe – sie so sehr!

Umso schlimmer war es, wenn ein Besuch kurzfristig ausfiel. Dann rastete ich vor Wut dermaßen aus, dass ich die Telefonzelle malträtierte. Wenn ich mit dem Gefängnispfarrer über Evelyn sprach, konnte ich mich richtig in Rage reden. »Was für eine Schlampe! Was fällt der ein? Was denkt sie, wer sie ist? Die kann mich mal!«

Ich wütete, ballte die Faust, benutzte Schimpfwörter. Ich berichtete ihm auch von den Briefen der Kinder und davon, wie sehr sie unter der Situation litten. Manchmal wurden sie in der Schule gehänselt, weil ihr Papa im Knast saß. Ich schämte mich so. Die Hilflosigkeit, dass ich meine eigenen Kindern nicht unterstützen konnte, war einfach unerträglich. Ich saß im Gefängnis, während sie gemobbt und fertiggemacht wurden. Sie waren unschuldig, ich Idiot hatte die Verbrechen begangen.

Pfarrer Schmucki hörte sich meine Tiraden an, aber irgendwann sagte er: »Ruedi, weißt du was? Du hast einen Sprung in der Schüssel.«

»Wie bitte? Ich bin doch nicht verrückt! Wie meinst du das?«

»Du trägst Aggressionen in dir, die du nicht bewältigen kannst. In dir hat sich eine Wut angestaut, mit der du überfordert bist. Das ist nicht gut. Und das ist einer der Gründe dafür, dass du unglücklich bist.«

»Aha. Und was soll ich deiner Meinung nach tun?«, gab ich zurück.

Natürlich wünschte ich mir Heilung für meine Seele. Aber für mich war die Sache klar: Wie ich behandelt wurde, war schlicht unfair, gemein und böse. Ich hatte jedes Recht, sauer zu sein!

Georg Schmucki ließ sich nicht beirren. Er hatte einen guten Zugang zu mir, aber er kannte seine Grenzen: »Ich fürchte, dass ich dir dabei nicht helfen kann. Ich bin Seelsorger und Theologe, aber kein Psychologe. Da muss ein Profi ran.«

Anfangs war ich skeptisch. Brauchte ich wirklich einen Seelenklempner? Hatte ich tatsächlich einen Sprung in der Schüssel? Ich glaube, wenn mir das eine der Weißwesten gesagt hätte, die arrogant auf uns »Elende« runterblickten, hätte ich sie dorthin geschickt, wo der Pfeffer wächst. Aber Georg Schmucki hatte mein Vertrauen, weil er lebte, was er predigte, und weil er Menschenkenntnis hatte. Daher stellte ich einen Antrag auf einen Termin mit dem Anstaltspsychiater. Nach einem Anamnesegespräch erstellte dieser einen Bericht an den Gefängnisdirektor, in dem er eine therapeutische Maßnahme empfahl. Diese wurde bewilligt, bis zum ersten Termin dauerte es aber noch ein bisschen.

Ich war mit Sicherheit nicht der Einzige, der eine Therapie nötig hatte, aber leider schrecken viele Menschen vor diesem Schritt zurück. Dabei sind echte Veränderungen nur möglich, wenn negative Grundmuster entdeckt und bearbeitet werden.

Im Gefängnis gab es verschiedene Gruppen, die sich zu Freizeitaktivitäten trafen. Jede hatte einen eigenen Freizeitraum zur Verfügung, in dem es auch einen Fernseher gab. Interessanterweise gründeten sich die Gruppen häufig nach gewissen Gemeinsamkeiten, zum Beispiel nach der Art der kriminellen Vergangenheit: Es gab die Dealer, die Zuhälter, die Einbrecher, die Hehler. Die Nationalität spielte ebenfalls eine Rolle. Es gab die Türken, die meisten hatten Heroin von Afghanistan in die Schweiz geschmuggelt. Die rumänischen Banden dagegen hatten Einbrüche verübt, oft in großem Stil und hochprofessionell. Die Nigerianer bestanden ebenfalls hauptsächlich aus Drogendealern. Vor allem die Nigerianer, aber auch die Türken verhielten sich oft unmöglich. Ich will mit dieser Beobachtung keinen Rassismus schüren, aber das waren nun mal die Erfahrungen, die ich im Gefängnis machte.

Jeden Tag gab es drei Menüs zur Auswahl: gutbürgerlich, vegetarisch und halal, also geeignet für Muslime. Die Nigerianer meckerten trotzdem immer.

»Was ist das denn schon wieder für ein Scheißfraß!«, brüllten sie und schmissen die Teller einfach Richtung Küche. Auch manche Türken benahmen sich so. Einmal nahm ich einen beiseite: »Ich sag's dir, sei froh, dass du nicht in der Türkei festgenommen worden bist, sondern in der Schweiz. In einem türkischen Gefängnis müsstest du jeden Tag denselben ekelhaften Schleim fressen!« Andere Insassen bestätigten meine Einschätzung, zum Beispiel ein Rumäne, der sich brüstete, eine »Tour de l'Europe« zu absolvieren und als Einbrecher von einem europäischen Knast in den nächsten zu wandern.

Die Nigerianer und die Türken zogen jedoch oft die Rassismuskarte: »Ihr gebt uns das zu fressen, weil ihr Nazis seid und uns hasst!« Sie nannten nicht nur die Wärter, sondern auch die Schweizer und Rumänen »Weißbrote«, eine abwertende Bezeichnung für Menschen mit heller Hautfarbe. Die Verwaltung reagierte ihrerseits mit panischer Angst, da sie sich auf keinen Fall einem Rassismusverdacht aussetzen wollte. Deshalb durften die Nigerianer ab und zu selbst kochen, wie es ihnen schmeckte. Dafür kauften sie Kochgeräte aus der gemeinsamen Spendenkasse. Ich muss nicht erwähnen, dass das die Konflikte zwischen den Ethnien nur noch beförderte. Wir fühlten uns häufig bedroht, und wenn wir uns wehrten, sahen die Nigerianer das als Bestätigung für ihren Rassismusvorwurf.

Ich selbst fühlte mich keiner dieser Gruppen zugehörig, doch meine Geschichte schien sich herumgesprochen zu haben. Als ich an einem Tag mit meinem Tablett an der Essensausgabe stand, ahnte ich noch nicht, dass ich bald ein unfassbar abstoßendes Angebot erhalten würde. Eines, das ich um ein Haar angenommen hätte.

Ibo, ein Schönling mit dunklem lockigen Haar, lud mich ein: »Ruedi, setz dich zu uns!«

Der junge Mann winkte mich zu dem Tisch, an dem auch seine Kameraden saßen: die Zuhälter. Ich setzte mich neben ihn auf den freien Stuhl.

»Ruedi, ich würde dich gerne ein bisschen kennenlernen. Du hast eine Bank ausgeraubt, oder?«

Ich bejahte.

»Und warum hast du das gemacht?«

Ich erzählte ihm die ganze Geschichte. Dass ich ein enttäuschter Ehemann war, der seine Kinder bei sich haben wollte. Ich berichtete davon, wie ich immer wütender auf meine Ex-Frau geworden war und dass ich ihren Liebhaber ins Krankenhaus geprügelt hatte. Ich brüstete mich damit, dass ich ihm als ehemaliger Elitesoldat körperlich haushoch überlegen gewesen war.

Ibo hörte aufmerksam zu und nickte zustimmend. Ihm schien sehr zu gefallen, was er da hörte. Ich passte perfekt für das, was er vorhatte. Ein enttäuschter Ehemann mit krimineller Vergangenheit, der zuschlagen und mit einer Waffe umgehen kann, das waren ideale Voraussetzungen für einen Zuhälter.

Als ich fertig war, weihte Ibo mich in seine Pläne ein. Er erzählte mir, dass ich sehr viel Geld mit den Mädchen verdienen könne und dass das Leben eines Zuhälters ein einziger Traum aus Kohle, Sex und schnellen Autos sei.

»Wenn du dich jetzt für uns entscheidest, kannst du sogar schon einsteigen, wenn du Ausgang hast«, sagte Ibo. »Du darfst dir ein Auto aussuchen, das steht dann vorm Gefängnis für dich bereit. Welches hättest du denn gerne?«

Ich wollte schon immer einen 1968er Ford Mustang haben, das geilste Auto, das je gebaut wurde. Ein bulliger 6,4-Liter-V8-Motor mit einem hammermäßig röhrigen Sound. Chrom, klare Kanten, keine überflüssigen Schnörkel und Knicke wie bei den modernen Autos. Selten und kaum bezahlbar. So einen wollte ich.

»Kein Problem, welche Farbe?«, fragte Ibo. Der Kerl meinte es ernst!

»Äh, blau.«

»Gut, organisieren wir.«

Damit hatte er mich. Natürlich wollte ich wissen, was man als Zuhälter so macht. Ibo hielt mir einen Einführungsvortrag in dieses zwielichtige Business, das mir so fremd wie spannend vorkam. Ibo war ein ziemlich attraktiver junger Kerl, ein echter Loverboy, wie man heute sagt. Er gaukelte den Mädels die große Liebe vor, nur um sie dann zum Sex mit fremden Männern zu zwingen. Ich war für eine Aufgabe vorgesehen, die ich noch während meiner Haftstrafe erledigen könnte. Ich sollte nach Zürich ins Rotlichtviertel fahren, dort das Geld von den Huren kassieren und bei den Oberbossen abliefern.

»In der Zwischenzeit kannst du kostenlos herumvögeln«, schwärmte Ibo. »Es gibt nur drei Sachen, die du zwingend beachten musst. Wenn du dich daran hältst, läuft es wie von selbst. Erst einmal musst du Frauen unbedingt richtig hart anpacken, wenn sie nicht parieren. Du darfst nicht vergessen: Du bist der Boss und sie müssen dir gehorchen. Wenn sie blöd tun und sich wehren, musst du sie eben schlagen. Wenn das nicht hilft, musst du sie vergewaltigen. Dann wissen sie wieder, wo es langgeht. Ganz einfach.«

Das waren heftige Worte, auch für mich, der ich in der Haft bei all den Verbrechergeschichten innerlich abgestumpft war. Ich hörte trotzdem weiter zu.

»Der zweite Punkt ist: Liebe gibt es nicht. Liebe ist ein Trick von Frauen, um uns Männer um den Finger zu wickeln. Liebe ist eine

Lüge und eine Illusion. Ihr Ziel ist, uns Männer mit ihrer vorgegaukelten Liebe von ihnen abhängig zu machen. Deswegen müssen wir Männer zusammenhalten, verstehst du?«

Ich verstand. Diese absolut frauenfeindliche Haltung war mir neu, aber sie leuchtete mir absolut ein. Ich hatte mich wegen meiner bisherigen Frauen in einen so fanatischen Frauenhass hineingesteigert, dass es mir plausibel erschien, dass Liebe eine Lüge ist, mit der Frauen die Männer einlullen. Und wenn es in der Beziehung kippt, zeigen sie einem die kalte Schulter und nehmen einen aus wie eine Weihnachtsgans. Und der Staat half ihnen durch seine Gesetze auch noch dabei! Damals bekamen Frauen automatisch das Sorgerecht, die Männer schauten in die Röhre. Dafür durften sie zahlen, um ihre Kinder zwei Wochen im Jahr und einmal im Monat für ein Wochenende zu sehen.

Ich war verletzt in meiner Ehre als Mann, weil ich mich verletzbar gemacht hatte. Das wollte ich nie wieder. Die logische Konsequenz war daher eine neue Einstellung zu Frauen: Emotionen abstellen, dafür Sex, Macht und Geld bekommen. Ein sehr verführerischer Gedanke.

Die dritte Forderung war, dass ich eine polnische Prostituierte heiraten musste, damit sie in die Schweiz einreisen konnte. Es sollte nur eine Scheinehe für die Einreisebewilligung sein.

»Schau mal.« Ibo kramte einen Stapel Fotos von jungen Polinnen aus seiner Tasche. »Die hier hat geile Titten, die hier einen echt heißen Arsch. Die kannst du alle gratis ficken und du wirst dich während deiner Knastzeit finanziell sanieren.«

Es war wie in der Auslage des örtlichen Metzgers. Fleischbeschau in der Gefängniskantine. Es stimmte, eine Frau war attraktiver als die andere, und ich muss zugeben, dass ich große Sympathien für das Angebot hegte.

»Und das Beste ist, Ruedi: Du wirst am Gewinn beteiligt. Je besser du deinen Job machst, desto mehr Kohle kriegst du.«

Ich sagte Ibo, ich müsse ein paar Nächte darüber schlafen. Zum Zuhälter wird man ja nicht von jetzt auf gleich.

Ein paar Tage lief ich mit dieser Vorstellung im Kopf herum: Ruedi Szabo, der steinreiche Zuhälter mit dem heißen Schlitten und mit mehr Weibern als im arabischen Harem. Wieder so eine Traumwelt, in die ich mich flüchtete.

Bei meinem nächsten Termin mit dem Gefängnispfarrer Georg Schmucki scherzte ich: »Hast du Lust, eine Hochzeit zu organisieren? Bei mir ist es bald so weit.«

»Ach, wirklich? Hast du jemanden kennengelernt?«, fragte Schmucki. Er lächelte, schaute aber etwas ungläubig.

Ich erzählte ihm von meinen Plänen. Ich berichtete ihm von dem verlockenden Angebot von Ibo, von den hübschen Frauen und der einen Polin, die ich dafür heiraten musste. »Und Ibo hat mir auch erklärt, wie das mit den Frauen ist: Liebe ist eine Illusion, die gaukeln sie dir nur vor. Er hat ja so recht!«

Normalerweise schaute Georg Schmucki gutmütig, doch nun verfinsterte sich sein Gesicht, wie ich es vorher und nachher nie wieder bei ihm gesehen habe. Er nahm die Bibel in die Hand. Ob nun eine Moralpredigt folgen würde?

»Ich könnte dir Hunderte Stellen in der Bibel zeigen, in denen es um Liebe geht.« Georg hielt inne. »Aber das mache jetzt nicht.« Er legte die Bibel beiseite. »Ich kenne die Zelle von Ibo, ich habe ihn schon mal besucht. Weißt du, wie die Wände dort aussehen?«

Ich wusste es. Sie waren über und über mit Pin-up-Girls vollgeklebt, alles voller nackter Brüste, lasziv dreinschauenden Damen und weiblichen Hinterteilen.

Als ich nickte, fuhr Georg fort: »Wenn ich hingegen deine Zelle anschaue, dann sehe ich keine einzige nackte Frau. Sondern Fotos von deinen Kindern. Briefe, die sie dir geschrieben haben. Zeichnungen, die sie für dich gemalt haben. Basteleien, die sie für dich angefertigt haben. Und jetzt sag mir: Was verbindet dich mit deinen Kindern?« Ich schwieg und er hakte etwas lauter nach: »Was ist das für ein Gefühl, das dich mit deinen Kindern verbindet?«

Mich erfüllte eine tiefe Scham. Es war völlig klar: Mich verband eine tiefe Liebe mit meinen Kindern. Eine echte und aufrichtige, keine geheuchelte. Ich wäre für sie gestorben. Was war ich für ein triebgesteuerter Idiot! Natürlich gab es echte Liebe! Nur weil ich enttäuscht und verletzt war, hieß das noch lange nicht, dass es keine Liebe gab!

Meine Entscheidung war sofort gefallen. So schnell es ging, marschierte ich zu Ibo und teilte ihm meinen Entschluss mit. Der freundliche Schönling reagierte voller Gehässigkeit, als ich meine Beweggründe erklärte. »Scheiß auf deine Schreihälse«, keifte er mich an.

Nach dieser Begegnung war ich absolut sicher, dass ich die richtige Entscheidung getroffen hatte. Ibo hatte sein wahres Gesicht gezeigt. Hinter seinem Treiben stand nichts Gutes, sondern das blanke Böse. Wie viele Frauenleben hatte er wohl schon zerstört?

Die Zuhälter hatten mich in ihre Freizeitgruppe aufgenommen, wohl um mich durch das Gemeinschaftsgefühl für die Zuhälterei zu gewinnen. Deswegen saßen wir trotz meiner Entscheidung zusammen im Freizeitraum, als unser zuständiger Gruppenpsychologe eine Stunde leitete. Antonio kam einmal wöchentlich in unsere Freizeitgruppen. Das war Teil des pädagogischen Konzeptes, das Direktor Brenzikofer im Gefängnis Saxerriet eingeführt hatte.

Diese Woche war das Thema leicht zu finden, nachdem der Psychologe Wind von der Story mit der Prostitution bekommen hatte: »Heute sprechen wir über das Thema Liebe. Lasst uns diskutieren.«

Die Zuhälter tickten aus. »Der Ruedi ist ein Verräter, der spinnt, den schmeißen wir jetzt aus unserer Freizeitgruppe raus.«

Der Psychologe widersprach: »Ich glaube, Ruedi hat recht. Denkt mal darüber nach: Gibt es wirklich keine Liebe?«

Die anderen tobten vor Wut: »Halt deine Fresse!«

Die Lage eskalierte, als ich ihnen an den Kopf warf: »Wenn ihr euch dermaßen aufregt über dieses Thema, dann solltet ihr euch vielleicht mal darum kümmern, euer Leben in den Griff zu kriegen. Eins habe ich nämlich begriffen: Wenn ich mich über etwas aufrege, dann berührt es einen empfindlichen Punkt in mir.«

Das war zu viel. Einer der Zuhälter nahm eine Bierflasche am Flaschenhals, zerbrach diese an der Tischkante und stürmte mit dem rasiermesserscharfen Ende auf mich zu, zwei weitere Zuhälter unterstützten ihn. Ich wehrte mich, ein Gerangel auf sehr engem Raum. Obwohl sie zu dritt waren, hatten die drei Jungs aufgrund meiner Kampfsporterfahrung keine Chance. Innerhalb kurzer Zeit lagen alle am Boden.

Der Psychologe hatte in der Zwischenzeit den Sicherheitsdienst gerufen. Wer eine Schlägerei anfängt, fliegt raus aus Saxerriet, das war die Regel. Sollte ich als Sieger nun der Verlierer sein?

Gott sei Dank bestätigte der Psychologe, dass ich mich nur gewehrt hatte. Ich durfte bleiben, die drei Zuhälter landeten dagegen im Hochsicherheitsgefängnis. Nix Frauen, nix Autos. Aus der Traum. Das Kapitel war abgeschlossen, sowohl für mich als auch für die drei Schläger.

Mein Leben war zu dieser Zeit gekennzeichnet von einer großen Diskrepanz. Einerseits hörte ich mir Bibelverse an und ging regelmäßig in den kleinen Gefängnisgottesdienst, andererseits hatte ich ernsthaft überlegt, Zuhälter zu werden. Das passte doch nicht zusammen! Ich konnte mir diese Ambivalenz selbst nicht erklären. Vermutlich hatte Georg Schmucki recht und ich hatte tatsächlich einen Sprung in der Schüssel! Gut, dass ich bald meine Therapie beginnen würde.

Als jedoch der erste Termin für meine Gesprächstherapie anstand, war ich empört. Eine Frau? Von denen hatte ich ja nun wirklich genug!

Auswählen durfte ich nicht, also dachte ich: »Was soll's, ich kann es ja mal probieren.«

Elisabeth Moser war eine sehr zierliche Person und gut fünfzehn Jahre älter als ich. Dafür war sie jedoch umso resoluter. Sie sagte mir, dem muskelbepackten Schwerverbrecher, immer ganz genau, was sie von mir erwartete.

In den ersten Sitzungen erzählte ich ihr meine Biografie und wie ich in die Verbrechen hineingerutscht war. Anschließend schilderte ich meine Taten. Wenn ich über die Opfer sprach, geschah das eher emotionslos und oberflächlich.

Doch in der vierten oder fünften Sitzung hielt Frau Moser meine Akten in den Händen und hakte penetrant nach: »Was war das denn für ein Mädchen, das Sie in Hittnau mit einer Waffe bedroht haben?«

Ich kam ins Stottern. Diese Frage gefiel mir nicht. Sie beschämte mich und ich fühlte mich in eine Ecke gedrängt. Ich druckste herum: »Ja, das war halt ein Mädchen.«

Das reichte ihr nicht, sie fragte weiter: »Wie hat das Mädchen sich wohl gefühlt, als Sie es bedroht haben?«

Das wurde mir zu wild. »Ich wollte ja nur die Kohle, und das waren nur ein paar Sekunden. Das war für das Mädchen bestimmt nicht so schlimm«, versuchte ich, das Gespräch zu beenden. Noch immer verharmloste ich meine Taten.

Frau Moser gab sich mit meiner Antwort jedoch nicht zufrieden. »Herr Szabo, ich beweise Ihnen jetzt, dass Sie damals gegenüber dem kleinen Mädchen in Hittnau eine feige Sau waren!«

Ein Problem in der menschlichen Kommunikation ist die »selektive Wahrnehmung«. Ich war bereits sehr angespannt und so hörte ich nur: »Sie sind eine feige Sau!« Den Rest blendete ich einfach aus.

Ich explodierte, schnellte aus dem Stuhl empor, sprang ganz dicht zu Frau Moser und brüllte ihr ins Gesicht: »Was ist das für eine

Scheißtherapie! Ich kann Sie einfach packen und wie einen Frosch an die Wand klatschen!«

Frau Moser verschränkte die Arme und musterte mich kritisch von unten herauf: »So, ist das Ihre Zukunft, Herr Szabo? Wollen Sie so weitermachen?«

Oh, ich wollte ihr so gerne eins auf die Fresse hauen! Mich juckte es unendlich in meiner rechten Faust. Doch das hätte Bunker und Hochsicherheitsgefängnis bedeutet. Deshalb beherrschte ich mich. Ich brauste aus dem Zimmer und warf ihr im Gehen noch zu: »Sie Schlampe, mit Ihnen will ich nix mehr zu tun haben!«

Bevor ich die Tür zuschlagen konnte, hatte sie allen Ernstes den Mumm, mir nachzurufen: »Ach und davonlaufen tun Sie auch noch!«

Diese Frau hatte wirklich Nerven aus Drahtseilen. Ich war ihr körperlich vollkommen überlegen, ich hätte sie mit wenigen Handgriffen umbringen können, bevor sie hätte Hilfe holen können. Dennoch ließ sie sich nicht einschüchtern. Ich war zutiefst beschämt.

Als der Gefängnisseelsorger das nächste Mal vorbeikam, teilte ich ihm mit, dass ich mit dieser Tussi nichts mehr zu tun haben wollte. Ich als gestandener Grenadier-Unteroffizier wollte mich nicht von einer dahergelaufenen Provokateurin, die sich Psychologin schimpfte, beleidigen lassen! »Feige Sau hat sie gesagt, geht's noch?«

Georg Schmucki hörte sich meine Wutrede auf die Psychologin an. Dann gab er seine Einschätzung: »Wenn Frau Moser dich so herausgefordert hat, dann hatte sie einen therapeutischen Grund dafür. Sie hat einen wunden Punkt bei dir getroffen, oder?«

Das hatte sie. Den wundesten Punkt überhaupt. Meine gekränkte Ehre. Meine Scham.

»Wenn das so ist, dann musst du dir diese wunden Punkte anschauen und daran arbeiten, Ruedi!«

Überzeugt war ich noch nicht. Am Freitag war die nächste Sitzung bei Frau Moser vorgesehen. Ich wollte auf keinen Fall noch einmal in einem Raum mit dieser Frau sitzen, aber Schmucki schleppte mich regelrecht zur Therapie. Normalerweise kam er nur dienstags nach Saxerriet, diese Woche war er jedoch extra freitags gekommen, um mich zu Frau Moser zu begleiten.

Er redete auf mich ein: »Du hast auch Dinge gesagt, die nicht okay waren. Du hast sie eine Schlampe genannt!« Er fasste mich an der Hand und zog mich zur Tür, hinter der Frau Moser wartete. »Jetzt musst du klopfen. Klopfen!« Es war eine Szene wie aus einem Stummfilm. Ich Hüne traute mich nicht, an die Tür zu klopfen, weil dahinter eine zierliche, kleine Frau saß, vor deren Worten ich mich fürchtete. Wie peinlich, wie hochnotpeinlich!

Und es ging noch blamabler.

»Jetzt kommen Sie endlich rein, Herr Szabo, ich warte schon«, quäkte es plötzlich aus dem Inneren mit einem schneidenden Zürcher Dialekt. Frau Moser hatte uns gehört!

Ich tapste herein wie ein Hund, der gerade ein Sofa zerbissen hat, setzte mich und schaute zum Fenster raus. Wir schwiegen uns an.

Sie musterte mich und strotzte vor Selbstvertrauen. »Ich will eine Entschuldigung von Ihnen!«, sagte sie.

»Wie bitte? Sie müssen sich vielmehr bei mir entschuldigen!« Wir stritten eine geschlagene halbe Stunde, wer sich bei wem entschuldigen sollte. Natürlich gewann sie.

»Ich nenne Ihnen zwei Dinge, für die Sie sich entschuldigen müssen«, hob sie an. »Erstens: Sie haben mir gedroht, mich wie einen Frosch an die Wand zu klatschen. Das hat mir Angst gemacht. Sie werden mich nie wieder bedrohen, und wenn doch, melde ich Sie umgehend bei der Direktion und erstatte Anzeige gegen Sie. Zweitens: Sie haben mich mit dem Wort Schlampe beleidigt. Das ist sexistisch. Ich bin die Frau eines protestantischen Pfarrers! Ich bin meinem Mann treu und bin Christin. Sie haben mich als Prostituierte bezeichnet.«

Als sie das sagte, hätte ich im Boden versinken können. Sie war Frau eines Pfarrers und wirklich eine von den Guten!

»Ich dachte, der Prostitution hätten Sie eine Absage erteilt«, schimpfte sie weiter. »Ich will, dass Sie nie wieder eine Frau derart beleidigen!«

Ich maulte widerwillig rum. Natürlich hatte sie recht. Aber ich konnte nicht über meinen Schatten springen. »Es … ja, also es tut mir halt leid.«

»Das machen wir gleich noch mal! Ich will, dass Sie sich entschuldigen und Ihre Entschuldigung mir gegenüber begründen!«

Es war mit das Peinlichste, was ich je mitgemacht habe, mehr eine Entmannung als eine Psychotherapie. Die Frau hatte mich wirklich vollkommen unter Kontrolle.

Die Entschuldigung dauerte eine Viertelstunde lang. Ich sagte ihr, dass mich vor allem ihre Erklärung des Wortes »Schlampe« betroffen gemacht hatte. Eigentlich hätte ich ein anderes Frauenbild, aber ich hätte meine negativen Erfahrungen wohl auf sie projiziert: »Das ist mir deswegen rausgerutscht. Es tut mir wirklich leid.«

Danach ging es besser. Ich erkundigte mich nach ihrem Mann, dem Pfarrer. Plötzlich konnten wir wieder normal miteinander reden.

Anschließend musste ich ein Ziel formulieren. Wieder druckste ich herum: »Ich will nicht mehr so jähzornig sein, wenn mich jemand beleidigt.«

»Genau das ist der Punkt! Sie stecken voller Minderwertigkeitsgefühle. Daraus resultiert Ihre Verletztheit und die Kränkungen, die Sie darum umso härter treffen. Sie müssen lernen, mit diesen Gefühlen umzugehen. Sagen Sie mal, wie habe ich Sie denn beleidigt?«

»Sie haben gesagt, dass ich eine feige Sau bin.«

»Nein, das habe ich nicht gesagt. Ich habe Ihnen gesagt, dass Sie damals gegenüber dem kleinen Kind eine feige Sau waren. Sie haben Ihre Machtposition gegen ein wehrloses Kind eingesetzt. Da waren Sie eine feige Sau. Wissen Sie, wie man das nennt? ›Selektives Hören‹ nennt man das. Sie verstehen Aussagen als persönliche Angriffe gegen Ihre Identität, obwohl sie eigentlich auf etwas anderes gerichtet sind.«

Frau Moser hatte mich ordentlich zurechtgewiesen und mir den Spiegel vorgehalten. Und sie hatte mit jedem einzelnen Wort recht, auch wenn sie dabei enorm konfrontativ vorgegangen war. Die Woche nach diesem Entschuldigungstreffen war hart, denn mit dieser neuen Sichtweise ausgestattet wurden mir meine charakterlichen Defizite immer stärker bewusst. Ich merkte, wo ich jämmerlich war, wo ich mich wie ein rücksichtsloses Arschloch verhielt – und woran ich unbedingt arbeiten musste. Ich brauchte einen Reifeprozess, das wurde mir klar. Ich war Mitte 30, aber tatsächlich verhielt ich mich je nach Situation wie ein pubertierender Teenager, der seine Impulse nicht kontrollieren kann. War das der Grund dafür, dass ich kriminell geworden war?

Nach und nach lernte ich, besser mit meinen Aggressionen umzugehen. Frau Moser half mir dabei enorm, gerade weil sie so direkt und resolut vorging. Das tat oft weh. Aber die Wahrheit ist eben häufig schmerzhaft. Ich wollte mich wirklich bessern. Verantwortung übernehmen. Nach vorne blicken. Und deswegen besuchte ich treu die Therapiestunden, auch wenn es schwer war.

Zu meinen neuen Zielen passte es gut, dass ich den Auftrag erhielt, als neu gewählter Insassenrat eine Freizeitgruppe zu gründen. Die Gruppe der Zuhälter war nach der Prügelei aufgelöst worden. Wir waren zu sechst und verstanden uns gut. Schon bald kamen wir in den Genuss, einen gemeinsamen Ausflug zu machen. Selbst die, die wie ich noch nicht ausgangs- oder urlaubsberechtigt waren, durften mitkommen. Das gehörte zum liberalen Programm, das Paul Brenzikofer als Gefängnisdirektor nach Kräften förderte.

Unser Psychologe Antonio fuhr den Bus. Das Ziel: Locarno. Unsere Aufgabe: Uns an alle Anstandsregeln halten, keinen Mist bauen. »Wenn ihr Alkohol trinkt, dann nur in Maßen!«, schärfte uns Antonio ein. »Genießt den Abend, genießt das Essen, das ist alles schon bezahlt. Aber benehmt euch!«

In Locarno angekommen verspeisten wir abends eine superleckere Pizza, genossen das herrliche Wetter und beobachteten die vielen Menschen, die gerade das Filmfestival von Locarno besuchten, eines der wichtigsten Filmfestspiele der Schweiz. Nach dem Abendessen sagte Antonio: »Schaut's, ihr habt jetzt freie Zeit in der Stadt, aber um elf sind wir alle wieder im Hotel und gehen schlafen. Das müsst ihr mir versprechen!«

»Versprochen!«, antwortete brav der Gefängnischor. Denkste.

Ich machte mich alleine auf die Socken und ging auf den Piazza Grande. Viele Stühle waren aufgestellt, eine große Menschenmenge, wie ich sie seit Jahren nicht mehr gesehen hatte, hatte sich versammelt, ganz vorne die riesige Leinwand, auf der man die Filmpremieren erleben konnte.

Ich wollte keine Filme schauen, sondern einfach nur den Moment genießen. Still stand ich auf der Piazza und beobachtete die Menschen. Hier war die Freiheit. Das normale Leben. Irgendwie schön. Und gleichzeitig furchtbar. Ich fühlte mich plötzlich sehr unbehaglich. Hatte der Mann gerade mit dem Finger auf mich gezeigt? Lachte die Frau über mich? Warum hatte der Typ mir so lange in die Augen geschaut? Ich fühlte mich, als ob auf meiner Stirn ein Schild mit der Aufschrift »Knacki« kleben würde. Das war verrückt, denn niemand konnte wissen, dass ich ein inhaftierter Verbrecher war. Ich fühlte mich schon fast schuldig, weil ich hier im Freien stand. Ein beklemmendes Gefühl.

Ich verdrückte mich in die Altstadt und suchte Zuflucht in einer Bar, die wir in meiner Militärzeit einmal, nun ja, auseinanderge-

SCM Verlag

Christliche Bücher, Musik, Filme & Geschenke

Biografien

Neuheiten

Mein Leben zwischen Bankraub, Knast und der Suche nach Frieden

Rudolf Szabo, Nicolai Franz

Knallhart durchgezogen

Angetrieben von enormer Wut und ohne Rücksicht auf Verluste wird Rudolf Szabo zum brutalen Bankräuber und raubt sieben Schweizer Banken aus. Im Gefängnis erklärt ihm der Pfarrer das Prinzip von Saat und Ernte, und Szabo erkennt: Gott kann befreien – auch von der größten Schuld.

Gebunden, 13,5 x 21,5 cm, ca. 240 S., mit Schutzumschlag und 8-seitigem Bildteil

Nr. 396.001 | ISBN: 978-3-7751-6001-8

nommen hatten. Wir Grenadiere hatten damals ordentlich getankt, dann fielen ein paar blöde Kommentare in unsere Richtung und bald darauf waren wir in eine handfeste Schlägerei verwickelt. Der Wirt hatte die Carabinieri geholt, aber wir waren durchs Klo getürmt. Ich schmunzelte, als ich in der Bar über diese Jugendsünden nachdachte.

Um 23.00 Uhr war ich pünktlich zurück im Hotel – als Einziger von unserer Gruppe. Bis Mitternacht saß ich mit unserem busfahrenden Gruppenpsychologen Antonio zusammen und unterhielt mich, dann gingen wir schlafen. Antonio kündigte verärgert an: »Das gibt einen Bericht.« Es sollte noch viel mehr als das geben.

Um 5.00 Uhr konnte ich schon nicht mehr schlafen und setzte mich auf eine Bank an der Strandpromenade. Überall blühte es. Vögel flogen zwitschernd über den Lago Maggiore, über dem gerade die Sonne aufging. Ich dachte über mein Leben nach und trauerte über mein Versagen. Ich dachte an Paula, die ich verloren hatte, verdrückte einige Tränen wegen meiner Kinder, die ich im Stich gelassen hatte. Zwei Stunden blickte ich auf den See, bis sich die ersten Menschen auf den Weg zur Arbeit machen. Im Hotel gab es Frühstück – doch immer noch keine Spur von meinen versoffenen Knastkollegen. Ich setzte mich zu Antonio, der mittlerweile stinksauer war. Ob die anderen wohl geflohen waren?

Plötzlich kamen fünf Männer angetorkelt, die mir sehr bekannt vorkamen, einer besoffener als der andere. »Schau mal, da vorne«, sagte ich zu Antonio und deutete auf die Straße. Zwei der Männer urinierten gerade an die Autos von Hotelgästen. Die sahen das und beschwerten sich beim Hotelier. Die anderen pöbelten lautstark im Restaurant herum. Antonio explodierte: »Ihr hättet vor über acht Stunden hier sein müssen und jetzt kommt ihr sturzbesoffen hier an und belästigt auch noch die Leute! Ihr habt mein Vertrauen missbraucht!«

Zwei der Schluckspechte reagierten aggressiv auf die Standpauke und hauten einfach ab. Nach kurzer Zeit hatten die Carabinieri sie geschnappt und mit dem Kastenwagen abtransportiert.

»Hey, das musst du verstehen, wir müssen auch mal auf die Pauke hauen«, lallte mir einer der übrigen Knackis zu.

Die Rechnung kam wie bestellt: Es war die letzte Ausflugstour dieser Art und das Vertrauensverhältnis zwischen Leitung und Gefangenen war erschüttert.

Ab dieser Zeit entfremdete ich mich immer mehr von den anderen Knackis. Ich hatte den Eindruck, dass die meisten nur von der Wand bis zur Tapete denken konnten.

Kantonsgericht St. Gallen, 1999

Der Tag der Abrechnung nahte: Die Vorladung zum Gerichtsprozess lag auf meinem Tisch. Mit einem mulmigen Gefühl dachte ich an den Termin. Wieder würden meine Schandtaten aufgerollt werden, ich würde auf der Anklagebank sitzen, ein ganzer Gerichtssaal würde mich dabei anstieren. Und vielleicht würden sogar die Opfer dabei sein. Ich hoffte, durch den Prozess und die gerechte Strafe wenigstens etwas Frieden zu finden. Das Gegenteil war der Fall.

Die Justizpolizei holte mich aus Saxerriet ab und brachte mich nach St. Gallen. Das Gerichtsgebäude befindet sich im ehemaligen Stadtkloster, einem wunderschönen altehrwürdigen Gebäude. Für die Verhandlung war nur ein einziger Tag angesetzt. Ich betrat den riesigen Verhandlungssaal. Hier sollte sich also entscheiden, für wie viele Jahre ich verurteilt werden würde. Meine Mittäter waren auch da, es war das erste Wiedersehen seit unserem letzten Überfall.

Die sehr junge Staatsanwältin las nacheinander unsere Schandtaten vor. Ständig verhaspelte sie sich und musste neu ansetzen.

Haarklein listete sie alles auf, was wir verbrochen hatten. Es ging an diesem Tag nicht um die Frage, ob ich schuldig war, denn ich hatte ohnehin alles gestanden. Die Frage war nur, wie lange ich im Knast sitzen würde.

Auch mein psychiatrisches Gutachten kam zur Sprache – mit der Empfehlung, mir eine leicht verminderte Zurechnungsfähigkeit zuzugestehen, weil ich von meiner beruflichen und familiären Krise dermaßen erschüttert gewesen war. Der Bericht meiner Psychologin Elisabeth Moser warf ebenfalls ein positives Licht auf mich. Sie hatte geschrieben, dass ich ihrer Einschätzung nach meine Taten ernstlich bereuen und darunter leiden würde. Das hielt die Staatsanwaltschaft jedoch nicht davon ab, eine hohe Freiheitsstrafe zu fordern: zwölf Jahre Haft. Das war hart. Ich schluckte.

Nun hatte Paul Steiger das Wort. Er war der Leiter der Postfiliale in Hittnau, der Vater des kleinen Mädchens, das ich bedroht hatte, der Vater des weinenden Jungen, der Ehemann der zitternden Frau, an die sich die beiden geklammert hatten. Nun saß er hinter uns, nicht mehr als bedrohter, aber als gezeichneter Mann. Er schilderte, wie sehr seine Familie gelitten hatte. Dabei ging er nicht ins Detail, sagte aber, dass ihr Leben seit dem Überfall nicht mehr dasselbe sei. Der Haupttäter, also ich, hätte eine unfassbare Tat begangen. Nachdem er die Ergebnisse der Gutachten und meine Beweggründe erfahren habe, glaube er mir zwar, dass ich meine Taten wirklich bereue, aber das machte sie nicht ungeschehen.

Anschließend durfte ich mich äußern. Ich stand von meinem Stuhl auf und richtete das Wort an Paul Steiger: »Sie haben recht, ich habe wirklich schreckliche Taten an Ihrer Familie begangen. Das waren große Fehler, die ich unglaublich gerne ungeschehen machen würde.« Ich versuchte, ihn direkt anzuschauen. Mir ging es nicht darum, mein Strafmaß zu reduzieren oder Eindruck zu schinden. Ich trug eine Last mit mir herum, die ich sehr gerne loswerden wollte.

Ich nahm meinen ganzen Mut zusammen und sagte: »Es tut mir leid, was ich Ihnen und Ihrer Familie angetan habe.«

Drei Tage später verkündete das Gericht schriftlich das Urteil: neun Jahre Zuchthaus. In der Schweiz ist dies die Bezeichnung für eine Gefängnisstrafe bei schweren Delikten. Uff. Ich fand das Strafmaß fair, Paul Steiger nicht. Er hätte sich eine härtere Strafe gewünscht, denn neun Jahre bedeuteten, dass ich bei guter Führung nach sechs Jahren freikommen konnte. War das angemessen für den Schaden, den ich angerichtet hatte?

Ich war nach Recht und Gesetz verurteilt worden, trotzdem fand ich keinen Frieden. Die Last meiner Schuld wog nach dem Urteilsspruch sogar seltsamerweise noch schwerer. Ob ich irgendetwas daran ändern konnte?

»Eine Sache musst du verstehen, Ruedi«, erklärte mir Georg Schmucki in einer Sitzung. »Deine Handlungen haben Folgen. Deine schlechten, aber auch deine guten.« Er zitierte aus dem zweiten Korintherbrief Kapitel 9: »Wer da kärglich sät, der wird auch kärglich ernten; und wer da sät im Segen, der wird auch ernten im Segen.«

»Ich habe so viel Mist gebaut. Wie kann ich da etwas Gutes dagegensetzen?«

»Du wirst es erleben. Achte nur darauf, welche Türen Gott dir öffnet. Tue Gutes und dir wird Gutes widerfahren. Man kann Gott nicht berechnen, aber tue es einfach«, antwortete Schmucki.

Ich erwiderte: »Hey Georg, was kann ich im Knast Gutes tun? Hier hat es Hunderte Idioten, da kann man nichts Gutes tun. Da musst du ständig aufpassen, dass du nicht in irgendeinen Scheiß reingezogen wirst!«

Er tröstete mich mit den Worten: »Es wird sich ergeben. Und dann tu es einfach!«

Ja, ich wollte Gutes tun. Den Schaden etwas wiedergutmachen, den ich angerichtet hatte. Natürlich konnte dies das Leid meiner

Opfer nicht aufheben. Aber ich hatte den Eindruck, dass ich etwas tun musste. Für die Gesellschaft. Für das Gute. Für Gott. Doch was?

Meine Chance sollte schneller kommen als gedacht.

Fast vier Wochen hatte es im Juni 1999 geschüttet wie aus Kübeln, nun wurde der Kanton St. Gallen von einem Jahrhunderthochwasser heimgesucht. Der Rhein und der Bodensee waren über die Ufer getreten, mehrere Städte wurden überflutet, auch in den zwei angrenzenden Ländern. Verzweifelte Menschen standen vor den Trümmern ihrer Existenz, das Wasser drang überall ein. Die Feuerwehr und der Zivilschutz waren längst am Anschlag und überfordert. Wenn noch Schlimmeres verhindert werden sollte, brauchten die Menschen unbedingt Unterstützung. Im Fernsehen wurde ein Hilferuf an Zivilisten gerichtet, vor allem Helfer für die Sandsäcke waren stark gefragt, um über die Fluten irgendwie Herr zu werden. Die Feuerwehr und der Zivilschutz waren durch den mehr als vierwöchigen Einsatz total erschöpft.

Starke Männer waren gefragt und davon gab es hier einige! Deshalb schlug ich in der Freizeitgruppe vor: »Jetzt brauchen die Leute unbedingt Hilfe. Lasst uns die Chance nutzen und etwas von dem wiedergutmachen, was wir angerichtet haben.« Die anderen fanden meine Idee gut. Wir machten eine Umfrage unter den Knackis, wer mithelfen wollte. Die, die sowieso Flöhe waren und bei der erstbesten Gelegenheit weggehüpft wären, fragten wir erst gar nicht. Trotzdem meldeten sich mehr als sechzig Freiwillige.

Mittlerweile war Martin Vinzens Gefängnisdirektor geworden, nachdem Paul Brenzikofer in den verdienten Ruhestand gegangen war. Zu Vinzens hatte ich schon deswegen einen guten Draht, weil er zuvor mein Sozialarbeiter gewesen war. Ich hatte mich immer gut mit ihm verstanden. Auch er war Christ, früher hatte er als Pastor gearbeitet. Er war begeistert von der Idee, einen Hilfseinsatz zu organisieren und wählte unter den Freiwilligen etwa zwanzig Leute aus, die gut anpacken konnten.

In einem Bus fuhren wir mit drei Wärtern nach Rheineck. Natürlich wurden wir gewarnt: »Wer abhaut, dem drohen ernste Konsequenzen.« Die Erfahrung von Locarno war noch nicht vergessen. Wir versprachen hoch und heilig Disziplin.

In Rheineck wurde ein Betonmischer organisiert, der mit Sand beladen war. Aus diesem wurde der Sand in die Säcke geschüttet, die wir aufhielten. Innerhalb weniger Sekunden waren die großen Säcke randvoll mit Sand. Dann hievten wir die Säcke auf einen Sattelschlepper, der nach einem halben Tag voll war. Echte Knochenarbeit, bei der einige schlappmachten, vor allem die Drogensüchtigen. Wir arbeiteten Hand in Hand mit Hunderten Freiwilligen, die ebenfalls dem Hilferuf gefolgt waren. Danach wurden wir zum Alten Rhein verlegt, der den Flughafen Altenrhein zu überschwemmen drohte. Der dortige Zeltplatz war bereits überflutet. Die Helfer hatten den Auftrag, einen etwa eineinhalb Meter hohen, zwei Kilometer langen Damm mit den Sandsäcken und Plastikbahnen zu legen.

Das Besondere an dem Einsatz war: Dass wir aus Saxerriet eine Horde Knackis waren, wusste nur der Einsatzleiter, der Chef des Katastrophenschutzes. Wir wurden daher behandelt wie alle anderen. In Zeltpavillons reichten uns Frauen Kaffee und Tee, Hotdogs, Bratwürste und Hamburger – ein Traum. Endlich konnten wir mal wieder echte Frauen sehen! Und so war es kein Zufall, dass alle zehn Minuten einer von uns plötzlich heftigen Durst verspürte, um bei einem Getränk im Pavillon wieder mit den netten Frauen zu flirten. Man munkelte, dass es ab und zu auch Kaffee mit einem Schuss Schnaps gab. Der Kaffee war jedenfalls äußerst gefragt unter den Knackis.

Nach eineinhalb Tagen war der Einsatz beendet – ein geniales Erlebnis für uns alle. Am Abend waren wir fix und fertig. Bevor wir wieder in den Bus stiegen, rief uns der Chef des Katastrophenschutzes zu uns und sagte, wir sollten uns im Halbkreis aufstellen.

Er nahm eine militärische Haltung ein, die Arme verschränkte er in Offiziersmanier hinter dem Rücken. »Meine Herren, das war ein toller Einsatz! Sie alle sind eigentlich der Abschaum der Gesellschaft. Doch heute haben Sie bewiesen, dass Sie auch etwas Gutes für die Gesellschaft tun können. Im Namen der St. Gallener Bevölkerung will ich Ihnen herzlich danken!«

Wir waren ehrlich gesagt ein wenig belustigt ob der groben Ansprache und des etwas theatralischen Auftritts durch den Herrn Einsatzleiter. Aber als es nach Hause ging, dachte ich noch lange über seine Worte nach. Sie hatten uns unglaublich gutgetan. Das Gefühl, kein Nichtsnutz zu sein, sondern mit großer Anstrengung etwas Gutes zu bewirken, verschaffte mir ein Stück weit Befriedigung. Ich dachte an Georg Schmuckis Worte: »Wer da sät im Segen, der wird auch ernten im Segen.« Es stimmte. Wir hatten uns für einen guten Zweck eingesetzt und hatten dafür Wertschätzung erfahren – obwohl wir eigentlich der »Abschaum«, die »Elenden« waren.

Es war nicht unser letzter Hilfseinsatz. Etwa ein halbes Jahr später wütete an Weihnachten der Orkan »Lothar«, auch hier packten wir tatkräftig mit an. Der einzige Nachteil: Es gab keine Frauen, die uns Tee und Kaffee ausschenkten. Man kann ja nicht alles haben.

9 – REUE

Auf den ersten Blick ging es mir gar nicht so schlecht. Die vielen Angebote in Saxerriet verschafften Ablenkung vom Haftalltag und machten teilweise sogar richtig Spaß. Ich hatte eine Jogginggruppe gegründet und wir durften draußen auf dem weiträumigen Gelände unsere Runden drehen, sogar bis in kleine Waldstücke hinein. Wir liefen drei, sechs und zehn Kilometer. Die Bewegung tat uns allen sehr gut. Der ganze Körper wurde kräftig mit Sauerstoff geflutet, der Kreislauf kam in Bewegung, die frische Luft und die Natur taten ihr Übriges.

Heute lief ein kleiner Kolumbianer mit. Pablo war körperlich dermaßen zerfressen, dass er beinahe gestorben wäre. Der Grund: Drogen, im Knast heißen sie treffend »das Gift«. Ich hasste Drogen. Und Junkies konnte ich ebenso wenig ausstehen, weil sie komplett gesteuert waren von ihrer Sucht. Ich hatte bisher nur negative Erfahrungen mit ihnen gemacht. Sie liehen sich Geld, das sie nie zurückzahlten, verstießen regelmäßig gegen Auflagen und bei einigen hatte das Gift in ihrem Hirn Schäden angerichtet, die wohl so schnell nicht wieder verschwinden würden. Meiner Meinung nach waren sie ein Lumpengesindel, das jeden belog, betrog und Intrigen schmiedete, um das Gift ins Gefängnis schmuggeln zu können. Darum wurden sie von uns anderen mit Schimpfwörtern wie »Junkie«, »Abfall« oder »Dreckspack« belegt. Zu allem Übel bekamen sie Vorzüge und erhielten angenehme Arbeiten wie das Zählen und Abpacken von Schrauben, weil sie zu anderem nicht in der Lage waren. Wenn sie sich krank fühlten, durften sie im Zimmer bleiben und sich erholen, während sich die anderen Knackis abrackern mussten. Das weckte Neid und Missgunst.

Interessanterweise schlossen sich einige Junkies meiner Laufgruppe an, aber nicht, um ihren Körper zu entgiften und auf Vordermann zu bringen, sondern um Drogen abzuholen und sie ins Gefängnis zu schmuggeln. Wir wurden zwar bei unseren Laufrunden von den Wärtern mit Ferngläsern überwacht, aber einige Junkies versuchten es trotzdem. Sie vereinbarten mit ihren Kontakten außerhalb des Gefängnisses zum Beispiel einen hohlen Baumstumpf als Übergabeort für ihr Dope. Wenn die Junkies erwischt wurden, hagelte es eine Kollektivstrafe: Die Laufroute wurde bis auf Weiteres gesperrt.

Das wollte ich unbedingt vermeiden. Da ich genau wusste, wer süchtig war und wer nicht, hielt ich mich beim Laufen dicht an den keuchenden Junkies, die schon sehnsüchtig auf ihren Beutel mit Cannabis, Kokain oder Speed warteten. Bekam ich mit, wie sie die Drogen aus einem Versteck holten, riss ich ihnen den Beutel aus der Hand, zerfetzte ihn und stampfte das Zeug wütend mit meinen Laufschuhen in den Waldboden. Nicht mit mir!

Kein Wunder, dass die Junkies nicht besonders gut auf mich zu sprechen waren. Über die Zeit zerstampfte ich Tausende Franken im Waldboden rund um Saxerriet. Einmal passten mich ein paar Junkies ab. Ich kam mit einer blutigen Nase davon, aber die anderen erhielten auch eine gehörige Abreibung, die sie nicht so schnell vergessen würden. Den Ärger war es mir wert. Ich wollte laufen, und das wollte ich mir nicht von diesen Arschlöchern wegnehmen lassen.

Doch bei Pablo war es anders. Er wollte tatsächlich sein Leben ändern, sich verbessern, seiner Familie eine Zukunft bieten. Er war ins Gefängnis gekommen, weil er Fingerlinge aus Gummi gefuttert hatte, um Kokain zu transportieren, eine extrem gefährliche Variante des Schmuggelns. Wäre einer der Fingerlinge in seinem Magen geplatzt, wäre er qualvoll gestorben. Beim Zoll wurde er geröntgt und flog sofort auf. Drei Jahre Gefängnis warteten auf ihn.

Der Kolumbianer war selbst schwer süchtig, entsprechend kaputt war sein Körper. In der Metallwerkstatt hatten wir uns angefreundet, auch wenn er kein Deutsch und ich kein Spanisch konnte. Ich lud ihn ein, mit mir den Gottesdienst von Pfarrer Schmucki zu besuchen, der perfekt Spanisch sprach, weil er lange Jahre in Guatemala als Pfarrer tätig gewesen war. Endlich konnte jemand Pablo verstehen!

Schmucki übersetzte für mich seine Geschichte. Pablos Frau hatte ihn angefleht, mit den Drogen aufzuhören, denn seine schwer kranke Tochter brauchte dringend Hilfe. Pablo konnte zunächst nicht aufhören, aber im Gefängnis wirkte Gott an ihm. Pablo öffnete sich für den Glauben. Er schaffte es, seinem Leben einen Ruck zu geben und aus dem diabolischen Kreislauf des Drogenmissbrauchs auszubrechen. Er hörte auf zu rauchen, und schaffte es tatsächlich, durch die Laufeinheiten das Gift immer weiter aus seinem Körper zu verbannen. Auch wenn es anfangs anstrengend war, gab er nicht auf. Er verdiente in der Werkstatt mit den Akkordarbeiten Geld und schickte es seiner Frau. Mit dem Geldsegen konnte sie ihre kranke Tochter endlich ärztlich behandeln lassen. Danach sparte sie eisern und eröffnete einen kleinen Supermarkt. Sie dankte in ihren Briefen nicht nur Gott, sondern auch Pfarrer Schmucki, der ihrer Familie so geholfen hatte. Wenn ihr Mann heimkäme, schrieb sie, könne er sich auf ein schönes Zuhause freuen. Ich freute mich mit Pablo und seiner Familie.

Die meisten Drogensüchtigen im Knast rechtfertigen sich, warum sie den Stoff brauchen und sich nicht ändern können. Die Geschichte von Pablo beweist jedoch, dass Veränderung möglich ist und dass Gott in Menschen wirkt.

Und bei mir? Die Last in meinem Herzen wog immer noch schwer. Wenn ich an meine Opfer dachte, verdammte ich mich für das, was ich getan hatte. Mein Verhältnis zu Gott war eher distanziert. Warum ich in diese Situation geraten war und warum er nicht eingegriffen hatte, konnte und wollte ich nicht verstehen. Die Gottesdienste von Georg Schmucki besuchte ich trotzdem. Ich half ihm wie ein Ministrant bei der Vorbereitung, bevor wir mit höchstens einer Handvoll Häftlinge die Liturgie feierten. Wir sangen, hörten Verse aus der Bibel, beteten. Ich spürte in dieser Zeit der Kontemplation eine tiefe Ruhe in mir. Warum, wusste ich nicht. Meine Probleme waren nicht weniger geworden, und Gott war immer noch derselbe wie vorher. In Verbindung mit ihm zu treten, spendete mir jedoch auf eine Weise Trost, die mit Worten kaum zu beschreiben ist. Deswegen besuchte ich treu jeden Gottesdienst in dem kleinen Räumchen, das Georg Schmucki so liebevoll eingerichtet hatte.

Ich sprach in der Therapie über meine Schuldgefühle. Die resolute Frau Moser war zwar Christin, sprach aber fast immer aus der professionellen Haltung einer Psychologin zu mir. Über den Glauben redeten wir praktisch kaum. Dennoch brachte sie viel Verständnis für meine Schuldgefühle auf. Ich wünschte mir Versöhnung, gerade mit meinen Opfern, die ja völlig unschuldig waren. Doch wie sollte das gehen?

Frau Moser empfahl mir, mit den Opfern Kontakt aufzunehmen. Für solche Opfer-Täter-Gespräche gibt es eine Opferhilfsstelle, die in der Vorbereitung unterstützt. Vielleicht würden sie mir verzeihen. Und wenn nicht, dann hätte ich es wenigstens probiert. Vor allem konnte ich damit signalisieren, dass ich Anteil nahm am Leid meiner Opfer.

Frau Mosers Erklärungen überzeugten mich und ich spürte, dass dieser Schritt auf dem Weg zu einem verantwortungsvollen Umgang mit meiner Vergangenheit wichtig war. Obwohl es mir nicht leichtfiel, begann ich daher, die Briefe zu schreiben. Ich schrieb den

Opfern, dass mir leidtat, was ich ihnen angetan hatte. Dass ich verstehen konnte, wenn sie wütend auf mich waren. Und dass ich sie gerne treffen würde, um zu zeigen, wie ernst es mir damit war, meine Schuld zu bekennen.

Nachdem die Briefe verschickt waren, fing das Warten an. Einer der Briefe landete bei Familie Steiger von der Bank- und Postfiliale in Hittnau. Wie ich später erfuhr, zerknüllte Paul Steiger den Brief sofort und warf ihn weg. Seine Frau war von meiner Geste jedoch berührt und überredete ihren Mann zu einem Treffen mit mir. Für sie selbst war der Schmerz noch zu präsent, um mit mir zu sprechen, doch sie wünschte sich, dass ihr Mann dies tat. Der Filialleiter, der bei der Verhandlung dabei gewesen war, gab sich einen Ruck. Und mir eine Chance.

Wir trafen uns an einem meiner Ausgangstage in einem Restaurant in Wetzikon im Zürcher Oberland. Nun saß ich als verurteilter Straftäter also tatsächlich vor dem Mann, dessen Familie ich so schwer geschadet hatte. Was würde er mir sagen? Wie war es der Familie nach dem Überfall ergangen? Würde er mir verzeihen?

Ich war sehr vorsichtig mit dem, was ich sagte. Die Leiterin der Opferhilfsstelle, Edith Brunner, hatte gemahnt, dass ich auf keinen Fall irgendwelche Forderungen stellen sollte, auch nicht die Bitte um Vergebung. Zwar war das Thema Versöhnung für Frau Brunner als aktive Christin im St. Galler Kirchenrat enorm wichtig, aber diese müsse vom Opfer ausgehen. Stattdessen sollte mein Opfer Raum zum Reden haben. Außerdem riet sie mir, nicht explizit um Entschuldigung zu bitten, weil das zusätzlichen Druck bedeuten würde. Es sollte vielmehr darum gehen, demjenigen zuzuhören, dem ich so viel Leid angetan hatte. Eine Stunde sollte das Treffen dauern, aber es wurden fast zwei.

Was Paul Steiger über die Zeit nach dem Überfall erzählte, schockierte mich zutiefst. Wir hatten ihn unter Waffengewalt gezwungen, den Tresor leer zu räumen, ich hatte seine fünfjährige Tochter als Geisel genommen, ihr eine Pistole an die Schläfe gehalten und sie genauso bedroht wie ihren zweieinhalbjährigen Bruder und die verängstigte Mutter. Für mich war es eine Sache von Sekunden gewesen, aber für ihn und seine Familie war es danach nicht vorbei.

Nachdem wir mit der Beute abgerauscht waren, hatte er seine Familie in den Arm genommen und versucht, sie irgendwie zu trösten. Körperlich war niemandem etwas passiert, kein Schuss war gefallen, niemand wurde geschlagen. Doch die Wunden, die ich in ihrer Seele verursacht hatte, waren furchtbar. Steiger kümmerte sich an jenem Abend um die Mitarbeiter, er rief die Polizei und diese nahm die Zeugenaussagen auf. Währenddessen musste seine Familie in der Filiale warten.

Die Mutter wollte danach keinen Fuß mehr in die Bank- und Postfiliale setzen. Sie konnte die schreckliche Erinnerung nicht ertragen, wie sie vor mir gekniet und in den Lauf meiner Pistole gestarrt hatte. Paul Steiger arbeitete jedoch weiter in seiner Filiale, schließlich war dies sein Job. Als wenig später auch noch die benachbarte Poststation überfallen wurde, kamen die Ängste erneut wieder hoch.

Das Mädchen litt besonders, es war völlig verstört. Seit dem Überfall hatte es keine feste Nahrung mehr zu sich genommen, sondern aß nur noch Brei. Zuvor war die Kleine ein neugieriges und aufgeschlossenes Mädchen gewesen, anschließend zog sie sich im Kindergarten zurück, war verschlossen.

Was Paul Steiger da erzählte, traf mich im Innersten. Immer wieder kam mir der Gedanke, wie ich mich fühlen würde, wenn meinen Kindern so etwas widerfahren wäre. Mir wurde wie noch nie zuvor die Tragweite meiner Taten bewusst.

Steiger glaubte mir, dass ich meine Taten bitter bereute, aber er konnte mir trotzdem nicht verzeihen. Ich verstand ihn gut, denn ich hätte es auch nicht verziehen, wenn jemand meinen Kindern so geschadet hätte.

Auch wenn keine Versöhnung möglich war, tut es Opfern prinzipiell gut, wenn sie gehört werden und merken, dass der Täter versteht, was er angerichtet hat. Für mich als Täter machte es außerdem einen riesigen Unterschied, die Gefühle und das Leid der Menschen zu sehen, die ich während der Überfälle einfach ausgeblendet hatte. Deshalb wollte ich auch den anderen Opfern ein Gespräch anbieten.

Eine zweite Person erklärte sich dazu bereit, die Frau, die sich in Embrach schützend vor ihre Mitarbeiter gestellt hatte. Diesmal war Edith Brunner, die Leiterin der Opferhilfe, dabei.

Dieses Gespräch war noch erschütternder als das erste. Ich wollte der Frau meine Anerkennung für den Mut aussprechen, mit dem sie mir gegenüber aufgetreten war. Sie musste eine unglaublich starke Frau sein. Natürlich wollte ich ihr auch sagen, wie leid mir alles tat.

Als sie den Raum betrat, stutzte ich. Ich hatte sie nur wenige Augenblicke gesehen, dennoch war klar, dass sie sich völlig verändert hatte. Sie war schwerstbehindert und bewegte sich nur unter Mühe mit spastischen Bewegungen zum Stuhl, der am anderen Ende des Tisches stand. Ihr musste etwas Schlimmes widerfahren sein. Etwas Furchtbares. Ich ahnte nicht, dass ich die Ursache für ihre Behinderung war.

Die Frau erzählte, wie es ihr seit dem Überfall ergangen war. Etliche ihrer Mitarbeiter standen nach dem Überfall unter Schock. Als die Polizei kam, die Kriminologen die Einvernahmen machten und die Spuren gesichert wurden, merkte sie, dass einige Mitarbeiter am nächsten Tag nicht würden arbeiten können. Sie musste alles organisieren, damit der Laden irgendwie weiterlief, und konnte sich gar nicht um ihre eigenen Gefühle kümmern.

Erst am darauffolgenden Samstag fand sie etwas Ruhe. Sie stand gerade in der Küche, kochte für Gäste, die sie am Abend erwartete, und unterhielt sich mit ihrem Mann. Plötzlich kam die ganze Geschichte vom Überfall wieder hoch. Sie erzählte von den schrecklichen Minuten und der unglaublichen Angst, dass der Räuber schießen könnte.

Ihr wurde schlecht, sie war ganz bleich, fiel in Ohnmacht. Ihr Mann alarmierte den Notarzt. Sie hatte eine Art Hirnschlag erlitten und ihr Körper war infolgedessen zum großen Teil gelähmt. Eine Tortur begann. Mithilfe mühsamer, jahrelanger schmerzhafter und äußerst anstrengender Physiotherapie war sie fähig, kurze Strecken zu gehen. Sonst war sie auf den Rollstuhl angewiesen. Sie litt unter starken Schmerzen, verspürte Suizidgedanken, weil sie in ihrem Körper eingesperrt war, und die Ärzte konnten ihr kaum helfen. In unserem Gespräch sagte sie mir, sie habe mir ebenso qualvolle Schmerzen und sogar den Tod gewünscht. Sie habe mich dafür gehasst, was ich getan hatte. Und dennoch wollte sie mir verstandesmäßig verzeihen, auch wenn ihr Herz es nicht konnte.

Ich brachte kaum mehr als ein »Ich verstehe Sie« heraus. Was hatte ich angerichtet! Ich war der Auslöser für ihre schwere Krankheit!

Die Überfälle hatten nur wenige Minuten gedauert, trotzdem hatte ich das Leben von mehreren Menschen zerstört. Über Jahre, wenn nicht Jahrzehnte litten sie unter den Sekunden, in denen ich sie mit einer tödlichen Waffe bedroht und ausgeraubt hatte. Immer wieder hämmerte es in meinem Kopf: »Ich bin schuld, dass ein Mensch körperlich behindert und schwer krank geworden ist.«

Meine Verzweiflung wuchs ins Unermessliche. Meine Schuld, die ich doch eigentlich loswerden wollte, war noch schwerer geworden, seit ich die Folgen meiner Taten kannte.

Viele Häftlinge verharmlosen ihre Taten und erklären, die Opfer seien eben zur falschen Zeit am falschen Ort gewesen. In der Gefängnisbücherei hatte ich viel zu diesen Verdrängungsmechanismen gelesen. Ich lernte, dass diesen eine Emotion zugrunde liegt: Scham. Verbrecher schämen sich für ihre Taten, selbst wenn ihnen das nicht bewusst ist. Damit die Scham sie nicht übermannt, versuchen sie, sich von den Taten innerlich zu distanzieren, sie reden sich ein, es sei alles gar nicht so schlimm gewesen. Auch ich hatte das getan. Das ist zutiefst menschlich. Aber falsch. Wer sich wirklich bessern und Verantwortung für seine Taten übernehmen will, muss dazu stehen, muss sie annehmen, muss sich in seine Opfer hineinversetzen, um so die Realität überhaupt wahrnehmen zu können. Wer sich seiner Scham stellt, wird Schmerzen leiden, aber das ist nötig, um selbst gesund zu werden. Und das wollte ich.

Die Gespräche hallten monatelang in meinem Kopf nach. Mit Georg Schmucki sprach ich über Schuld und Sühne. Ich wollte wissen, wie ich frei werden könne. Schmucki zitierte aus dem achten Kapitel des Johannesevangeliums. Da sagt Jesus zu der Ehebrecherin: »Wer unter euch ohne Sünde ist, werfe den ersten Stein.« Der Pfarrer erklärte mir: »Die Ehebrecherin wurde verschont. Jesus hat aber auch gesagt: ›Sündige fortan nicht mehr.‹ Darauf kommt es an, Ruedi, dass du deine Last bei Jesus ablegst, um nach vorne zu schauen und nicht mehr zu sündigen.«

Die Last bei Jesus ablegen, das hört sich leichter an, als es ist. Ich bin doch selbst verantwortlich für meine Taten, nicht Jesus. Wie könnte ich ihm da meine Schuld einfach so abgeben wie jemand, der eine Ladung Kies in eine Baugrube schüttet?

Ich konnte das nicht, aber ich schwor mir, nie mehr so etwas zu tun wie das, was ich meinen Opfern angetan hatte. Natürlich wollte ich auch vorher nicht mehr kriminell sein, dazu hatten schon die Haft, die Therapie und die Seelsorge und natürlich das Urteil beigetragen. Doch seit den Gesprächen mit meinen Opfern war es, als ob in mir ein Stoppschild errichtet worden sei: Nie wieder! Nie wieder will ich so eine Scheiße bauen!

»Abendsonne miteinander genießen, ein Sträfling sucht Kontakte« – so lautete eine Anzeige, die ich in einer Zeitung aufgegeben hatte. Greta war eine von 20 Frauen, die sich auf die Annonce meldeten und wir begannen, uns zu schreiben und später auch zu telefonieren. Da wir uns gut verstanden, stellte sie einen Besuchsantrag. Die gemeinsamen Spaziergänge taten mir gut und schon bald verbrachten wir so viel Zeit miteinander, wie es der Knastalltag zuließ.

Greta hatte einen kleinen Bauernhof, den ich mit meinen Kindern besuchen durfte. Greta war sehr feinfühlig und meine Kinder waren ihr wichtig. Deshalb stellte sie ihnen Fragen, zum Beispiel, wie sie es empfunden hatten, wenn Mama und Papa stritten. »Wir waren böse, deswegen haben sie sich gestritten«, antworteten sie.

Ich war erschüttert. Die Kinder dachten wirklich, dass sie schuld an unserer Trennung seien! Greta hatte ein sehr gutes Händchen und es war schon fast eine Therapie, die sie zwischendurch am Essenstisch mit den Kindern machte. »Mama und Papa haben sich nicht euretwegen gestritten, wirklich nicht«, versicherte sie ihnen. Und sie wiederholte diese Aussage, wenn auch manchmal sehr subtil. Ich bewunderte Greta dafür, welchen Zugang sie zu den Kindern gefunden hatte. Für sie bedeuteten die Wochenenden auf ihrem Bauernhof Heilung für ihre gebeutelten Seelen.

Ich war Greta unglaublich dankbar dafür. Leider hielt unsere Beziehung nicht, nach einiger Zeit trennten wir uns. Trotzdem will ich die Zeit mit ihr nicht missen. Sie hat den Kindern gutgetan und ihnen geholfen, sich mit ihrer Vergangenheit zu versöhnen.

»Versöhnung« ist ein großes Wort. Was gehört eigentlich dazu? Ein tränenreiches Schuldeingeständnis, Flehen um Vergebung, eine minutenlange Umarmung und das Versprechen, dass alles wieder gut ist? Nichts von all dem erlebte ich, als ich mich mit meinem Vater versöhnte.

Die Kinder waren in diesem Fall im wahrsten Sinne des Wortes mein Türöffner. Wenn ich etwas mit ihnen unternehmen wollte, brauchte ich ein Haus, wo wir uns treffen konnten, und so fragte ich meine Eltern, ob es bei ihnen möglich wäre. Vor allem meine Mutter war hellauf begeistert. Sie hatte die Kinder lange nicht gesehen, denn über meine Ex-Frau gab es keinen Kontakt zu Oma und Opa.

Mit einem etwas mulmigen Gefühl stand ich beim ersten Treffen vor der Haustür. Als sie sich öffnete, schob ich die Kinder rein, die meinen Eltern sofort um den Hals fielen. »Oma! Opa!« Busserl hier, Busserl da. Meine Mutter umarmte mich, wie sie es auch schon bei ihren Haftbesuchen getan hatte. Mein Vater stand einfach da und nickte mir kurz zu. Den ganzen Besuch über hatten wir kaum Blickkontakt. Aber der Mann, der mich verstoßen und verleugnet hatte, duldete mich immerhin in seinem Haus.

Es dauerte Jahre, bis wir uns weiter annäherten, da mein Vater auch Angst hatte, dass ich rückfällig werden könnte. Als ich später in meinem Beruf sehr erfolgreich war, sagte er Sätze wie: »Das hätte ich nie gedacht.« Das war seine Art, mir Respekt zu zollen. Vielleicht ist das typisch männlich, nicht jeder Mann spricht gerne über seine Gefühle. Trotzdem, immer mehr wuchs in mir die Gewissheit, dass wir uns versöhnt hatten. Nicht in einem Moment, sondern in einem langen Prozess der Annäherung. Heute, zwei Jahrzehnte später, haben wir ein engeres Verhältnis, als wir es jemals hatten, und treffen uns, so oft wir können. Ich bin wieder sein Sohn, und er ist wieder mein Vater. Trotz der Vergangenheit. Welch ein Segen!

Im Jahr 2000 bekam ich eine Chance, von der meine Mithäftlinge nur träumen konnten: die Ausbildung zum Journalisten. Die Geschichte nahm ihren Anfang in meiner Zelle, als Pfarrer Schmucki zu Besuch war. Die ganze Wand war übersät von Fotos und Zeichnungen meiner Kinder, doch ein Bild hatte es ihm besonders angetan. Zwei Hände, die an Gitterstäben rütteln, darüber der Schriftzug: »Papi, wenn chunsch hei?«

Diese Szene beschrieb meine Verzweiflung über die Trennung von meinen Kindern auf kindliche Weise, doch sie ging mir durch

Mark und Bein. All mein Scheitern als Vater fand sich darin wie unter dem Brennglas, festgehalten in Blei und Papier.

Jedes Jahr sammelte das Gefängnis vor Weihnachten Geld, um damit den Familien von Inhaftierten zu helfen. Die Sozialhilfe reichte oft nicht, und die Häftlinge konnten nur wenig für ihre Angehörigen tun. Pfarrer Schmucki schlug vor, mein Bild für diese Spendenaktion zu verwenden. Ein Gremium entschied, dass es in diesem Jahr als Postkarte mit Spendenaufruf im Kanton St. Gallen verschickt werden sollte. Das war eine große Ehre für mich, auch wenn der Anlass für das Bild mir das Herz gebrochen hatte.

Die Karte mit dem Spruch »Papi, wenn chunsch hei?« machte auch im benachbarten Fürstentum Liechtenstein die Runde. Eines Tages rief ein wohlhabender Unternehmer, dem das Bild aufgefallen war, im Gefängnis an und der Direktor, Herr Vinzens, rief mich in sein Büro. Ahnungslos nahm ich das Gespräch entgegen. Ich traute meinen Ohren kaum: Der Mann wollte mir mein Bild abkaufen! Er berichtete von einem seltsamen Hobby. Er sammelte Grafiken, Zeichnungen, Fotografien und Gemälde und verfasste dazu Gedichte – auf Altgriechisch.

Ich dachte erst, das sei ein Scherz, doch er meinte sein Angebot ernst. Aber verkaufen? Nein, das kam nicht infrage. Ich hing viel zu sehr an diesem Bild. Es war und ist eine emotionale Verbindung zu meinen Kindern, die ich damals im Stich gelassen hatte. Ob er es denn wenigstens für eine Vernissage haben dürfe, wollte er wissen, er würde auf jeden Fall etwas dafür bezahlen. Ich sagte zu und überließ ihm das Bild für die Dauer der Ausstellung, aber Geld wollte ich dafür nicht. Nach drei Monaten würde ich es zurückbekommen.

In Saxerriet hatte ich Töpferkurse genommen. Daran hatte ich große Freude, vor allem, weil ich meinen Kindern Weihnachtsgeschenke basteln konnte. Tassen, Teller, Schüsselchen, schön verziert, versehen mit den Namen meiner fünf Schätze.

Die Leiterin des Töpferkurses war sehr interessiert an meiner Geschichte, die ich ihr von Anfang bis Ende erzählte. Auch von unseren Hilfsaktionen hatte sie erfahren, von meinen Versuchen der Wiedergutmachung. Sie erzählte die Geschichte ihrem Mann, dem Chefredakteur der örtlichen Lokalzeitung W&O in Buchs. Der fragte beim Gefängnisdirektor an, ob er mich interviewen dürfe, vor allem das Thema Wiedergutmachung interessierte ihn. Er bekam die Erlaubnis und wenig später erschien ein ganzseitiger Artikel, auf den es viele Reaktionen gab.

Danach lud der Chefredakteur den Gefängnisdirektor, Martin Vinzens, und mich in die Redaktion ein, damit ich im Onlinechat den Lesern der Zeitung Rede und Antwort stehen konnte. Sie fragten, ob der Knast wirklich so eine Art Hotel sei, wie man immer höre, mit Fernseher und Computer. Ich schmunzelte. Ganz so war es nicht. Gerne erzählte ich von unserem Alltag.

Das geschäftige Treiben in den Redaktionsräumen gefiel mir so gut, dass ich dem Chefredakteur sagte, so ein Job als Reporter würde mir sehr gefallen. »Man kann es ja mal probieren«, dachte ich. Und tatsächlich: Er war offen dafür, verlangte aber einen Text oder eine Story von mir, um mein Schreibtalent zu beurteilen. Nachdem ich ihm diesen zugesandt hatte, bot er mir ein zweijähriges Volontariat an.

Dazu musste ich in ein pädagogisches Pilotprojekt aufgenommen werden, das Joe Keel initiiert hatte. Es war der Mann, der mich einst in der Zelle besucht hatte, um mir das Versprechen abzunehmen, mich an alle Regeln zu halten, wenn ich in den offenen Vollzug käme. Die Teilnehmer dieses Projekts kamen im vorletzten Haftjahr zunächst in die sogenannte »Halbfreiheit«. Tagsüber absolvierten sie eine Ausbildung und nachts kehrten sie in ihre Zellen zurück. Im letzten Jahr konnte man unter Bewährungsauflagen sogar ganz aus der Haft freikommen. Das sollte die Wiedereingliederung erleichtern. Nun bot sich mir die einmalige Chance, in dieses Programm einzusteigen und dabei eine Ausbildung zum Journalisten zu absolvieren. Ein Traum!

Die Sache hatte nur einen Haken. Der Chefredakteur verlangte, dass ich während des Volontariats, also der Ausbildung zum Redakteur, eine Journalistenschule besuche. Als ich erfuhr, was das kosten sollte, schlackerte ich mit den Ohren: 20 000 Franken! Geld, das ich – natürlich – nicht hatte. Der Traum vom Journalisten, er war erst einmal geplatzt.

Plötzlich entsann ich mich des Liechtensteiner Unternehmers, der mir mein Bild hatte abkaufen wollen. Ob er mir helfen würde? Ich setzte ein Schreiben auf. Ich erwähnte, dass er mir das Bild hatte abkaufen wollen, dieses stehe leider weiterhin nicht zum Verkauf. Anschließend erzählte ich ihm von meiner Situation und bat ihn, ob mir vielleicht helfen könne, die Schule zu finanzieren. Natürlich würde ich ihm das Geld zurückzahlen.

Bald darauf rief Dr. Herbert A. Burgert im Gefängnis an und erzählte Herrn Vinzens von meinem Brief. Er wollte mehr über mich erfahren, um abzuschätzen, ob das Geld sinnvoll angelegt wäre oder ob er es vielleicht lediglich bei einem Kriminellen versenken würde. Mein früherer Sozialarbeiter und jetziger Gefängnisdirektor glaubte an mich und war sich sicher, dass ich diese Ausbildung durchziehen würde. Davon konnte er auch den Geschäftsmann überzeugen.

Nun informierte mich der leider inzwischen verstorbene Dr. Herbert A. Burgert darüber, dass er mir tatsächlich mit einem Darlehen helfen wollte. Ich sollte ihn besuchen, um alles Weitere zu klären.

Außer mir vor Freude fuhr ich mit den öffentlichen Verkehrsmitteln nach Triessenberg in eine Gegend, in der eine Villa schöner war als die andere. Bisher kannte ich den sympathischen Herrn nur aus Telefongesprächen. Herr Burgert öffnete mir selbst und bat mich, in eine große Vorhalle einzutreten. Dort stand in der Mitte ein großer handgeschnitzter Rittertisch mit passenden Stühlen, auf dem der Darlehensvertrag lag. Herr Burgert bat mich, ihn durchzulesen. Am Schluss stand dort ein Satz, den ich aufgrund mangelnder Französischkenntnisse nicht deuten konnte: »A-fonds-perdu«! Fragend schaute ich den älteren Herrn an und er erklärte mir, dass dies ein französischer Finanzbegriff sei. Er bedeutet ein »verlorener Betrag« oder in meinem Fall »nicht rückzahlbar«.

Herr Burgert hatte mit seinem Sohn eine Stiftung gegründet, die vor allem mittellose Studenten unterstützt, die eine Lehrerausbildung an einer anthroposophischen Bildungseinrichtung absolvieren wollen. Aufgrund der wohlwollenden Aussagen des Gefängnisdirektors glaubte Herr Burgert, dass die Ausbildung zum Journalisten mir eine neue Zukunft geben könne, daher wollte er mich mit einem Stiftungsbeitrag unterstützen.

Ich saß da wie vom Donner gerührt. Ein wildfremder Mann half mir, ein neues Leben aufzubauen! Ich, der ehemalige Schwerverbrecher, bekam durch einen Menschenfreund eine neue Chance!

Zurück im Gefängnis erzählte ich Georg Schmucki, wie glücklich ich war. Ich hatte so etwas wie eine Zukunft! Ich, der Nichtsnutz, der höchstens zum Maler taugte, der zum Gauner geworden war und im Knast hockte, würde Journalist werden!

»Ist das nicht toll, Georg?«

Der Gefängnisseelsorger lächelte auf seine sinnige sanfte Art und meinte: »Erinnerst du dich noch, worüber wir einmal gesprochen haben? Du hast nun das Prinzip von Saat und Ernte erfahren.«

Da war bei mir der Groschen gefallen. Natürlich! Mir war es um Wiedergutmachung gegangen. Ohne den Einsatz beim Hochwasser hätte sich die Zeitung nicht für mich interessiert und ich hätte nie Kontakt zum Chefredakteur bekommen, geschweige denn einen Job.

Und wenn ich das Geld für mein Bild kassiert hätte, hätte ich den Liechtensteiner Geschäftsmann nicht um ein Darlehen für die Journalistenschule bitten können. Saat und Ernte!

Der Journalistenberuf war einfach nur cool. Morgens nahm ich an den Redaktionskonferenzen teil. Anfangs schaute ich den Redakteuren nur über die Schulter, später recherchierte ich eigene Geschichten. Auf der St. Gallener Medienschule lernte ich das nötige Handwerkszeug: Wie man zu seinen Themen kommt, welche Darstellungsformen es gibt und welche Gesetze Journalisten besonders beachten müssen.

Im zweiten Ausbildungsjahr begann meine Bewährungszeit. Ich suchte mir eine günstige Bleibe und fand eine sehr schlichte Zweizimmerwohnung. Die einfache Liegenschaft gehörte dem legendären früheren Feuerwehrkommandanten Robert Bonderer. Weil ich meine neue Wohnadresse den Strafvollzugsbehörden mitteilen musste, informierte ich den Hausbesitzer über meine Vergangenheit. Erstaunt nahm ich erneut zur Kenntnis: Wenn man ehrlich ist, bekommt man oft wohlwollende Ehrlichkeit zurück. Herr Bonderer antwortete mir, dass er sich freue, mir eine Chance für den Start in ein neues Leben geben zu können.

Fortan lebte ich in Freiheit. Welch süßer Duft! Das Haus war schlecht isoliert und mein Mobiliar setzte sich aus dem Billigsten zusammen, was der Gebrauchtwarenladen hergab, doch das war mir egal. Ich war glücklich, ich war frei!

10 – FRIEDEN

Was war das? Ich rang nach Luft, atmete ein und aus, aber nichts passierte. Beklemmung. Es fühlte sich an, als ob ich gleich ersticken würde. Mit letzter Kraft rief ich den Notdienst, dann fiel ich auf den Boden und verlor das Bewusstsein.

Als der Arzt nach zwanzig Minuten endlich kam, musste er mich reanimieren. Ich hatte eine Lungenembolie, an der ich fast gestorben wäre. Ein großer Teil der Lungenbläschen im unteren Drittel meiner Lunge waren regelrecht explodiert. Zuerst durfte ich mich kaum bewegen, später machte mir das Treppensteigen große Probleme.

Dabei hatte der Schritt in die Freiheit so gut begonnen. Ich war topfit, als ich aus der Haft entlassen wurde. Mehrmals die Woche war ich gelaufen, hatte Turnübungen gemacht und mich auch sonst viel bewegt. Als ich mein Volontariat begonnen hatte, hatte ich mich komplett auf die Arbeit in der Redaktion gestürzt, die mir riesigen Spaß machte.

Der Chefredakteur sagte mir frühzeitig, dass es leider keine offene Redakteurstelle gebe und ich mich nach meiner Ausbildung nach etwas anderem umschauen müsse. Das war nicht weiter schlimm, denn ein Chefredakteur von Tele Ostschweiz, einem regionalen Fernsehsender, hatte mich ein halbes Jahr zuvor zu meiner Story interviewt. Dadurch hatte ich direkt einen Fuß in der Tür. Tatsächlich konnte ich dort als Videojournalist anfangen, anfangs noch gefördert vom Regionalen Arbeitsvermittlungszentrum, kurz RAV, zu vergleichen mit der deutschen Arbeitsagentur.

Ich stieg ein als Rheinland-Korrespondent und berichtete als rasender Reporter über die ganze Region von Rohrschach am Bodensee bis nach Bad Ragaz an der Grenze zu Graubünden. Um 8.00 Uhr war ich jeden Morgen in der Redaktion, um 9.00 Uhr besprachen wir die Themen des Tages. Bis 11.00 Uhr musste ich fertig sein mit der Recherche, um im Dienstwagen loszufahren und später vor Ort meine O-Ton-Geber zu interviewen und Schnittbilder zu filmen. Dann ging es wieder zurück in die Zentrale, wo ich die Aufnahmen in den PC knallte und den Schnitt machte. Um 17.30 Uhr musste alles fertig sein, weil um 18.00 Uhr die Nachrichten liefen. Mein Leben war also alles andere als langweilig, aber Spaß machte es mir trotzdem.

Wenn ich mit den Kindern meine Eltern besuchte, sagte ich immer meiner Mutter Bescheid, wenn wieder ein Beitrag von mir lief. Mein Vater musste zwangsläufig mitschauen und er schien recht beeindruckt, dass sein Sohn, den er bereits aufgegeben hatte, nun einen Job beim Fernsehen hatte. Wenn er sagte: »Das hätte ich nie gedacht, dass du mal so etwas machst«, nahm ich es so, wie es wohl gemeint war: »Ich bin stolz auf dich, mein Sohn.«

Nachdem am 11. September 2001 zwei Flugzeuge in das World Trade Center geflogen waren, hatten die Medien – warum auch immer – mit extremen Werbeeinbußen zu kämpfen. Tele Ostschweiz traf es besonders hart. Wir waren zwanzig Journalisten in der Redaktion, zehn mussten gehen. Natürlich war ich als Neuling und Quereinsteiger einer von ihnen. Verständlich, aber trotzdem schmerzte es. Mein Wiedereinstieg in die Freiheit war vorerst gescheitert.

Ich wurde arbeitslos und körperlich ging es bergab. Weil ich mich für keinen Sport mehr begeistern konnte, bildete sich meine Rückenmuskulatur zurück. Ich nahm stark zu, wog mehr als 100 Kilo und erlitt einen Bandscheibenvorfall. Dieser war so gravierend, dass ich mich nur schlecht bewegen konnte und operiert werden musste. Die Operation verlief nicht gut. Der Chirurg musste die Rückenmuskulatur durchtrennen, um an die Bandscheibe zu kommen.

Anschließend konnte ich wegen der durchtrennnten Rückenmuskulatur zunächst gar nicht mehr laufen. Nur mit viel Gymnastik und Physiotherapie begann ich, langsam wieder die ersten Schrittchen zu tun. Trotzdem futterte ich weiter wie ein Mähdrescher, bis ich 130 Kilogramm wog.

In der Reha im Jahr 2003 schwollen meine Beine total an. Die Ärztin, die ich darüber informierte, empfahl mir bloß, spazieren zu gehen, das ginge schon wieder weg. Ein gravierender Irrtum, denn ich litt an einer Thrombose. Es war unfassbar heiß in diesem »Jahrhundertsommer«. Im alten Spital, wo ich lag, war mir jede Bewegung zu viel, ich schwitzte so sehr, dass ich fast jeden Tag neue Bettwäsche brauchte. Am 12. Juli, genau an meinem Geburtstag, löste sich der Thrombus in der rechten Wade und schnürte mir Luft ab. Gerade noch rechtzeitig wurde ich gerettet.

Im Krankenhausbett betrachtete ich meine Realität. Vor drei Jahren war ich noch ein athletischer junger Mann voller Tatendrang gewesen. Jetzt konnte ich mich kaum bewegen, hatte einen kaputten Rücken und eine teilweise zerstörte Lunge. Und das alles ohne Knast. Erneut fühlte ich mich, als sei ich am Ende.

Zwei Jahre brauchte ich, bis ich wieder einigermaßen auf dem Damm war. Nun war ich arbeitsloser Journalist und Ex-Knacki mit gesundheitlicher Beeinträchtigung. Und das in einer Zeit, in welcher in der Medienbranche allerorten der Rotstift angesetzt wurde. Die RAV forderte, ich solle mich auf alle Jobs bewerben, die es gebe, sogar auf dem Bau. Natürlich ging das nicht mit meiner Rückenerkrankung. Ich hätte fast resigniert, aber dann bekam ich neue Hoffnung.

Mein Invalidenbetreuer hörte sich meine Biografie aufmerksam an und erklärte mir, dass die Arbeitsvermittlung auch eine Umschulung finanzieren könne. Das war die Rettung! Er schlug eine Ausbildung im sozialpädagogischen Bereich vor. Das klang gut und ich nahm an. Muss ich erwähnen, dass mein Invalidenbetreuer ein gläubiger Christ war? Die Liste der Jesusgläubigen, die mich, mal direkt, mal subtil, auf die richtige Spur gebracht haben, war mittlerweile lang geworden: mein Lehrer Herr Hangartner, der Gefängnispfarrer Georg Schmucki, der Gefängnisdirektor Paul Brenzikofer und dessen Nachfolger Martin Vinzens, die Psychologin Elisabeth Moser, die Chefin der Opferhilfe Edith Brunner. Es mag Leute geben, die das alles für Zufälle halten. Mein moralischer Mentor Georg Schmucki erklärte mir einmal, man müsse Wörter nur auseinandernehmen, um sie besser zu verstehen, und so werde aus dem Wort »Zufall« ein »Zu-fallen«. Er nannte es ein »göttliches Zu-fallen«.

Ich bin sicher, dass Gott all diese Menschen benutzt hat, um mich immer wieder anzustupsen, während ich mich darüber beschwerte, dass er mir nicht geholfen hatte. Doch, er hatte mir geholfen. Aber ich dachte lange Zeit bezüglich meines Schicksals viel zu eindimensional.

Der Wiedereinstieg ins Berufsleben war nicht einfach für mich. Bevor ich die soziale Ausbildung beginnen konnte, musste ich ein Jahr Vorpraktikum in einem Heim vorweisen, um eine Bestätigung zu erhalten, dass ich mich für den Job eigne. Erst danach konnte ich mit dem eigentlichen Studium an der Academia Euregio beginnen, die die berufsbegleitende Ausbildung zu einem Arbeitspädagogen anbot. Arbeitspädagogen begleiten Menschen mit Beeinträchtigungen bei ihrem Weg in die Arbeitswelt, der Schwerpunkt lag auf systemischer Psychologie.

Quer durch die Schweiz bewarb ich mich in Hunderten sozialen Institutionen und erhielt wegen meiner kriminellen und gewalttätigen Vergangenheit nur Absagen. Häufig bekam ich zu hören: »Ein Ex-Knacki soll mit Jugendlichen arbeiten? Das geht nie und nimmer gut!« Ich war manchmal sehr frustriert, dennoch bewarb ich mich weiter.

Endlich! Nach der gefühlt tausendsten Bewerbung kam ein Telefonanruf und die Einladung zu einem Bewerbungsgespräch.

Basel, 2005

Annette Denz war und ist bis heute die pädagogische Leiterin des AHBasel, des Aufnahmeheims Basel, das über eine geschlossene Abteilung mit acht Plätzen für Jugendliche mit Selbst- oder Fremdgefährdung verfügt sowie über eine offene Abteilung mit neun Plätzen. Sie fand meine Biografie interessant, sah mein Potenzial und bot mir nach dem Vorstellungsgespräch das Vorpraktikum an. Ich war überglücklich: endlich raus aus der Arbeitslosigkeit, in der so viele Ex-Knackis rückfällig werden oder in eine Sucht fallen. Mir kam zwar nie wieder der Gedanke, ein Delikt zu begehen, aber wer weiß, ob ich nicht zu einem Alkoholiker geworden wäre.

Außerdem machte mir die Arbeit mit den jungen »schweren Jungs« viel Spaß.

Fast zeitgleich zu meinem Ausbildungsbeginn 2005 wurde ein Fachkurs angeboten, das Antiaggressivitätstraining. Diese berufliche Weiterbildung wurde mir ebenso finanziert.

Oft hatte ich es mit schwer erziehbaren Jugendlichen zu tun, für die ich mir etwas einfallen lassen musste. Ich glaubte daran, dass Sport und Disziplin ihnen helfen würde, Orientierung im Leben zu finden. Deshalb veranstaltete ich Wettläufe, wie ich sie von der Armee kannte. Die Jungs mussten einen schweren Holzprügel schultern und damit einen Hügel hinaufrennen. Oder wir machten Parcours, einen Lauf durch das Gelände und über Hindernisse. Am Anfang fluchten sie, aber als sie immer fitter wurden, steigerte sich ihr Wettkampfgeist und es machte ihnen riesigen Spaß. Für mich war das ein deutliches

Zeichen, dass sie auf sportliche und spielerische Weise mehr erreichen wollten. Dies half ihnen auch, zu erkennen, wie sie ihre anderen Ziele erreichen konnten, ob berufliche oder emotionale, und wie sie ihre Gewaltimpulse immer besser in den Griff bekommen konnten: mit Disziplin, Hartnäckigkeit, Geduld mit sich selbst und fleißigem Üben.

Erich Fromm, einer meiner Lieblingsautoren pädagogischer Fachbücher, sagt sinngemäß: Stell die Türklinke immer so hoch, dass die Kinder und Jugendlichen sie nur mit Mühe selbst öffnen können. Wenn sie es selbst geschafft haben, erleben sie ein kleines Triumphgefühl, das dann weitere Türen öffnet, um höhere Ziele zu erreichen. So steigert man den Selbstwert, den Glauben an sich selbst.

Ich merkte, dass die Jungs mich mochten, auch wenn ich mich manchmal mit einer sehr direkten Ansprache an sie richtete, wenn sie Regeln gebrochen hatten.

Mein Vorgesetzter sah die Sache allerdings gelinde gesagt etwas anders. Er engagierte sich im Verein »GSoA«, der »Gruppe für eine Schweiz ohne Armee«, war also Pazifist. Er schränkte meine Hindernisläufe ein, weil er sie für zu gefährlich hielt. Mich als Ex-Elitesoldat beäugte er ohnehin kritisch. Trotzdem baute ich während der Winterzeit eine zweispurige Hindernisbahn in der Turnhalle auf, auf die sich die Jugendlichen schon freuten. Bei einer Übung mussten sie an einer Art Leiter hinaufklettern, auf der anderen Seite wieder herunter, über den Schwebebalken und so weiter. Als ein Junge von oben herabstürzte und sich den Fuß verstauchte, erhielt ich eine Verwarnung. Das schmälerte jedoch nicht meinen Status unter den Jugendlichen, die in einigen Bereichen bei mir sehr viel besser spurten als bei den anderen Sozialpädagogen.

Das Fass zum Überlaufen brachte eine Situation im Essenssaal. Im AHBasel mussten alle Jugendlichen still um den Tisch stehen, bevor es hieß »ein guate!« Nun durften sie sich hinsetzen und das Essen begann. An einem Tag lümmelte ein Junge nur herum und wollte sich nicht anpassen. Ich wies ihn, zugegeben mit harten Worten, zurecht, sehr zum Missfallen meines Chefs. Er vermutete einen psychischen Grund für das Verhalten des Jungen, ich ein Disziplinproblem. Die Situation war der Anlass für meine Kündigung, die ich enttäuscht entgegennahm.

Liestal, 2007

Vielleicht war es aber besser so, denn schon bald konnte ich im Jugendzentrum Liestal anfangen, um dort meine Ausbildung zu beenden. Den Leiter der Einrichtung Guido Langenegger hatte ich im Lehrgang für Antiaggressionstrainings kennengelernt. Er war, welch ein Wunder, Christ und hatte zuvor als Pastor in einer Chrischona-Gemeinde gearbeitet, einer evangelischen Gemeinschaft in pietistischer Tradition.

Guido Langenegger hatte mitbekommen, dass ich ab und zu Vorträge über meine Vergangenheit hielt, und auch gelegentlich zugehört. Dabei war ihm etwas aufgefallen: Immer wenn ich in den Vorträgen über meine Opfer, vor allem über die Kinder, gesprochen hatte, war ich besonders hart mit mir ins Gericht gegangen. Ich erklärte, dass ich ein Schwein und Monster gewesen sei, weil ich so etwas hatte tun können.

Die Art und Weise, wie ich darüber sprach, ließ ihn vermuten, dass ich ein tiefer liegendes Problem hatte und er sagte: »Ich glaube, du kannst dir selbst nicht verzeihen.«

Natürlich hatte er recht. Ich spürte diese unglaubliche Schwere der Schuld, die ich schon so lange mit mir rumschleppte. Mutlos sagte ich: »Das stimmt. Aber was soll ich tun? Ich muss zu meiner Vergangenheit stehen, und da war ich eben ein Monster. Ich kann heute noch so ein guter Mensch sein, ich werde nie wiedergutmachen können, was ich meinen Opfern angetan habe.«

»Das stimmt. Aber deine Schuld, die musst du abgeben. Gib sie bei Jesus ab, bei ihm ist sie gut aufgehoben.«

Da war er wieder, der Tipp mit dem »Abgeben«. Wenn das nur so leicht wäre! Schon der Gefängnisseelsorger Georg Schmucki hatte mir geraten, ich solle alles »Christus hinlegen«, das werde mein Gewissen erleichtern.

»Und wie soll das gehen? Wie kann ich etwas abgeben, das ich selbst tragen muss?«

»Ich habe eine Idee, Ruedi. Lass uns gemeinsam den Kreuzweg machen und einfach schauen, was passiert.«

Der Kreuzweg ist eigentlich ein typisch katholischer Ritus. Als ehemaliger Katholik hatte ich da keine Berührungsängste, aber der evangelische Pastor Langenegger? Wie passte das zusammen? Egal, ich war interessiert und sagte zu.

Der Kreuzweg ist eine gedankliche Reise mit Jesus an das Kreuz, an dem er für die Sünden der Menschen gestorben ist. In vielen Kirchen erzählen große Bilder oder Reliefs die einzelnen Stationen nach.

Es gibt verschiedene Versionen des Kreuzwegs, Langenegger benutzte eine, die sich besonders eng an der Bibel anlehnt. Das passte dann wieder zur protestantischen Theologie: »Allein die Schrift.« Er las jeweils Abschnitte aus den Evangelien vor, legte sie aus und brachte sie mir dadurch besonders nahe. Es war, als würden wir selbst mit Jesus den Weg des Leidens gehen.

Wir schlossen beide die Augen. Ruhe um uns herum. Guido Langenegger begann.

Erste Station. Jesus in Todesangst im Garten Gethsemane. Er nimmt Petrus, Jakobus und Johannes beiseite. »Meine Seele ist betrübt bis an den Tod; bleibt hier und wacht!« (Matthäus 26,38). Jesus Christus fängt an zu zittern. Er ist Gottes Sohn, daher weiß er, was auf ihn zukommen wird. Er hat schreckliche Angst davor, denn er ist auch ein Mensch wie du und ich, fähig, Furcht zu empfinden. Die Jünger sollen wach bleiben, während Jesus betet, um seinen Vater um Verschonung zu bitten. Doch die geliebten Jünger schlafen ein und lassen ihn im Stich. Gott ist da, aber er lässt den Kelch nicht an Jesus vorübergehen. Eine dunkle Stunde im Garten Gethsemane.

Zweite Station. Judas, einer der Jünger, kommt zu Jesus und küsst ihn. Er führt nichts Gutes im Schilde. Mit dem Kuss verrät er seinen Meister. Die Männer mit den Schwertern, die ihn begleiten, ergreifen Jesus. Wie furchtbar muss es sein, wenn ein Mensch von seinem Freund in den Tod gegeben wird? Erst schlafen seine engsten Vertrauten ein, dann verrät ihn ein Freund, alles innerhalb kurzer Zeit. Eine größere Enttäuschung kann es wohl kaum geben.

Dritte Station. Jesus vor dem Hohen Rat. Jeder im Raum weiß, dass dieser Mann unschuldig ist. Seine Gegner machen haltlose Vorwürfe. Sie sind so voller Hass, dass ihnen jede Anschuldigung recht ist, Hauptsache, dieser Jesus verschwindet. Jesus schweigt zu den Vorwürfen. Der Hohepriester fragt ihn: »Bist du der Christus, der Sohn des Hochgelobten?« (Markus 14,61). Jesus antwortet: »Ich bin's; und ihr werdet sehen den Menschensohn sitzen zur Rechten der Kraft und kommen mit den Wolken des Himmels« (Vers 62). Das ist zu viel. Der Hohepriester ist außer sich. Das Urteil ist gefällt: Jesus muss sterben. Die Menge prügelt auf ihn ein. Jesus leidet still. Die Fausthiebe treffen ihn, die Männer, die sich für etwas Besseres halten, spucken ihn an, um ihn zu demütigen. Wie ungerecht sie sind! Sie prügeln all ihren Hass auf diesen Mann ein, der keiner Fliege etwas zuleide getan hat.

Ich hatte selbst schon auf der Anklagebank gesessen, doch ich war für meine Taten bestraft worden und die Strafe war noch nicht einmal besonders hart ausgefallen. Jesus hingegen hatte die Liebe Gottes gepredigt und Menschen wirklich frei gemacht. Nun musste er dafür büßen.

Vierte Station. Petrus verleugnet Jesus. »Und alsbald krähte der Hahn zum zweiten Mal. Da gedachte Petrus an das Wort, das Jesus zu ihm gesagt hatte: Ehe der Hahn zweimal kräht, wirst du mich dreimal verleugnen. Und er fing an zu weinen« (Vers 72).

Was für ein Schreck muss Petrus in die Glieder gefahren sein! Eigentlich war er einer der treusten Nachfolger Jesu gewesen. Und jetzt, wo es ernst wurde, hatte er sogar geleugnet, Jesus überhaupt zu kennen. Petrus hatte die Leute um sich herum belogen, vielleicht aus Angst, vielleicht aus Scham, mit die stärksten Gefühle im Menschen. Ich kannte beide nur zu gut.

Jesus hatte gewusst, dass Petrus versagen würde. Hier war er, Petrus, der Versager. Auf ganzer Linie gescheitert. Er hatte Jesus im Stich gelassen. Es muss ihn innerlich zerfressen haben.

Fünfte Station. Pilatus möchte Jesus freilassen, aber die Menge will seinen Tod. Pilatus fragt: »Was hat er denn Böses getan?« Aber die Leute schreien nur noch lauter: »Kreuzige ihn!« (Markus 15,14). »Pilatus aber wollte dem Volk Genüge tun und gab ihnen Barabbas los und ließ Jesus geißeln und überantwortete ihn, dass er gekreuzigt würde« (Vers 15).

Nicht einmal der heidnische Römer Pilatus kann etwas Schlechtes an Jesus finden. Dennoch lässt er statt Jesus einen Verbrecher frei, um der tobenden Menge zu gefallen. »Kreuzige ihn!« Sie wollen seinen Tod, weil sie von blankem Hass erfüllt sind.

Sechste Station. Jesus wird gegeißelt und mit Dornen gekrönt. Die Peitsche hinterlässt tiefe Striemen, die Schmerzen sind unerträglich. Damit hat die Schmach noch kein Ende. Die Soldaten ziehen ihm einen roten Mantel an, setzen ihm eine Krone aus Dornen auf und fallen vor ihm nieder. Sie verspotten Jesus. Die Dornen bohren sich in seinen Kopf.

Siebte Station. Jesus muss das Kreuz tragen. Durch die Schläge und Peitschenhiebe ist er enorm geschwächt.

Achte Station. Die Last ist zu schwer für Jesus. Er schafft es nicht alleine, die schweren Balken zu tragen, an denen er sterben soll. Jemand anderes muss helfen.

Simon von Kyrene hilft Jesus, das Kreuz zu tragen. Die Menge steht dabei und schaut zu. Was für eine Schmach, die Jesus erleiden muss! Obwohl er unschuldig ist.

Neunte Station. Jesus spricht zu den Frauen. »Es folgte ihm aber eine große Volksmenge und viele Frauen, die klagten und beweinten ihn. Jesus aber wandte sich um zu ihnen und sprach: Ihr Töchter von Jerusalem, weint nicht über mich, sondern weint über euch selbst und über eure Kinder« (Lukas 23,27-28). Sogar auf seinem Weg ans Kreuz lehrt Jesus die Menschen. Er zeigt, worum es ihm geht: um sie.

Zehnte Station. Jesus wird ans Kreuz genagelt. Sie legen die dicken Nägel an. Der erste Schlag. Das Metall durchbohrt seine Handgelenke und seine Füße. Es dauert Minuten, bis sie fertig sind. Sie errichten das Kreuz, sodass sein Körpergewicht vollkommen auf seinen Händen und Füßen lastet. Die Schmerzen sind furchtbar. Jederzeit könnte Jesus vom Kreuz herabsteigen. Trotzdem tut er es nicht. Er leidet freiwillig.

Elfte Station. Jesus verheißt dem reuigen Verbrecher sein Reich. Die beiden Übeltäter hängen neben Jesus am Kreuz. Der eine verspottet Jesus: »Bist du nicht der Christus? Hilf dir selbst und uns!« Der andere widerspricht ihm. »Fürchtest du nicht einmal Gott, der du doch in gleicher Verdammnis bist? Wir sind es zwar mit Recht, denn wir empfangen, was unsre Taten verdienen; dieser aber hat nichts Unrechtes getan.«

Ja, die beiden Verbrecher haben den Tod verdient, weil sie das Gesetz gebrochen haben. Der bußfertige Verbrecher sieht das ein. Er wendet sich unter Schmerzen Jesus zu: »Jesus, gedenke an mich, wenn du in dein Reich kommst!« (Verse 39-42).

Guido Langenegger hält inne. »Ruedi, dieser Verbrecher bist du.«

Ich bin wie vom Blitz getroffen. Ja, dieser Verbrecher bin ich. Der, der sich für seine Schuld schämt, sich Vorwürfe macht, der weiß, dass er durch nichts und keine Strafe der Welt wiedergutmachen kann, was er angestellt hat. Ich sehne mich nach Frieden, nach innerer Freiheit, nach Akzeptanz, nach Erlösung. Doch ich werde die Last meiner Schuld nicht los.

»Und Jesus sprach zu ihm: Wahrlich, ich sage dir: Heute wirst du mit mir im Paradies sein« (Vers 43).

Als Guido Langenegger den Satz vorliest, fange ich an zu weinen. Ich bin überwältigt von meinen Gefühlen. Jesus verdammt den Verbrecher nicht, sondern verheißt ihm das ewige Leben. Er nimmt den Sünder an, als er sich ihm anvertraut. Jesus hängt unschuldig am Kreuz und erleidet die schlimmsten Qualen. Für uns. Auch für mich. Für meine Schuld und meine Scham, die ich mit mir herumschleppe. »Leg sie Christus hin« – zum ersten Mal klingt dieser Satz für mich richtig. Ich lege mein Versagen Jesus hin.

Zwölfte Station. Jesus am Kreuz, seine Mutter und Johannes. Der »Jünger, den er lieb hatte«, nimmt dessen Mutter Maria bei sich auf und kümmert sich um sie. Jesus weiß sie bei ihm gut aufgehoben.

Dreizehnte Station. Jesus stirbt am Kreuz. »Mein Gott, mein Gott, warum hast du mich verlassen?« (Markus 15,34), ruft Jesus. Er ist mutterseelenallein, verlassen von Menschen und nun auch von Gott. Er weiß, dass sein Tod nötig ist. Er stirbt für die, die ihn im Stich gelassen haben. Für die, noch bei ihm sind. Und auch für mich, obwohl ich ein Verbrecher bin. Oder weil ich einer bin.

Vierzehnte Station. Jesus wird ins Grab gelegt. Der Stein wird vor das Grab gerollt, Jesus ist tot. Drei Tage später wird er wiederauferstehen, doch im Moment ist alles dunkel. Seine Tat der Liebe am Kreuz, sie hallt nach. Er ist in die Dunkelheit gegangen, damit wir ins Licht gehen können.

Der Kreuzweg ist beendet. Ich bin fix und fertig. Noch nie habe ich mich so befreit gefühlt, aber auch so erschüttert. Die Begegnung mit dem gekreuzigten Jesus hat mich vollkommen durcheinander geschüttelt. Vorher kannte ich die Geschichten, natürlich. Ich wusste, dass er für unsere Schuld gestorben ist. Doch jetzt hatte ich mit jeder Zelle meines Körpers empfunden, was es bedeutet, dass er tatsächlich für mich gestorben ist. Für den Überfall auf die Postfiliale in Hittnau, für meine Brutalität gegenüber meinen Opfern, für alles, was jemals schlecht gelaufen ist in meinem Leben. Ich weiß nicht mehr, wie ich nach Hause gekommen bin. Ich wusste nur: »Die Last ist weg!« Das spürte ich förmlich körperlich. Jesus hatte sie mir abgenommen.

Ich wollte schon vorher ein besserer Mensch werden und kein Verbrecher mehr sein. Aber erst nachdem ich die Last losgeworden war, konnte ich das mit einem ganz neuen Frieden im Herzen tun, ohne den Gram und die Selbstanklagen, die mich vorher immer wieder getroffen hatten. Natürlich sündige ich noch immer, wie jeder Mensch. Aber seitdem will ich Jesus wirklich nachfolgen und seinen Willen tun. Weil ich weiß, dass er mir vergeben hat, so wie er der Ehebrecherin vergeben hat: »Gehe hin und sündige fortan nicht mehr.« Ja, das will ich.

Mehr als 13 Jahre sind seit der Begegnung mit Jesus am Kreuz vergangen. Ich habe ein volles Sündenregister, so viel ist klar. Aber ich versuche mit aller Kraft, Jesus trotzdem – oder gerade deswegen – nachzufolgen, auch wenn ich es nicht immer schaffe.

Mit meinem Vater habe ich heute ein wunderbares Verhältnis und wir sehen uns, so oft es geht. Meinen Kindern versuche ich, ein guter Vater zu sein, weil sie weiterhin mein Ein und Alles sind.

Mein neues Leben in der Freiheit hat mich in die Arbeit mit Menschen geführt, deren Biografie sich mit meiner teilweise überschneidet. Ich begleite und moderiere Gespräche zwischen Opfern und Tätern, denn ich will Versöhnung stiften, wo es geht. Ich arbeite als Antiaggressionstrainer, um Menschen davor zu bewahren, ihre Scham mit Gewalt zu kompensieren. Ich berate Menschen in Trennungs- und Scheidungssituationen, um ihnen Hoffnung zu geben und Lösungen zu zeigen.

Ich habe erfahren, dass der Glaube an Gott eines der stärksten Werkzeuge ist, um Menschen zu befreien, egal ob sie hinter Gefängnismauern kauern oder ob ihr Herz auf andere Weise in Ketten liegt.

Jesus ist mir nachgegangen, mein ganzes Leben lang, durch den Knast hindurch, durch alle Niederlagen und Erfolge. Was es wirklich bedeutet, dass er mir meine Last abnehmen will, habe ich jedoch erst als der Verbrecher erfahren, der neben ihm am Kreuz hängt.

HILFSANGEBOTE FÜR OPFER UND TÄTER

Bundesministerium der Justiz und für Verbraucherschutz (Hg.): Opferhilfe und Gewaltprävention https://www.bmjv.de/DE/Themen/OpferschutzUndGewaltpraevention/OpferhilfeUndGewaltpraevention_node.html (28. 10. 2020)

Prison Fellowship international. https://pfi.org (28. 10. 2020)

Seehaus Leonberg e. V. https://seehaus-ev.de (28. 10. 2020)

ANMERKUNGEN

1 Abwertende Bezeichnung für Italiener, abgeleitet von »cinque« (fünf), einem Ausruf, der im bei Italienern beliebten Spiel Morra oft vorkommt.